# Berlin

**Potsdam mit Schloss Sanssouci**

von Ulrike Krause und Enno Wiese

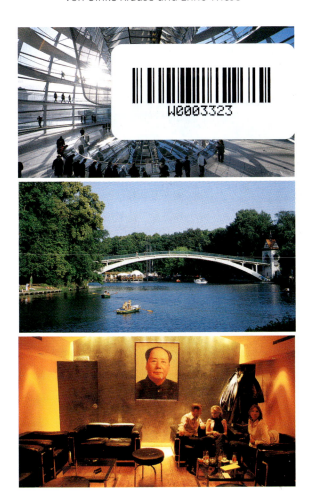

# ☐ Intro

**Berlin Impressionen** 6

Die junge Wilde – glorreiche Renaissance
einer fabelhaften Hauptstadt

**Geschichte, Kunst, Kultur im Überblick** 12

Vom märkischen Dorf zur
dynamischen Metropole

# ☐ Unterwegs

**Vom Pariser Platz über den Boulevard
Unter den Linden zur Schlossbrücke –
das Alte Preußen lässt grüßen** 18

- 1 Brandenburger Tor 18
- 2 Pariser Platz 19
- 3 Holocaust-Mahnmal 20
- 4 Unter den Linden 21
- 5 Denkmal Friedrichs des Großen 24
- 6 Alte Bibliothek 26
- 7 St.-Hedwigs-Kathedrale 27
- 8 Staatsoper Unter den Linden 28
- 9 Prinzessinnen- und Kronprinzen-palais 28
- 10 Humboldt-Universität 29
- 11 Neue Wache 30
- 12 Deutsches Historisches Museum 30
- 13 Friedrichswerdersche Kirche – Schinkelmuseum 31
- 14 Gendarmenmarkt 32

**Die Spreeinsel zwischen Lustgarten
und Monbijoupark – preußische Pracht
und protziger Prunk** 34

- 15 Lustgarten 34
- 16 Berliner Dom 34
- 17 Palast der Republik 35
- 18 Ehem. Staatsratsgebäude 36
- 19 Breite Straße 36
- 20 Brüderstraße 36
- 21 Museumsinsel 37

**Vom Scheunenviertel zur Chausseestraße
– der Hinterhof Berlins mausert sich** 42

- 22 Volksbühne 42
- 23 Hackesche Höfe 42
- 24 Sophienstraße 44
- 25 Alter Jüdischer Friedhof 44
- 26 Oranienburger Straße 45
- 27 Neue Synagoge 46
- 28 Kulturzentrum Tacheles 47
- 29 Deutsches Theater u. Kammerspiele 48
- 30 Berliner Ensemble 49
- 31 Charité 50
- 32 Hamburger Bahnhof – Museum für Gegenwart Berlin 51

| 33 | Museum für Naturkunde 52 |
| 34 | Dorotheenstädtischer Friedhof 52 |

## Zwischen Alexanderplatz und Märkischem Ufer – viel Kunst, viele Kneipen 53

| 35 | Alexanderplatz 53 |
| 36 | Fernsehturm 54 |
| 37 | Berliner Rathaus (Rotes Rathaus) 54 |
| 38 | Marienkirche 55 |
| 39 | Nikolaiviertel und Nikolaikirche 57 |
| 40 | Palais Ephraim 59 |
| 41 | Palais Schwerin 61 |
| 42 | Altes Stadthaus 61 |
| 43 | Parochialkirche 61 |
| 44 | Ehem. Franziskanerklosterkirche 62 |
| 45 | Amtsgericht Mitte 63 |
| 46 | Ermeler Haus 63 |
| 47 | Märkisches Museum 64 |

## Prenzlauer Berg und Friedrichshain – Lifestyle in alten Arbeitervierteln 65

| 48 | Jüdischer Friedhof 66 |
| 49 | Kollwitzplatz 66 |
| 50 | Prater-Garten 67 |
| 51 | KulturBrauerei 68 |
| 52 | Gethsemanekirche 68 |
| 53 | Zeiss-Großplanetarium 69 |
| 54 | Fruchtbarkeitsbrunnen 69 |
| 55 | Volkspark Friedrichshain 69 |
| 56 | Tierpark und Schloss Friedrichsfelde 71 |

## Treptow-Köpenick – einst Industrierevier, heute grüne Lunge 72

| 57 | Altstadt Köpenick 72 |
| 58 | Schloss Köpenick 75 |
| 59 | Adlershof 77 |
| 60 | Anna-Seghers-Gedenkstätte 78 |
| 61 | Müggelsee 78 |
| 62 | Treptower Park 79 |

## Rund um den Potsdamer Platz – der neue Nabel der Stadt 82

| 63 | Potsdamer Platz 82 |
| 64 | Leipziger Straße 84 |
| 65 | Museum für Kommunikation 84 |
| 66 | Berliner Abgeordnetenhaus und Detlev-Rohwedder-Haus 85 |
| 67 | Topographie des Terrors 85 |
| 68 | Martin-Gropius-Bau 88 |
| 69 | Ehem. Anhalter Bahnhof 89 |

## Tiergarten, Regierungsviertel und Kulturforum– Natur, Kultur und Politik in schöner Eintracht 90

| 70 | Reichstag 90 |
| 71 | Regierungsviertel 91 |
| 72 | Haus der Kulturen der Welt 93 |
| 73 | Tiergarten 94 |

| 74 | Schloss Bellevue 95 |
| 75 | Hansa-Viertel 95 |
| 76 | Siegessäule 96 |
| 77 | Botschaftsviertel 97 |
| 78 | Bauhaus-Archiv 98 |
| 79 | Gedenkstätte Deutscher Widerstand 98 |
| 80 | St.-Matthäus-Kirche 99 |
| 81 | Gemäldegalerie 100 |
| 82 | Kupferstichkabinett und Kunstbibliothek 101 |
| 83 | Kunstgewerbemuseum 101 |
| 84 | Musikinstrumenten-Museum 101 |
| 85 | Philharmonie 101 |
| 86 | Staatsbibliothek zu Berlin – Preußischer Kulturbesitz II 102 |
| 87 | Neue Nationalgalerie 102 |

## Kreuzberg – zwischen Istanbul und In-Szene  103

| 88 | Viktoria-Park 103 |
| 89 | Bergmannstraße 104 |
| 90 | Riehmers Hofgarten 104 |
| 91 | Friedhöfe Hallesches Tor 105 |
| 92 | Deutsches Technikmuseum Berlin 105 |
| 93 | Jüdisches Museum Berlin 107 |
| 94 | Berlinische Galerie 108 |
| 95 | Zeitungsviertel 108 |
| 96 | Checkpoint Charlie 109 |
| 97 | Künstlerhaus Bethanien 109 |
| 98 | Paul-Lincke-Ufer 110 |

## Rund um den Ku'damm – es lebe der Kaufrausch!  111

| 99 | Kurfürstendamm 111 |
| 100 | Kaiser-Wilhelm-Gedächtniskirche 113 |
| 101 | Europa-Center 114 |
| 102 | Käthe-Kollwitz-Museum 115 |
| 103 | Jüdische Gemeinde 116 |
| 104 | Theater des Westens 117 |
| 105 | Museum für Fotografie – Helmut Newton Stiftung 118 |
| 106 | Zoologischer Garten 119 |
| 107 | KaDeWe 120 |

## Rund um das Charlottenburger Schloss – hier sind Kunstliebhaber richtig  121

| 108 | Schloss Charlottenburg 121 |
| 109 | Schlosspark Charlottenburg 124 |
| 110 | Museum Berggruen 127 |
| 111 | Bröhan-Museum 127 |
| 112 | Rathaus Charlottenburg 128 |

## Das Westend – gute Aussicht inbegriffen  129

| 113 | Internationales Congress Centrum (ICC) 129 |
| 114 | Messegelände 129 |
| 115 | Funkturm 130 |
| 116 | Haus des Rundfunks 131 |

| 117 | Friedhof Heerstraße 131
| 118 | Le-Corbusier-Haus 132
| 119 | Olympiastadion 132

## Grunewald und Wannsee – Wald, Wiesen, Wasser   134

| 120 | Villenkolonie Grunewald 134
| 121 | Teufelsberg 134
| 122 | Jagdschloss Grunewald 135
| 123 | Großer Wannsee 136
| 124 | Villenviertel Alsen 137
| 125 | Pfaueninsel 139
| 126 | Nikolskoe 140
| 127 | Schloss und Park Kleinglienicke 140

## Dahlem und Zehlendorf – ein Stück Dorfleben in der Großstadt   142

| 128 | Botanischer Garten 142
| 129 | Museumskomplex Dahlem 143
| 130 | Domäne Dahlem 146
| 131 | Brücke-Museum 146
| 132 | Freie Universität Berlin 147
| 133 | Museumsdorf Düppel 147
| 134 | Avus 148

## Spandau und Reinickendorf – die westlichen Außenbezirke   149

| 135 | Altstadt Spandau 149
| 136 | Zitadelle Spandau 150
| 137 | Tegeler Fließ 151
| 138 | Tegeler See 151
| 139 | Flughafen Tegel 153

## Potsdam und Babelsberg – Glanz, Gloria und jede Menge Action   154

| 140 | Altstadt Potsdam 154
| 141 | Schloss Sanssouci 156
| 142 | Kolonie Alexandrowka 159
| 143 | Neuer Garten 160
| 144 | Babelsberg 160

### 1 Tag in Berlin/1 Wochenende in Berlin   191

### Berlin Kaleidoskop

Neues Flair für die Metropole 25
Zwischen Lido und Copacabana 48
Der Hauptmann von Köpenick 73
Aus Gründen der Staatsräson 77
Dunkle Vergangenheit 84
Spur der Steine 85
In bleibender Erinnerung 87
Endstation Sehnsucht 109
Legendäre Parade der Liebe 114
Milljöh-Maler 126
Idyllische Ruhe 148
Dem Zufall sei Dank! 169
Aufgeblüht 170
Film ab! 172
Berlin ist Spitze 177

### Karten und Pläne

Berlin vordere und hintere Umschlagklappe
Treptow-Köpenick 74/75
Berlin – Westliche Außenbezirke 138
Potsdam 154
Berlin – Übersichtsplan 164
S- und U-Bahnnetz, MetroNetz 184/185

## ☐ Service

### Berlin aktuell A bis Z   163

Vor Reiseantritt 163
Allgemeine Informationen 163
Anreise 163
Bank und Post 164
Einkaufen 165
Essen und Trinken 166
Feste und Feiern 170
Klima und Reisezeit 171
Kultur live 171
Museen, Gedenkstätten, Schlösser 175
Nachtleben 175
Sport 177
Stadtbesichtigung 178
Statistik 179
Unterkunft 180
Verkehrsmittel 183

### Register   186

Bildnachweis 189
Impressum 190

# Berlin Impressionen
## Die junge Wilde – glorreiche Renaissance einer fabelhaften Hauptstadt

*»Es gibt einen Grund, warum man Berlin anderen Städten vorziehen kann: weil es sich ständig verändert.«*

Bertolt Brecht

Berlin ist eine Stadt mit dem gewissen Etwas, eine Stadt der **Kontraste**: Man findet elegante Boulevards und alternative Szeneviertel, königliche Palais und bröckelnde Mietshaus-Fassaden am Prenzlauer Berg, heißes Nachtleben in der City und Idylle pur am Wannsee, vornehme Villen in Grunewald und Straßenstrich an der Oranienburger Straße, dörfliches Leben in Lübars und Wohnen in Trabantensiedlungen wie dem Märkischen Viertel. Berlin ist eine Stadt mit Tempo, Temperament und Turbulenzen. Und der Berliner ist wie seine Stadt. Die *Berliner Schnauze* ist sprichwörtlich, und Zwischentöne kennt diese Stadt ohnehin kaum. »Uns kann keener«, sagt der Einheimische. Wie

»Berlin ist mehr ein Weltteil als eine Stadt«, so sprach der Dichter Jean Paul. Er muss es wissen, lebte er doch 1800/01 in Berlin. Schon damals war Berlin anders als andere deutsche Städte. Eine **Metropole** von europäischem Rang. Eine Stadt, der Schiller »Ungezwungenheit im bürgerlichen Leben« attestierte, ein Fleckchen aber, das auch schon vor über 200 Jahren nach Durchsetzungskraft verlangte. Man brauche Haare auf den Zähnen und müsse mitunter etwas grob sein, um sich in Berlin über Wasser halten zu können – das waren die Erfahrungen des sonst so gar nicht zimperlichen Goethe. In Berlin kann jeder nach seiner Façon glücklich werden – das wusste schon der olle Fritz. Und die berühmte ›*Berliner Luft, Luft, Luft*‹ ist ohnehin dufte!

An 40 Jahre Teilung erinnern heute nur noch wenige Mauerstücke und vier Grenzwachtürme, die kahlen Flächen des To-

auch, in dieser bärenstarken Stadt? Ach ja, der Bär ist den Berlinern, was den Münchnern ihr Kindl und den Hamburgern ihre Hammaburg – Wappen und Wahrzeichen. In Berlin aber steht der Bär für mehr. Hier ist er los, hier steppt er. Berlin war immer schon ein bisschen unmöglich!

**Oben:** *Blick in den Olymp – die Rotunde des Alten Museums mit Statuen antiker Götter*
**Rechts:** *Im Wunderland der Architekten – über den Dächern des Kulturforums erstrahlen die Zeltformen von Philharmonie und Sony-Center und der ganze Potsdamer Platz*
**Rechts oben:** *Wie bunte Blumen – koreanische Tanzgruppe beim Karneval der Kulturen*

desstreifens sind längst verschwunden. Über der Stadt kreisen noch immer Baukräne, die aufregende Skyline wird geprägt von brandneuer Architektur. Berlin, bis 1989 Insel im Ostblock, dann Schnittstelle zwischen Ost und West, hat heute ein neues imposantes Hauptstadt-Gesicht. Seit dem Umzug der Bundesregierung ist Berlin nun auch Verwaltungs- und Wirtschaftszentrum. Ob Pariser Platz oder Friedrichstraße, Potsdamer Platz oder innerer Spreebogen, die neuen Regierungsbauten und Geschäftshäuser, die Shopping Passagen und Designer-Hotels haben die Stadt verändert, haben ihr ein neues faszinierendes Erscheinungsbild verliehen, das mit großen Gesten und vitalem Formenmix begeistert.

## Unter den Linden und Alex

Der beste Ausgangspunkt, um Berlin kennen und verstehen zu lernen, ist das geographische und historische Zentrum der Stadt, der Bezirk Mitte. Hier, auf dem großen Boulevard **Unter den Linden**, blickt die *Bronzestatue Friedrichs des Großen* nach Osten zum *Lustgarten*, wo einst Friedrichs offizielle Residenz stand, das *Berliner Stadtschloss*, Zentrum der Stadt und des preußischen Staates. Wie der größte Teil Berlins wurde es im Zweiten Weltkrieg schwer beschädigt, doch im Gegensatz zu vielen anderen historischen Gebäuden, die wieder hergestellt wurden, riss man die Ruine Anfang der 1950er-Jahre ab. Der *Palast der Republik*,

den die DDR-Machthaber an ihrer Stelle errichten ließen, hat längst keine politische Funktion mehr und wird 2006 abgerissen. 2002 hat sich der Bundestag für den Wiederaufbau des Berliner Stadtschlosses ausgesprochen und im August 2005 ein Konzept vorgelegt, nach dem im Schloss u. a. die Dahlemer Museen, Sammlungen der Humboldt-Universität und ein Hotel ansässig werden sollen.

Die beiden frühesten Siedlungen Berlins, Cölln und Berlin, lagen südöstlich des Palastes. Vom alten Cölln ist kaum etwas geblieben, doch Teile des alten Berlin sind im **Nikolaiviertel** wieder aufgebaut worden. Nördlich des Lustgartens liegt die im frühen 19. Jh. von Karl Friedrich Schinkel konziperte **Museumsinsel**. Schinkels **Altes Museum** mit der Antikensammlung und dem Ägyptischen Museum steht am Rande des Lustgartens. Es war als Gegenstück zum Stadtschloss konzipiert: Kultur und Politik stehen einander gegenüber. Schinkel, ein Vierteljahrhundert lang oberster preußischer Baubeamter, hat das Gesicht des historischen Stadtzentrums wie kein anderer Architekt vor ihm geprägt: Er entwarf die **Neue Wache**, die **Schlossbrücke**, die **Friedrichswerdersche Kirche**, die Bauakademie und den Vorgängerbau des **Berliner Doms**.

Die weltberühmten Sammlungen auf der Museumsinsel sind wahre Besuchermagneten, z. B. das **Pergamonmuseum** mit dem prachtvollen antiken Pergamonaltar und die 2001 wieder eröffnete **Alte Nationalgalerie** mit Meisterwerken des 19. Jh. von Monet, Manet, Cézanne u.v.m.

**Links Mitte:** *Very british wirkt der Ku'damm in manchen Augenblicken*
**Links unten:** *Echt lässig – ›Art Show‹ von Edward Kienholz in der Berlinischen Galerie*
**Oben:** *Oh, Salomé! – Strauß und Staatsoper im bunten Bühnentaumel*
**Rechts:** *Man kann doch alles haben – ein Traumstrand und eine Insel voller Kunst: Museumsinsel und Strandbar Mitte*

Einige Häuserblocks weiter öffnet sich der **Alexanderplatz** mit dem **Fernsehturm** und dem **Roten Rathaus**. Dieser Platz, der zuletzt in den 1960er-Jahren umgestaltet wurde, soll irgendwann durch die seit Jahren geplanten Neubauten ein neues Gesicht erhalten. Derweil gönnt man ihm eine Verschönerungskur. Von hier lohnt ein Spaziergang durch das ehem. **Scheunenviertel** mit der **Neuen Synagoge**. Man flaniert durch die gemütlichen **Hackeschen Höfe** mit ihren Jugendstilfassaden, die von Gründerzeitbauten geprägte **Sophienstraße** und besichtigt die vitale **Oranienburgerstraße** mit ihren Cafés und Restaurants.

Folgt man dem Boulevard Unter den Linden von der Schlossbrücke in Richtung Friedrichstraße, passiert man die **Staatsbibliothek** und die Palais, die für die Hohenzollern gebaut wurden. Das als Residenz geplante *Forum Fridericianum* (Bebelplatz) besteht heute aus **St.-Hedwigs-Kathedrale, Staatsoper Unter den Linden, Humboldt-Universität** und **Alter Bibliothek**. Ganz in der Nähe liegt der **Gendarmenmarkt**, einer der schönsten Plätze Berlins, mit seinen beiden Domen und dem Schinkelschen *Schauspielhaus*.

Die Linden finden ihren Abschluss am Pariser Platz und dem **Brandenburger Tor**. Der **Pariser Platz**, früher der ›Salon‹ der Hauptstadt, während des Zweiten Weltkriegs zerstört, wurde neu bebaut. Das originalgetreu rekonstruierte *Hotel Adlon* eröffnete 1997 an alter Stelle, die Akademie der Künste setzt seit 2005 moderne Akzente. Die anderen Neubauten eifern den historischen Fassaden des Platzes stilistisch nach.

**Oben:** *Bühnenbild mit Dame – eine wahrhaft gelungene Inszenierung, in den Hauptrollen Brandenburger Tor und Reichstag*
**Unten rechts:** *Berlin kann auch anders – mit Schick und Fröhlichkeit am Großen Wannsee*

## Tiergarten und Ku'damm

Hinter dem Brandenburger Tor erstreckt sich der **Tiergarten**, der größte innerstädtische Park Berlins. Nahebei erhebt sich bekrönt von der begehbaren Glaskuppel der **Reichstag**, seit 1999 Sitz des Deutschen Bundestages. Am nahen *Spreebogen* setzen seit 2001 das **Bundeskanzleramt** und Parlamentsbauten wie das **Paul-Löbe-Haus** gewaltige Architekturakzente – seit Mai 2006 auch der neue Berliner Hauptbahnhof. Weitere hypermoderne Bauten gibt es im **Botschaftsviertel** am Tiergarten zu bewundern.

Die größte Baustelle Europas war jahrelang das Areal um den **Potsdamer Platz**. Ende 1998 eröffnete hier als erster Komplex die DaimlerChrysler-City, ein aus 19 Gebäudeblöcken bestehendes Viertel. Der Gebäudekomplex des Sony-Centers folgte im Juni 2000. In unmittelbarer Nähe befinden sich das *Kulturforum* mit diversen Museen und die **Philharmonie**.

Weiter östlich stehen Regierungsgebäude aus der Zeit zwischen Reichsgründung und Drittem Reich. Das einstige Reichsluftfahrtministerium z. B. ist heute Sitz des **Bundesfinanzministeriums**. An die Gräueltaten der Nazis erinnern die Dokumentation *Topographie des Terrors* und das 2005 eröffnete **Holocaust-Mahnmal**.

Ein Besuch des Zentrums von Westberlin beginnt am besten an der **Kaiser-Wilhelm-Gedächtniskirche**. Diese symbolische Einheit aus Kriegsruine und Architektur der 1960er-Jahre steht dort, wo die Tauentzienstraße, eine der großen Einkaufsstraßen Berlins, auf den **Kurfürstendamm** trifft. Der Ku'damm ist der Flanierboulevard der Stadt. Hier finden sich zahlreiche Cafés, Restaurants, Hotels, Clubs, Kinos und Einkaufstempel aller Art.

## Schlösser, Seen und Museen

**Schloss Charlottenburg** ist das einzige erhaltene Stadtschloss der Hohenzollern. Der schöne **Park** präsentiert sich als gelungene Synthese aus Architektur, Landschaftsgestaltung und Natur. Im Schloss Charlottenburg und in seiner Umgebung gibt es außerdem interessante Museen, darunter das **Museum Berggruen** mit Meisterwerken von Picasso, Matisse etc.

Meister der Moderne und Gegenwart regieren auch in der **Neuen Nationalgalerie**, im **Hamburger Bahnhof** und in der **Berlinischen Galerie** mit ihrem lebendigen Stadtkunstkonzept. Alte Meister kann man in der **Gemäldegalerie** am Kulturforum bewundern. Ein Muss ist seit der Wiedereröffnung 2004 auch **Schloss Köpenick** mit seinem schönen Kunstgewerbemuseum. Der Schwerpunkt der **Museen in Dahlem** hingegen liegt auf Völkerkunde und fernöstlicher Kunst.

Berlin hat auch außerhalb der City viele Attraktionen zu bieten. Ein Ausflug an die **Havel** und auf die **Pfaueninsel** zeigt dem Reisenden die *Mark Brandenburg* – eine Landschaft mit Flüssen, Seen und sandigem Boden. Auch der ausgedehnte **Stadtwald** zwischen **Müggelsee** und **Müggelbergen** im Südosten lohnt einen Besuch. Ein Bootsausflug nach **Potsdam**, die Besichtigung von **Schloss Sanssouci** und **Schloss Babelsberg** bieten weitere Einblicke in dieses preußische Arkadien. Tatsächlich wurden Berlin und Potsdam dank ihrer herrlichen Schlösser und Parkanlagen 1990 zum *UNESCO Weltkulturerbe* erklärt.

### Hier steppt der Bär auch nachts!

Zu den lebendigsten Vierteln Berlins gehören heute Kreuzberg, Mitte, Prenzlauer Berg und Friedrichshain. **Kreuzberg**, Heimat der alternativen Szene, ist durch die Vereinigung wieder ins Zentrum der Stadt gerückt. **Mitte** lockt mit Off-Galerien und Clubs, Trend-Boutiquen und viel Fußvolk. **Prenzlauer Berg**, zu DDR-Zeiten Zufluchtsort von Künstlern und Dissidenten, zeigt heute ein buntes Gemisch aus Kneipen, Restaurants und Szene-Shops. Nicht weniger cool geht es im Szene-Viertel **Friedrichshain** zu. Und das kunterbunte Berliner **Nachtleben** hält immer noch, was sein legendärer Ruf verspricht.

### Der Reiseführer

Dieser Band schildert die Sehenswürdigkeiten Berlins in 16 Kapiteln. **Stadtpläne** erleichtern die Orientierung. Besondere Empfehlungen zu Hotels, Restaurants etc. bieten die **Top Tipps**. An Kurzbesucher wendet sich die Rubrik **1 Tag/1 Wochenende**. **Berlin A bis Z** enthält praktische Hinweise zu Einkaufen, Essen und Trinken, Nachtleben, Stadtbesichtigungen usw. Das **Kaleidoskop** mit Kurzessays rundet den Reiseführer ab.

# Geschichte, Kunst, Kultur im Überblick
## Vom märkischen Dorf zur dynamischen Metropole

**um 8000 v. Chr.** Erste Besiedlung in der Altsteinzeit.
**um 700 v. Chr.** Frühgermanische Besiedlung.
**6./7. Jh. n. Chr.** Besiedlung durch westslawische Stämme.
**1134–70** Albrecht der Bär, erster Markgraf von Brandenburg aus dem Haus der Askanier.
**1197** Erste urkundliche Erwähnung von Spandau.
**1237** Der Ort Cölln zum ersten Mal urkundlich erwähnt, 1251 folgt der Wedding, 1264 der Schöneberg.
**1244** Erste urkundliche Erwähnung Berlins als Stadt.
**1307** Vereinigung von Cölln und Berlin.
**1308–19** Markgraf Waldemar der Große.
**1320** Ende der Askanier-Herrschaft.
**1338** Erste Verwendung des Berliner Bären als Signet für eine Ratsurkunde.
**1369** Berlin erwirbt das Münzrecht.
**1376/1380** Bei zwei großen Bränden werden weite Teile der Stadt zerstört.
**1415** Die Hohenzollern werden mit dem Kurfürstentum Brandenburg belehnt: Neuer Landesherr ist Friedrich IV. von Hohenzollern, nun Kurfürst Friedrich I. von Brandenburg.
**1443** Kurfürst Friedrich II., ›Eisenzahn‹ genannt, legt in Cölln den Grundstein für das Hohenzollernschloss.
**1470** wird das Hohenzollernschloss kurfürstliche Residenz.
**1539** Die Reformation setzt sich durch.
**1576–1611** Pestjahre: Die Chronik der Cöllner Stadtschreiber registriert im Jahr 1576 4000 Pesttote, im Jahr 1598 3000 und im Jahr 1611 2000 Tote. Die Stadt hat um 1600 10 000 bis 12 000 Einwohner.
**1618–48** Dreißigjähriger Krieg, die Vorstädte Berlins brennen ab. 1648: 6000 Einwohner.
**1640–88** Regierungszeit des Großen Kurfürsten Friedrich Wilhelm. Er schafft die Grundlage für den Aufstieg Brandenburg-Preußens.

*Berliner Baumeister:
Karl Friedrich Schinkel*

**1647** 1000 Linden und 1000 Nussbäume werden auf einer Allee vom Berliner Schloss zum Tiergarten, der späteren Straße Unter den Linden, gepflanzt.
**1658** Berlin wird zur Festung ausgebaut.
**1662–69** Bau des Friedrich-Wilhelm-Kanals zwischen Spree und Oder als direkte Verbindung zwischen Breslau und Hamburg. Berlin wird Umschlaghafen.
**1685** Potsdamer Edikt: Aufnahme und Ansiedlung von aus Frankreich vertriebenen Hugenotten.
**1688–1713** Kurfürst Friedrich III. Er krönt sich 1701 in Königsberg eigenhändig zum König in Preußen und nennt sich Friedrich I. Die Friedrichstadt wird angelegt.
**1700** Gründung der Preußischen Akademie der Wissenschaften.
**1709** Berlin, Cölln, Friedrichswerder, Dorotheenstadt und Friedrichstadt werden zur Königstadt Berlin vereinigt.
**1710** 60 000 Einwohner leben in Berlin, darunter 6000 Franzosen, 5000 Schweizer und 500 Pfälzer.
**1713–40** Regierung König Friedrich Wilhelms I., genannt ›Soldatenkönig‹.
**1717** Einführung der allgemeinen Schulpflicht.
**1740–86** Friedrich II., auch ›der Große‹ genannt, macht Berlin zu einer Hauptstadt von europäischem Rang und zu einem Zentrum der Aufklärung. Blütezeit für Wissenschaft und Forschung, Kunst und Kultur.
**1756–63** Siebenjähriger Krieg: Österreichische und russische Truppen besetzen Berlin.
**1786–97** Regierungszeit Friedrich Wilhelms II., genannt der ›Dicke Wilhelm‹.
**um 1790** Berlin wird eines der Zentren der deutschen Romantik.
**1797–1840** Regierungszeit Friedrich Wilhelms III.
**um 1800** Berlin ist nach London und Paris drittgrößte Stadt Europas.
**1806–08** Besetzung Berlins durch Napoleons Truppen.
**1813** 6000 Berliner ziehen als Freiwillige in die Befreiungskriege.
**1816** Karl Friedrich Schinkel, Christian Daniel Rauch und Peter Joseph Lenné gestalten nach den Befreiungskriegen das neue Berlin. Das erste in Deutschland gebaute Dampfschiff fährt auf der Spree. Beginn der industriellen Revolution.

*Friedrich der Große – Soldatenkönig Friedrich Wilhelm I. – Reichskanzler Fürst Otto von Bismarck (von links nach rechts)*

**1826** Die erste (englische) Gasanstalt sorgt für Straßenbeleuchtung Unter den Linden.
**1838/39** Eröffnung der Eisenbahnstrecke Berlin–Potsdam und erste Berliner Pferdeomnibuslinie.
**1840–61** Regierungszeit Friedrich Wilhelms IV. Berlin wird zu einer der bedeutendsten Industriestädte Europas.
**1847** Der erste (vereinigte) Landtag Preußens tagt in Berlin.
**1848** 18. März: Ausbruch der Märzrevolution. 22. Mai: Preußische Nationalversammlung, am 5. Dezember aufgelöst. 23. August: 1. deutscher Arbeiterkongress.
**1861–88** Regierungszeit Wilhelms I., König von Preußen.
**1862–90** Otto von Bismarck ist preußischer Ministerpräsident, ab 1871 Reichskanzler.
**1866** Berlin wird Hauptstadt des Norddeutschen Bundes.
**1870/71** Deutsch-Französischer Krieg.
**1871** König Wilhelm I. wird in Versailles zum Deutschen Kaiser proklamiert. Berlin (823 000 Einwohner) wird Hauptstadt des Deutschen Reiches.
**1872** Dreikaisertreffen in Berlin (Franz Joseph I. von Österreich, Alexander II. von Russland und Wilhelm I.).
**1879** Auf der Gewerbeausstellung in Moabit führt Werner von Siemens die erste elektrische Eisenbahn der Welt vor.
**1881** Erster Telefonbetrieb mit 45 Teilnehmern. In Lichterfelde fährt die erste elektrische Straßenbahn der Welt.
**1888** Wilhelm I. stirbt, sein Sohn, Kaiser Friedrich III., nach nur 99 Tagen Regierung ebenfalls. Es folgt Kaiser Wilhelm II. (bis 1918).
**1890** Reichskanzler Bismarcks Entlassung.
**1894** Der Reichstag wird eingeweiht.
**1900** Berlin hat 1,9 Mio. Einwohner.
**1902** Erste Hoch- und Untergrundbahn von der Warschauer Brücke zum Zoo.
**1905** Die ersten städtischen Autobusse verkehren. Max Reinhardt übernimmt das Deutsche Theater.
**1912** Die Büste der Nofretete wird im Ägyptischen Museum ausgestellt.
**1914–18** Erster Weltkrieg.
**1918** Revolution: Am 9. November ruft Philipp Scheidemann vom Fenster des Reichstagsgebäudes die Republik aus. Karl Liebknecht ruft vom Eosander-Portal des Stadtschlosses die Räterepublik aus. Am 10. November dankt Kaiser Wilhelm II. ab.

*Nächtlicher Kampf: Ausbruch der Märzrevolution am 18. März 1848* ▷

*Berlin, 1903: Man sieht (von links nach rechts) das Alte Museum, die Schlossbrücke, den Berliner Dom und im Hintergrund die Marienkirche. An die heutige Karl-Liebknecht-Straße (früher Kaiser-Wilhelm-Straße) grenzen das 1950/51 abgetragene Stadtschloss sowie das ehem. Nationaldenkmal für Kaiser Wilhelm I.*

**1919** Spartakus-Aufstand. 15. Januar: Ermordung von Karl Liebknecht und Rosa Luxemburg, den beiden bedeutenden Führern der Kommunistischen Partei.
**1919** Wahl Eberts zum ersten Reichspräsidenten der Weimarer Republik.
**1920** Kapp-Putsch: Freikorpssoldaten besetzen Regierungsstellen.
**ab 1923** Berlin wird zunehmend zum kulturellen, wirtschaftlichen und gesellschaftlichen Zentrum Deutschlands.
**1924** Erste Funkausstellung.
**1929** Weltwirtschaftskrise: 600 000 Arbeitslose in Berlin.
**1933** 30. Januar: Machtergreifung Hitlers. 27./28. Februar: Reichstagsbrand. 1. April: Erster Boykott jüdischer Geschäfte. 10. Mai: Bücherverbrennung auf dem Opernplatz.
**1936** XI. Olympische Sommerspiele in Berlin.
**1938** 9./10. November: In der ›Reichskristallnacht‹ zerstören Nationalsozialisten die Berliner Synagogen.
**1939** Beginn des Zweiten Weltkrieges, Berlin hat 4,3 Mio. Einwohner.
**1940** Erster Luftangriff auf Berlin am 25. August.
**1941** Beginn der Massendeportationen von Juden aus Berlin.
**1942** 20. Januar: Wannseekonferenz, auf der die Maßnahmen zur ›Endlösung der Judenfrage‹ organisatorisch koordiniert werden.
**1943** Joseph Goebbels ruft im Sportpalast den ›totalen Krieg‹ aus. 1. März: erster schwerer Luftangriff auf Berlin. 21. März: missglücktes Attentat auf Hitler im Zeughaus.
**1945** 30. April: Selbstmord Hitlers. 2. Mai: Einmarsch der Roten Armee. 8. Mai: Unterzeichnung der Kapitulation der deutschen Wehrmacht in Berlin-Karlshorst. Berlin hat bei Kriegsende 2,8 Mio. Einwohner. 32 % des gesamten Wohnungsbestandes sind zerstört. Der Trümmerschutt wird auf 80 Mio. Kubikmeter geschätzt. Im Juni wird die in vier Sektoren geteilte Stadt Sitz des Alliierten Kontrollrates.
**1946** 13. August: Die Alliierten erlassen die Vorläufige Verfassung von Groß-Berlin und setzen Wahlen an; Berlin wird Stadtstaat.
**1947** Der Preußische Staat wird per Kontrollratsgesetz von den Alliierten aufgelöst.
**1948** Währungsreform in den drei Westsektoren von Berlin. 24. Juni: Beginn der sowjetischen Blockade Westberlins und der Luftbrücke der Alliierten.
**1949** 12. Mai: Ende der Blockade. 7. Oktober: Gründung der DDR mit Ostberlin als Hauptstadt.
**1950** 1. Oktober: Berliner Verfassung (West) tritt in Kraft.
**1951** Eröffnung der ersten Internationalen Filmfestspiele (›Berlinale‹).
**1953** 17. Juni: Volksaufstand in Ostberlin und der DDR.
**1957** Willy Brandt wird Regierender Bürgermeister von Westberlin.
**1958** Berlin-Ultimatum von Chruschtschow: Berlin soll freie, entmilitarisierte Stadt werden.
**1961** 13. August: Beginn des Mauerbaus. Die Mauer ist 161 km lang, 45 km ziehen sich quer durch Berlin. 16. August: Über eine halbe Million Menschen demonstrieren vor dem Rathaus Schöneberg gegen die Teilung Berlins. Rund 60 000 Ostberliner sind von ihren Arbeitsplätzen im Westen der Stadt abgeschnitten.
**1963** Besuch von John F. Kennedy in Berlin. 17. Dezember: Erstes Passierscheinabkommen. Nach zwei Jahren können Westberliner erstmals wieder ihre Verwandten in Ostberlin besuchen.
**1967/68** Studentenunruhen. 11. April 1968: Attentat auf den Studentenführer Rudi Dutschke.
**1971** Unterzeichnung des Viermächte-Abkommens: Anerkennung des Status quo Berlins. Das Transit-Abkommen zwischen DDR und BRD tritt in Kraft.
**1987** 750-Jahr-Feier der Stadt Berlin.

*Maueröffnung am 9. November 1989*

**1989** 18. Oktober: Egon Krenz löst Erich Honecker als Staats- und Parteichef ab. 7. November: Rücktritt der DDR-Regierung. 9. November: Maueröffnung.

**1990** 3. Oktober: Auflösung der DDR durch Beitritt zur BRD; Berlin wird wieder Hauptstadt. 2. Dezember: Ost- und Westberlin wählen zum ersten Mal gemeinsam: CDU und SPD beschließen große Koalition.

**1993** Umzug der Westberliner Abgeordneten aus dem Rathaus Schöneberg in den ehem. Preußischen Landtag.

**1994** Juni–September: Abzug der alliierten Streitkräfte aus Berlin.

**1995** ›Reichstagsverpackung‹ durch Christo und Jeanne-Claude.

**1996** Volksabstimmung gegen die Länderfusion von Berlin und Brandenburg.

**1999** Umzug von Bundesregierung und Parlament von Bonn nach Berlin.

**2000** Berlin erreicht erstmals mit 10 Mio. Übernachtungen pro Jahr die Spitzenposition unter den deutschen Städten.

**2001** Das Preußenjahr zum 300-jährigen Krönungsjubiläum des Kurfürsten Friedrich III. wird groß gefeiert. 1. Januar: Die Anzahl der Berliner Bezirke wird von 23 auf 12 reduziert.

**2004** Eröffnung des umgebauten Olympiastadions.

**2005** 10. Mai: Eröffnung des Holocaust-Mahnmals, des aus 2711 Stelen bestehenden Denkmals von Peter Eisenmann. 21. Mai: Einweihung der neuen Akademie der Künste am Pariser Platz. 22. November: Angela Merkel (CDU) wird erste deutsche Bundeskanzlerin in einer großen Koalition mit der SPD.

**2006** 26. März: Öffnung des Tiergartentunnels für den Verkehr. 28. Mai: Der neue Berliner Hauptbahnhof–Lehrter Bahnhof geht in Betrieb. 9. Juli: Endspiel der Fußball-WM im Olympiastadion.

*Bereit für Sportsensationen und Siege – die Modernisierung des Berliner Olympiastadions war 2004 abgeschlossen*

*City-West mit Gedächtniskirche, Breitscheidplatz und Kurfürstendamm*

# Vom Pariser Platz über den Boulevard Unter den Linden zur Schlossbrücke – das Alte Preußen lässt grüßen

Der **Pariser Platz** und der Boulevard **Unter den Linden** waren der ›Empfangssalon‹ und die Promenade der Hauptstadt Berlin zu Beginn des 20. Jh. Und das sind sie auch heute wieder, nach Abschluss zahlreicher repräsentativer Bauprojekte. Einen ernsten Akzent setzt unweit des Pariser Platzes das Stelenfeld des 2005 eröffneten *Holocaust-Mahnmals*. Der Spaziergang vom Brandenburger Tor zur Schlossbrücke führt vorbei an Highlights der neuen Metropole wie dem rekonstruierten *Hotel Adlon* oder der *Akademie der Künste* und direkt ins **Zentrum des preußischen Berlin**. Hier ließ Friedrich der Große einst seine Residenzstadt bauen, die die Macht des aufstrebenden Preußens darstellen sollte. Und hier verzaubert noch heute die Architektur von *Prinzessinnenpalais*, *Kronprinzenpalais* und *Zeughaus*, bevor der Prachtboulevard an der *Schlossbrücke* endet.

## 1 Brandenburger Tor

*Monument für Frieden und Sieg, Symbol der Wiedervereinigung – das Wahrzeichen der Stadt.*

Pariser Platz
S1, S2 Unter den Linden
Bus 100

Am westlichen Ende des Pariser Platzes ragt weithin sichtbar das Brandenburger Tor auf. Es war einst Symbol des geteilten Deutschland und wurde im November 1989 zum Sinnbild für die **Wiedervereinigung** des Landes. 1788–91 wurde das Tor vom Architekten Carl Gotthard Langhans in Sandstein errichtet. Es erinnert an den prunkvollen Eingangsbereich (Propyläen) der *Athener Akropolis*. Gleichzeitig aber nahm Langhans ein typisches Merkmal römischer Prachtbauten auf – die Quadriga, den von vier Pferden gezogenen Triumphwagen. Das Brandenburger Tor diente einst als **Stadttor**, zugleich sollte es aber auch einen prachtvollen Abschluss des Boulevards Unter den Linden bieten. Am 6. August 1791 wurde das Brandenburger Tor dem Verkehr übergeben.

Die 5 m hohe **Quadriga** mit der *Siegesgöttin Viktoria* gestaltete Johann Gottfried Schadow. Aufgestellt werden konnte sie allerdings erst im Jahr 1795, weil es einigen Streit um die Figur gab. Die Viktoria sollte – wie in den klassischen Vorlagen – nackt den *Streitwagen* lenken. Da sie in Richtung Berliner Schloss schauen sollte, konnte man sich schnell ausmalen, was die Reisenden, die sich Berlin von Westen her näherten, zu sehen bekämen – nämlich das nackte Hinterteil. Friedrich Wilhelm II. ließ daher der Viktoria einen Chiton nacharbeiten.

Tor und Quadriga haben eine überaus wechselvolle Geschichte. Am 27. Oktober 1806 zog **Napoleon** durch das Brandenburger Tor und besetzte die Hauptstadt Preußens. Gemäß dem Siegerrecht ließ er die Quadriga demontieren, in zwölf Kisten verpacken und nach Paris transportieren. Infolge der *Befreiungskriege* kam die Quadriga 1814 wieder nach Berlin. In Erinnerung an den Kampf gegen die napoleonischen Truppen wurde die Viktoria mit Eisernem Kreuz, Lorbeerkranz und preußischem Adler geschmückt.

1945 war das Brandenburger Tor stark beschädigt, lag die Quadriga in Trümmern. Im Westteil der Stadt existierten einzig die 5000 nicht nummerierten Teile eines Gipsabdruckes, der 1942 angefertigt worden war. Diese Gipsformen wurden 1957 verwendet, als man die Quadriga rekonstruierte. Dies war das einzige **Aufbauprojekt**, bei dem Ost und West – notgedrungen – zusammenarbeiteten. SED-Chef Walter Ulbricht verfügte dann aber, dass der preußische Adler und das Eiserne Kreuz nicht mehr als Schmuck zu verwenden seien. So hielt die Viktoria zu DDR-Zeiten einen Stab mit einem Eichenlaubkranz in der Hand. Erst bei der erneuten **Rekonstruktion** nach der deutschen Wiedervereinigung 1991 wurden wieder preußischer Adler und Eisernes Kreuz eingesetzt.

Umstritten war in den Jahren nach der Vereinigung, ob der *Autoverkehr* wieder durch das Brandenburger Tor fließen darf, doch inzwischen ist das 20 m hohe, 65 m breite und 11 m tiefe Wahrzeichen Berlins nur noch für Fußgänger und Radfahrer passierbar. Eine umfassende Restaurierung kam 2002 zum Abschluss.

## 2 Pariser Platz

*Empfangssalon der Metropole.*
S1, S2 Unter den Linden
Bus 100

Bis zum Zweiten Weltkrieg nannte man die 120 x 120 m große Platzanlage mit dem Brandenburger Tor und den zahlreichen Palais ›Empfangssalon‹. Der traurige Rest nach dem Krieg: Ein Seitenflügel der früheren Preußischen Akademie der Künste und die Ruine des Hotels Adlon. Da unmittelbar am Brandenburger Tor die **Berliner Mauer** verlief, blieb der Platz während der DDR-Zeit eine Brachfläche, die nur von Besuchergruppen betreten werden durfte. Nach der **Vereinigung** avancierte der Pariser Platz zum Bauprojekt. Mit dem wieder erstandenen Hotel Adlon, dem Neubau der Akademie der Künste (in den der erhaltene Seitenflügel integriert wurde), den verschiedenen historisierenden Bankgebäuden und den Neubauten der britischen, amerikanischen und französischen Botschaft gilt er heute wieder als einer der attraktivsten Plätze Berlins.

Angelegt wurde der Pariser Platz (gemeinsam mit dem heutigen Mehringplatz und dem heutigen Leipziger Platz) im Jahr 1734, als Berlin um die Friedrichstadt erweitert wurde. Der Platz diente damals als **Exerzierfeld** und **Vorplatz** zum Stadttor, dem ersten Brandenburger Tor von 1734. Zugleich war das Areal eine vornehme Wohngegend am Rande der Stadt. Hier residierten schon um 1800 deutsche und ausländische Gesandte. Um 1840 wurden die barocken Gebäude um den Pariser Platz im Stil der klassizistischen Schule nach Schinkel umgestaltet. Eine Formsprache, die sich die heutigen Architekten für die Rekonstruktion des Platzes zum Vorbild genommen haben.

*Wahrzeichen Berlins und Symbol der Wiedervereinigung – das altehrwürdige Brandenburger Tor von der gläsernen Terrasse der 2005 eröffneten Akademie der Künste aus gesehen*

## 2 Pariser Platz

Im 1735 erbauten **Max-Liebermann-Haus** nördlich des Brandenburger Tores lebte von 1894 bis 1935 der impressionistische Maler *Max Liebermann*. Er war 1920–32 Präsident der Akademie der Künste und musste am 30. Januar 1933 von seinem Haus aus mit ansehen, wie die Machtübernahme Hitlers gefeiert wurde. Das durch Bombenangriffe zerstörte Gebäude wurde nach Plänen von Josef Paul Kleinhues wieder errichtet. Heute finden hier *Wechselausstellungen* und die so genannten *Torgespräche* zu Kultur und Wissenschaft statt (Pariser Platz 7, Tel. 030/22 63 30 30, www.brandenburgertor.de).

Ebenfalls an der Nordseite des Platzes befand sich bis zum Ende des Zweiten Weltkriegs das *Palais der Gräfin von Hagen* (Nr. 5), das ab 1860 als **Französische Botschaft** gedient hatte. Der Neubau der diplomatischen Vertretung wurde 2002 eröffnet.

An der Südseite des Brandenburger Tores schloss sich einst das *Palais Blücher* an, welches ab 1930 als **Amerikanische Botschaft** diente. Hier wird nun bis 2007 der neue Amtssitz für den Botschafter der USA gebaut. Daneben, am Pariser Platz 4, war ab 1907 die **Akademie der Künste** (www.adk.de) im *Palais Arnim-Boitzenburg* ansässig, das 1857/58 von Eduard Knoblauch im klassizistischen Stil umgestaltet worden war. An der 1696 gegründeten und zunächst im Marstall (Unter den Linden) untergebrachten Hochschule trafen sich während der Weimarer Zeit geistige Größen wie Heinrich und Thomas Mann, Alfred Döblin und Käthe Kollwitz. Nur ein Seitenflügel des Gebäudes am Pariser Platz überstand den Zweiten Weltkrieg. Er wurde in den 2005 eröffneten *Neubau* der Akademie nach Plänen von Günter Behnisch integriert. Das neue gläserne Stammhaus verfügt über Ausstellungssäle, Bibliothek, Skulpturengarten, Café und Buchladen. Die Standorte der Hochschule im Hansa-Viertel [s.S.96] werden auch weiterhin betrieben.

Unmittelbar an der Ecke Pariser Platz/Wilhelmstraße befand sich ein weiterer wichtiger Treffpunkt der Prominenz während der Zeit des Kaiserreichs und der Weimarer Republik: das **Hotel Adlon**. Lorenz Adlon hatte sich in Berlin als Hotelier und Restaurantbesitzer bereits einen Namen gemacht, als er 1906 von Kaiser Wilhelm II. die Erlaubnis erhielt, das denkmalgeschützte *Palais Redern* abzureißen um eines der luxuriösesten Hotels der Welt zu bauen. Und wirklich logierte bald die *Hautevolee* im Adlon mit seinen 305 Zimmern, darunter die Rockefellers, Charlie Chaplin und sogar indische Maharadschas. Das Gebäude blieb wie durch ein Wunder von den Bomben des Zweiten Weltkriegs verschont, brannte dann aber kurz nach Kriegsende ab. Als Kempinski-Haus mit originalgetreuer Fassade und nostalgischer Innenausstattung wurde das Hotel Adlon Mitte 1997 wieder eröffnet und ist seitdem eine Touristenattraktion.

An der Wilhelmstraße 70/71, teilweise in den Adlon-Baukörper integriert, prunkt die neue **Britische Botschaft** (2000) nach Plänen von Michael Wilford mit ihrer schicken Lochfassade.

*Das rekonstruierte Adlon knüpft an seine glorreichen alten Zeiten als Luxushotel an*

## 3 Holocaust-Mahnmal

*Das monumentale Stelenfeld unweit des Pariser Platzes erinnert an die ermordeten Juden Europas.*

Ebertstraße/Wilhelmstraße
Tel. 030/74 07 29 29, 030/200 76 60
www.holocaust-mahnmal.de
Stelenfeld: tgl. 24 Std.
Ort der Information: Di–So 10–20 Uhr
(letzter Einlass 19.15 Uhr)
S1, S2 Unter den Linden
Bus 100

Südlich von Pariser Platz und Akademie wurde am 10. Mai 2005 das viel diskutier-

*Tausende von Steinen erzählen die Geschichte eines Landes, seiner Haupstadt und zahlloser Opfer– Blick über das Holocaust-Mahnmal auf den Reichstag und das Brandenburger Tor*

te Holocaust-Mahnmal nach Entwürfen des US-amerikanischen Architekten Peter Eisenmann eingeweiht. Das **Denkmal für die ermordeten Juden Europas** besteht aus dem *Stelenfeld*, einem begehbaren Labyrinth aus 2711 grauen Betonstelen unterschiedlicher Höhe (0,20 m – 4,70 m). Sie wurden so zusammengestellt, dass sie von oben betrachtet eine gigantische wellenbewegte Fläche bilden. Außerdem gibt es den *Ort der Information*, ein unterirdisches Dokumentationszentrum.

Das Mahnmal gedenkt der 6 Mio. Juden, die in Europa Opfer des Holocaust wurden. Seit der Eröffnung kommen täglich Tausenden von Besuchern aus aller Welt zur Gedenkstätte, darunter auch viele junge Leute. Im Ort der Information, der täglich von etwa 1800 Menschen aufgesucht wird (Wartezeit bis zu 2 Std.), steht auch eine Namensdatenbank der israelischen Gedenkstätte Yad Vashem für Recherchen zur Verfügung.

Das Denkmal geht auf eine Bürgerinitiative der 1980er-Jahre zurück. Seine Errichtung wurde nach vielen Kontroversen 1999 vom Bundestag beschlossen. Der Entwurf Eisenmanns erfuhr in der Folgezeit inmitten weiterer heftiger Diskussionen mehrfach Modifizierungen. Anlässlich der Einweihung trat der Architekt Interpretationsversuchen des Stelenfeldes als Friedhof oder Ährenfeld entgegen. Er sieht sein Werk als *Ort der Hoffnung*, und der Besucher solle beim Gang durch die Stelenreihen die *Stimmen der Opfer* hören.

## 4 Unter den Linden

*Boulevard mit Vergangenheit und Zukunft.*

S1, S2 Unter den Linden,
U6 Friedrichstraße und Französische Straße, Bus 100, 200

Der bedeutendste Boulevard Berlins ist Unter den Linden. Auch hier wurde in den vergangenen Jahren heftig gebaut, um der einstigen Prachtstraße wieder alten Glanz zu verleihen.

Was aus einem Reitweg so alles werden kann! 1575 wurde zwischen der Brücke über dem Festungsgraben am Berliner Schloss und dem Tiergarten eine Sandstraße angelegt, um den Herrschaften aus dem Schloss einen Reitweg zu bieten. Kurfürst Friedrich Wilhelm ließ dort 1647 **1000 Linden** und 1000 Nussbäume pflanzen. Die Nussbäume gingen ein, die Linden setzten sich durch und gaben der Straße ihren Namen. Nach-

## 4 Unter den Linden

*Prachtbauten – Blick von der Schlossbrücke auf den Boulevard Unter den Linden mit dem Kronprinzenpalais und der Staatsoper Unter den Linden*

dem 1734 der *Pariser Platz* angelegt worden war, entwickelte sich allmählich auch der Boulevard Unter den Linden. Um 1800 siedelten sich Hoteliers, Kaufleute und Hoflieferanten an, die *Salons* und *Konditoreien* wurden von Intellektuellen und Militärs gleichermaßen besucht.

Mit der Reichsgründung 1871 kamen Bankiers und Aktienspekulanten an den Boulevard und übernahmen die Palais der Adligen. **Amüsierbetriebe** wie ein Panoptikum in der Kaiserpassage nahe der Kreuzung zur Friedrichstraße sorgten dann zu Beginn des 20. Jh. für Kurzweil.

Trotzdem blieb Unter den Linden der Boulevard des **Kaisers**. Nicht nur, dass sich Kaiser Wilhelm I. täglich an seinem Fenster im Kaiserpalais zeigte, um die Huldigung des Volkes entgegenzunehmen, auch durften ohne seine Billigung keine baulichen Veränderungen vorgenommen werden.

Ein Großteil der Palais und Geschäftshäuser wurde im Zweiten Weltkrieg zerstört, von der alten Pracht des Boulevards zeugen noch die Bauten am ehem. *Forum Fridericianum*, heute Bebelplatz. Zur DDR-Zeit gab es eine Dreiteilung der Flaniermeile. Der Bereich zwischen *Wilhelmstraße* und *Glinkastraße* war Botschaften vorbehalten, DDR-Bürger sollten sich der Grenze, die am Brandenburger Tor verlief, möglichst nicht nähern. Im Bereich zwischen *Glinkastraße* und *Charlottenstraße* waren Geschäfte angesiedelt. Von der Charlottenstraße bis zur *Schlossbrücke* wurde das preußische Berlin wieder aufgebaut. Originalgetreu rekonstruiert wurden z. B. das Kronprinzenpalais und das Prinzessinnenpalais.

Die Wende 1989 verlieh auch den Linden ein neues Gesicht. Der Deutsche Bundestag siedelte Abgeordnetenbüros an und Altbesitzer wie die Deutsche Bank kehrten nach umfassenden Restaurierungsmaßnahmen in ihre Stammhäuser zurück. ›Bausünden‹ wurde abgerissen und durch Neubauten wie das noble Einkaufszentrum **Lindenforum** ersetzt.

Geht man vom Pariser Platz die Linden hinauf, so ist das erste Gebäude, das die Aufmerksamkeit auf sich zieht, die **Russische Botschaft** (Nr. 60–66), die 1950–53 im wuchtigen Stil der *Stalin-Ära* erbaut wurde. Auf dem Grundstück befand sich um 1800 ein Palais der Prinzessin von Kurland, das zum Zentrum der Berliner Gesellschaft wurde. 1837 kaufte Zar Nikolaus I. das Gebäude und ließ waggonweise russische Erde auf das Botschaftsgelände schaffen, um seinem Diplomaten ein wenig Heimat zu bieten. 1917 übernahm die sowjetische Regierung den Bau, während des Zweiten Weltkriegs wurde er zerstört.

Die Geschäftshäuser auf der gegenüberliegenden Straßenseite, das ehem. *Haus Wagon-Lits* (Nr. 40) und der frühere *Zollernhof* (Nr. 36–38), wurden um 1910 erbaut. Sie belegen, dass die Linden damals als ›erste‹ Adresse für die internationale Geschäftswelt galten. Als einziges Gebäude aus den 1930er-Jahren ist das *Haus der Schweiz* (Nr. 24) erhalten, das 1993 restauriert wurde.

Ecke Friedrichstraße befindet sich das **Westin Grand Hotel**, 1985–87 zur 750-Jahr-Feier in Ostberlin errichtet. Über-

baut wurde damals das Grundstück der einstigen *Kaiserpassage*. 120 m lang war diese 1873 erbaute Anlage. Mit ihren Cafés, Kinos und Amüsierbetrieben war sie eine Attraktion, ging aber 1923 Pleite und musste schließen. 1944 brannte sie aus und wurde 1950 abgerissen. Hier befand sich auch das berühmte *Café Kranzler*, in dem sich alles traf, was in Berlin Rang und Namen hatte. Beliebt war das Kranzler vor allem, weil es eine Terrasse hatte, von der aus man das Treiben Unter den Linden beobachten konnte. Baupolizeilich bedeutete diese Terrasse zwar ein Unding, aber ›Kaisers‹ hatten ein Herz für die jungen Militärs, die hier auf Brautschau gingen. Nach 1944 wurde das Kranzler dann am Ku'damm wieder eröffnet [s. S. 111].

Beispiele für internationale Hotels der Zeit um 1900 finden sich einige Meter weiter die Linden hinunter. Im Gebäude **Nr. 17** bot das *Hotel Karlton*, das 1902 erbaut wurde, seinen Gästen noble Unterkunft. Auf der gegenüberliegenden Straßenseite befand sich das 1865 errichtete *Hotel de Rome*. Kaiser Wilhelm I., der im nahen Alten Palais (Kaiserpalais) lebte, ließ sich aus diesem Hotel jede Woche vom Hotelbesitzer einen Badezuber über die Straße in sein Palais bringen.

Man sagt, die *Deutsche Bank* habe Unsummen gezahlt, um in ihren 1920 erbauten Stammsitz (Nr. 13–15) zurückzukehren. Im Erdgeschoss wurde 1997 das **Deutsche Guggenheim Berlin** (Tel. 030/202 09 30, www.deutsche-bank-kunst.com/guggenheim, tgl. 11–20, Do bis 22 Uhr) eröffnet, eine Kooperation der Bank mit der New Yorker Salomon R. Guggenheim Foundation. Der Bau dient als Forum für hochkarätige Wechselausstellungen moderner und zeitgenössischer Kunst. Nebenan ziert die barocke Fassade des *Gouverneurshauses* (Nr. 11) aus dem Jahr 1721 die Flaniermeile. Nur eine Freitreppe erinnert hingegen an das Niederländische Palais, das Wilhelmine, der Mätresse König Friedrich Wilhelms II., gehörte. Es wurde 1943 zerstört.

## 5 Denkmal Friedrichs des Großen

### 5 Denkmal Friedrichs des Großen

*Denker unter dem Pferdeschwanz.*

Unter den Linden
S1, S2 Unter den Linden,
U6 Friedrichstraße und
Französische Straße

Als Erinnerung an den großen preußischen König steht auf dem Boulevard Unter den Linden das Denkmal Friedrichs II.

*Noch immer gut zu Pferd und eine strahlende Erscheinung: König Friedrich der Große*

1851 schuf Christian Daniel Rauch das 13,50 m hohe **Reiterstandbild**. Es zeigt den Herrscher im Krönungsmantel mit Dreispitz, Krückstock und Stulpenstiefeln. 150 Figuren bedeutender preußischer Persönlichkeiten, die den Sockel des Denkmals schmücken, gaben nach Enthüllung des Denkmals Anlass zu heftigen Diskussionen. Denn, man beachte: Die *Militärs* befinden sich vorne, *Künstler* und *Wissenschaftler* (u.a. Kant und Lessing) fanden ihren Platz unter dem Pferdeschwanz! Die DDR-Regierung tat sich überaus schwer mit dem preußischen Erbe, also auch mit dem Denkmal Friedrichs des Großen. 1950 wurde es in den Park von Schloss Sanssouci gebracht und kehrte erst 1981 wieder zurück.

Das Denkmal Friedrichs des Großen wurde vor einigen Jahren restauriert und 2000 am Originalstandort vor dem Säulenportal des **Alten Palais** (Kaiserpalais) aufgestellt, in dem Wilhelm I. 50 Jahre lang lebte. 1890 gab hier der damalige Reichskanzler Otto von Bismarck sein Rücktrittsgesuch ab. Heute gehört das wieder aufgebaute Palais zur *Humboldt-Universität*, derzeit wird die Fassade originalgetreu wieder hergestellt.

Gegenüber befindet sich die ehem. Deutsche Staatsbibliothek (Nr. 8), heute **Staatsbibliothek zu Berlin – Preußischer Kulturbesitz I** (Mo–Fr 9–21, Sa 9–17 Uhr,

## Friedrichstraße – Neues Flair für die Metropole

Zu einem neuen Magneten in Berlin-Mitte hat sich die Friedrichstraße entwickelt. Mit ihren zahlreichen Hotels, Geschäften, Theatern und Vergnügungsetablissements war diese Straße bereits um 1900 eines der Zentren in Berlin. Dem großstädtischen Treiben machte der Zweite Weltkrieg ein Ende, die Straße wurde durch Bomben fast vollständig zerstört. Die DDR-Regierung versuchte zwar mit Neubauten an die alte Tradition der Friedrichstraße anzuschließen, doch der **Friedrichstadtpalast** (1984), das **Internationale Handelszentrum** (1978), das Grand Hotel (1987), heute **Westin Grand Hotel**, und das Hotel Metropol (1977), heute **Maritim pro Arte**, wirkten eher verloren. Die Friedrichstraße war vielmehr die spürbare Schnittstelle zwischen Ost und West: Der **Bahnhof Friedrichstraße** war nach dem Mauerbau 1961 alleinige Verbindung für Fern-, Stadt- und U-Bahn zwischen den beiden Teilen der Stadt. Heute ist der Bahnhof wieder wichtiger Verkehrsknotenpunkt. Aus dem angrenzenden alten Abfertigungsgebäude wurde ein Veranstaltungs- und Konzertsaal, der zum Andenken an die tragischen Schicksale in Zusammenhang mit der Teilung der Stadt **Tränenpalast** getauft wurde. Kultur wird auch im gegenüberliegenden **Admiralspalast** (Friedrichstraße 101) geboten, über dessen Fortbestand seit langem diskutiert wird. Dort hat das Kabarett ›Die Distel‹ seine Spielstätte.

Das Flair einer Metropole strahlt heute vor allem der südliche Teil der Friedrichstraße zwischen Unter den Linden und Leipziger Straße aus. Hier wurden

*Vive la France! Shoppingfreuden in der Galerie Lafayette – kegelförmige Architekturelemente bestimmen das Innere*

Passagen, Kaufhäuser, Edelboutiquen, Büros und Restaurants in den neu errichteten, luxuriös ausgestatteten Geschäftshäusern **Lindencorso**, **Hofgarten**, **Friedrichstadt-Passagen** und **Kontorhaus Mitte** eröffnet. Eine Shoppingmeile, die Touristen und Berliner gleichermaßen anzieht.

Einer der größten Besuchermagneten ist die **Galerie Lafayette** in der Französischen Straße 23/ Ecke Friedrichstraße – das Edelkaufhaus ist eine Dependance des berühmten Pariser Einkaufszentrums.

**5** Denkmal Friedrichs des Großen

Tel. 030/26 60, www.staatsbibliothek-berlin.de) genannt. Die barocken Anklänge an der Fassade täuschen darüber hinweg, dass der Bau erst 1903–14 errichtet wurde. Im 17. Jh. stand hier der *Marstall*, der königliche Reitstall, in dem ab 1700 die Akademie der Künste und die Akademie der Wissenschaften untergebracht waren. 1939 verfügte die Bibliothek über fast 4 Mio. Bücher, heute sind es noch rund 3 Mio. (Schriften bis 1956). Der Gesamtbestand der Staatsbibliothek (I und II, s. S. 102) an Druckerzeugnissen beläuft sich auf 10 Mio. Umfassende Restaurierungs- und Baumaßnahmen innerhalb des Komplexes, darunter ein neuer Lesesaal nach Plänen von HG Merz, sollen 2008/2011 abgeschlossen sein.

## **6** Alte Bibliothek

›Kommode‹ der Aufklärer.

Bebelplatz 1
S1, S2, S25, S5, S7, S75, S9 und
U6 Friedrichstraße,
Tram M1, 12, Bus 147

Südlich des Reiterstandbilds Friedrichs des Großen trifft man auf das von ihm und Georg Wenzeslaus von Knobelsdorff konzipierte *Forum Fridericianum*, einen der schönsten Plätze Berlins, der heute den Namen **Bebelplatz** trägt. Hier wollte König Friedrich II. als Kronprinz ›seinem‹ Berlin ein neues Zentrum geben. Es sollte eine Residenz entstehen, die sich mit *Versailles* messen konnte.

*So schwungvoll wie ein Wiener Walzer: Wegen ihrer duften Kurven nennen die Berliner ihre Alte Bibliothek am Bebelplatz auch ›Kommode‹*

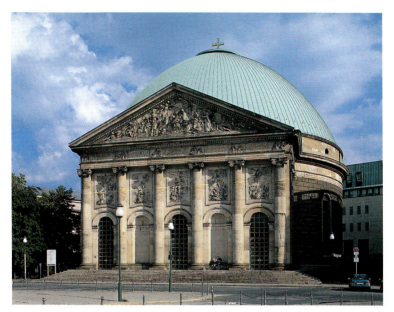

*Bella Italia in Berlin: Das römische Pantheon stand Pate für die St.-Hedwigs-Kathedrale, die erste katholische Kirche der Stadt*

Die Alte Bibliothek (ehemals Königliche Bibliothek) an der Westseite des Platzes wurde ab 1775 nach Plänen *Johann Bernhard Fischer von Erlachs*, die er für einen Anbau der Wiener Hofburg gefertigt hatte, im hochbarocken Stil erbaut. Bald schon avancierte sie zu einem Zentrum der Aufklärung, wurde aber wegen ihrer abwechselnd konkav und konvex geschwungenen Fassade einfach ›Kommode‹ genannt. 1945 brannte die Alte Bibliothek ab, 1967–69 baute man sie wieder auf. Heute wird sie von der Humboldt-Universität genutzt.

Auf dem Platz zwischen der Alten Bibliothek und der Staatsoper Unter den Linden fand am 10. Mai 1933 ein Autodafé statt, bei dem ca. 20 000 Bücher unliebsamer Autorinnen und Autoren in Flammen aufgingen. 1995 wurde in Erinnerung an die Vernichtungsaktion der Nazis das Mahnmal **Versunkene Bibliothek** von Micha Ullmann eingeweiht. Es besteht aus einer Kunststoffplatte im Platzpflaster, durch die man in einen darunter liegenden Raum mit leeren Bücherregalen sieht. Eine Gedenkplatte zitiert den Dichter Heinrich Heine: »(...) Dort wo man Bücher verbrennt, verbrennt man am Ende auch Menschen«.

## 7 St.-Hedwigs-Kathedrale

*Eine katholische Kirche im protestantischen Preußen.*

Bebelplatz
S1, S2, S25, S5, S7, S75, S9 und U6 Friedrichstraße,
Tram M1, 12, Bus 147

Am südlichen Ende des Bebelplatzes trifft man auf die St.-Hedwigs-Kathedrale mit ihrer imposanten Kuppel. Sie folgt dem Vorbild des römischen *Pantheon*. Die Skizzen stammen von Friedrich II., die Pläne vom Hofarchitekten Georg Wenzeslaus von Knobelsdorff. Bereits 1747 wurde mit dem Bau begonnen, die Arbeiten zogen sich aber hin, wegen Geldmangels und aufgrund des Siebenjährigen Krieges. 1773 wurde die St.-Hedwigs-Kathedrale als *erste katholische Kirche* Berlins geweiht und der Schutzpatronin Schlesiens gewidmet. Sie galt als politischer Winkelzug Friedrichs II. Immerhin war die katholische Gemeinde Berlins nach dem 2. Schlesischen Krieg 1745 auf etwa 10 000 Menschen angewachsen. Friedrich hatte das katholische Schlesien erobert und Preußen einverleibt. Jetzt schien ein Zeichen religiöser Toleranz fällig, eine katholische Kirche. Sie brannte während des Zweiten Weltkriegs aus und wurde 1952–63 wieder aufgebaut. Seit Juli 1994 ist die St.-Hedwigs-Kathedrale Zentrum des neu gegründeten Erzbistums Berlin.

## 8 Staatsoper Unter den Linden

*Hier sang schon Enrico Caruso.*

Unter den Linden 7
Tel. 030/20 35 45 55
www.staatsoper-berlin.de
S1, S2, S25, S5, S7, S75, S9 und
U6 Friedrichstraße,
Tram M1, 12, Bus 147

Das Opernhaus gegenüber der Alten Bibliothek wurde 1741–43 unter der Leitung des Architekten *Georg Wenzeslaus von Knobelsdorff* im klassizistischen Stil errichtet. In diesem Opernhaus, dem ersten großen Bauprojekt des Königs, wurde Musikgeschichte geschrieben: Hier fanden z. B. die *Uraufführungen* von Otto Nicolais ›Die lustigen Weiber von Windsor‹ (1849) und von Alban Bergs ›Wozzeck‹ (1925) statt, hier dirigierten Giacomo Meyerbeer, Richard Strauss und Herbert von Karajan, hier sang Enrico Caruso.

Von dem ursprünglichen Baukörper der ›Lindenoper‹ ist heute nicht mehr viel erhalten. Bereits 1788 waren Umbauten fällig, denn es sollte fortan auch das bürgerliche Publikum in den Genuss der Oper kommen – deshalb musste Platz geschaffen werden. Nach einem Brand 1843 baute Carl Ferdinand Langhans das Gebäude wieder auf, nur der **Innenraum** wurde spätklassizistisch verändert. 1910 erfolgte der Aufbau der Hauptbühne, die Seitenbühnen wurden bei dem Umbau 1926–28 verändert. Schon damals hätte Berlin eine größere Oper benötigt, konnte sich diesen Bau aber nach dem Ersten Weltkrieg nicht leisten.

Im Jahr 1993 feierte die Staatsoper ihr 250-jähriges Bestehen. Die künstlerische Leitung hat Generalmusikdirektor *Daniel Barenboim* (* 1942), der zum Chefdirigent auf Lebenszeit gewählt wurde.

## 9 Prinzessinnen- und Kronprinzenpalais

*Kinderstube der Hohenzollern.*

Unter den Linden 5
S1, S2, S25, S5, S7, S75, S9 und
U6 Friedrichstraße,
Tram M1, 12, Bus 147

In unmittelbarer Nachbarschaft zur Oper steht das **Prinzessinnenpalais** (Nr. 5), erbaut 1733–37 von Friedrich Wilhelm Diterichs, in dem die drei Töchter von Friedrich Wilhelm III. wohnten. 1961–63 wurde das Gebäude, das auch *Opernpalais* genannt wird, völlig neu aufgebaut. Nicht einmal die alten Ziegelsteine des ursprünglichen Gebäudes konnten wieder verwendet werden: Sie waren einst den leibeigenen Bauern abgerungen worden und daher von völlig unterschiedlicher Qualität. Heute ist das **Operncafé** [s. S. 169] mit seinem Garten ein beliebter Treffpunkt. Außerdem befinden sich im Palais eine Bar und zwei Restaurants.

*Feierlicher Rahmen, großes Musiktheater – Blick in die Staatsoper Unter den Linden*

**10** Humboldt-Universität

*Für das Leben und die nächste Prüfung lernen sie hier – etwa 39 000 Studenten sind an der Humboldt-Universität, der ersten Hochschule Berlins, eingeschrieben*

Durch einen Brückenbogen ist das Prinzessinnenpalais seit 1811 mit dem Kronprinzenpalais verbunden.

Die Geschichte des **Kronprinzenpalais** geht zurück auf das Jahr 1663, als hier ein hoher Staatsbeamter in unmittelbarer Nähe zum Schloss ein repräsentatives Gebäude errichten ließ. Seine barocke Fassade erhielt es durch den Umbau unter der Leitung Philipp Gerlachs. König Friedrich Wilhelm I., der das Haus übernommen hatte, ließ es dann als Wohnung für den Kronprinzen umbauen. Hier wurde am 27. Januar 1859 Wilhelm II., der letzte deutsche Kaiser, geboren. Der im Zweiten Weltkrieg zerstörte Bau wurde 1968/69 nach alten Stichen rekonstruiert. Das Kronprinzenpalais wurde als *Gästehaus* der DDR-Regierung genutzt. Politische Bedeutung gewann es, als hier am 31. August 1990 der **Einigungsvertrag** zwischen der DDR und der Bundesrepublik Deutschland unterzeichnet wurde.

## **10** Humboldt-Universität

*Die erste Universität in Berlin.*

Unter den Linden 8
Tel. 030/209 30
www.hu-berlin.de
S1, S2, S25, S5, S7, S75, S9 und
U6 Friedrichstraße,
Tram M1, 12, Bus 147

Den Abschluss des Forum Fridericianum bildet auf der anderen Seite des Boulevards Unter den Linden die Humboldt-Universität. An dieser Stelle wollte Friedrich der Große zunächst ein Berliner Stadtschloss errichten, doch dann entdeckte er seine Liebe zu Potsdam. Hier wurde stattdessen nach Entwürfen des Baumeisters *Knobelsdorff* 1748–66 ein Palais für Prinz Heinrich, einen Bruder des Königs, errichtet. Nach dessen Tod 1802 lebte dessen Witwe in dem Gebäude. 1809 wurde es der neu gegründeten Universität übergeben. Im Wintersemester 1809/10 waren bereits 247 Studenten an der Lehranstalt ›Friedrich-Wilhelm-Universität‹, immatrikuliert. Den heutigen Namen erhielt die Universität 1949 nach ihrem Gründer **Wilhelm Freiherr von Humboldt** (1767–1835). Der Gelehrte und

**10** Humboldt-Universität

Politiker war 1809 als Leiter des Kultur- und Unterrichtswesens in das preußische Innenmiunisterium berufen worden.

Trotz der schweren Kriegsschäden an der Bausubstanz wurde der Lehrbetrieb an der Alma Mater schon 1946 wieder aufgenommen. Inzwischen studieren ca. 39 000 Studenten an dieser drittgrößten Universität in Berlin.

## **11** Neue Wache

*Schinkels Tempel als Gedenkstätte.*
Unter den Linden
U6 Französische Straße
Bus 147

Auf der anderen Seite des Boulevards ist unschwer die Neue Wache mit ihrem nach altgriechischem Vorbild errichteten dorischen Säulenvorbau zu erkennen. *Karl Friedrich Schinkel* erbaute sie 1816–18 für die Wachen, die die gegenüberliegenden Palais schützen sollten. Ab 1929 diente die Neue Wache als **Mahnmal** für die Gefallenen der Kriege. Doch jede Zeit ehrt andere Opfer: Ursprünglich eine Gedenkstätte für die Opfer des Ersten Weltkriegs wurde das Gebäude in der NS-Zeit zum Reichsehrenmal. Nach dem Krieg errichtete die DDR hier ein Ehrenmal für die Opfer des Faschismus und Militarismus. Am 14. November 1993 wurde die Neue Wache als **Zentrale Gedenkstätte der Bundesrepublik Deutschland** eingeweiht. Im Innern steht heute die überlebensgroße Pietà ›Trauernde Mutter mit totem Sohn‹ von Käthe Kollwitz.

Hinter der Neuen Wache steht das **Palais am Festungsgraben** (1751–53). Die heutige Fassade des einstige Finanzministeriums geht auf den Umbau von 1861 zurück. Zwischen 1804 und 1807 lebte hier der preußische Staatsmann Karl Freiherr vom und zum Stein. Die historischen Säle werden heute für kulturelle Events genutzt. Im 1. Geschoss lädt die *Tadshikische Teestube* [s. S. 168] in orientalisch-plüschigem Dekor zu einer Pause ein.

## **12** Deutsches Historisches Museum

*Geschichte im bedeutendsten Barockbau Berlins.*
Unter den Linden 2
Tel. 030/20 30 40
www.dhm.de
tgl. 10–18 Uhr
S5, S7, S75, S9 Hackescher Markt
Tram M1, M2, M4, M5, M6

Vor der Schlossbrücke findet sich der erste Großbau Berlins, das ehem. **Zeughaus**. Erbaut in den Jahren 1695–1731 von Johann Nering, Andreas Schlüter u. a., dien-

*Gelungene Synthese von Alt und Neu im Deutschen Historischen Museum*

**13 Friedrichswerdersche Kirche – Schinkelmuseum**

*Flair des Baumeisters, der Berlin zum ›Spree-Athen‹ machte: Klassizistische Skulpturen in der von Schinkel entworfenen Friedrichswerderschen Kirche*

te das Gebäude bis 1877 als Waffenarsenal, wobei im Obergeschoss Infanteriewaffen und Kriegstrophäen untergebracht waren. 1848 stürmten Berliner Handwerker das Zeughaus und bewaffneten sich für den Kampf um mehr Demokratie. 1871 wurde der 90 x 90 m große Gebäudekomplex zur Ruhmeshalle des Herrscherhauses umfunktioniert.

Die *Fassade* ist durch Gesimse, Balustraden und Bildwerke aus Sandstein gegliedert, die überwiegend von Guillaume Houlot stammen. 22 Masken sterbender Krieger im *Innenhof*, die Andreas Schlüter ausführte, dokumentieren die Schrecken des Krieges.

Bis September 1990 war im Zeughaus das 1952 gegründete Museum für Deutsche Geschichte der DDR beheimatet, aus dem das Deutsche Historische Museum hervorging. Neben der neu konzipierten Dauerausstellung im Zeughaus, die seit Pfingsten 2006 auf zwei Stockwerken einen Überblick über 2000 Jahre deutscher Geschichte im europäischen Kontext präsentiert, gibt es für Wechselausstellungen den Neubau von Ieoh Ming Pei und im Internet das virtuelle Museum LeMo.

Den Abschluss des historischen Teils des Boulevards Unter den Linden bildet die **Schlossbrücke** (1824) mit ihren Skulpturen aus Carrara-Marmor, ein Gesamtkunstwerk Karl Friedrich Schinkels. Vorgängerin war eine Holzbrücke, die auch *Hundebrücke* genannt wurde, weil sich dort die Jäger mit ihren Hunden versammelten, um gemeinsam in den vor der Stadt liegenden Wildgarten zu ziehen. Die Schinkel-Statuen der Schlossbrücke, im Zweiten Weltkrieg ausgelagert, wurden 1981 wieder aufgestellt.

## 13 Friedrichswerdersche Kirche – Schinkelmuseum

*Skulpturenmuseum im Gotteshaus.*
Werderscher Markt
Tel. 030/208 13 23
www.smb.spk-berlin.de
tgl. 10–18 Uhr
U2 Hausvogteiplatz, U6 Französische Straße, Bus 147

Eine gute Ergänzung zum Spaziergang über den historischen Teil des Boulevards Unter den Linden bietet der Besuch der Friedrichswerderschen Kirche an der

## 13 Friedrichswerdersche Kirche – Schinkelmuseum

*Stadtkultur – eine stimmungsvolle Kulisse bieten der Deutsche Dom und das Schauspielhaus beim Berliner Klassik-Open-Air auf dem Gendarmenmarkt*

Nordseite des Werderschen Marktes. Erbaut wurde das Gotteshaus 1824–30 im neogotischen Stil nach Plänen von *Karl Friedrich Schinkel*. In seinem Entwurf folgte Schinkel der Einfachheit und Klarheit norddeutscher Bautradition. Während des Zweiten Weltkriegs wurde die Kirche stark beschädigt, die Restaurierung dauerte bis Ende der 80er-Jahre des 20. Jh.

In der Kirche ist heute das Schinkelmuseum beheimatet. Neben einer Dokumentation über diesen wichtigsten Berliner Baumeister werden klassizistische *Skulpturen* des 19. Jh. gezeigt.

## 14 Gendarmenmarkt

*Wohl einer der schönsten Plätze Berlins, mit Schauspielhaus, Französischem Dom und Deutschem Dom.*

U2 Stadtmitte, U6 Französische Straße
Bus M48, 147, 148

Der 48 000 m² große Gendarmenmarkt entstand bereits im 17. Jh. Er erhielt seinen Namen, da hier in den Jahren 1736–82 ein Regiment der Gendarmen (Gens d'Armes) eine Kaserne, eine Wache sowie Stallungen hatte. Bereits 1701–05 wurde an der Nordseite des Platzes der **Französische Dom** errichtet. Er diente den im 17. Jh. eingewanderten französischen Hugenotten als Gotteshaus. Im **Hugenottenmuseum** (Tel. 030/229 17 60, Di–Sa 12–17,

**14** Gendarmenmarkt

So 11–17 Uhr) kann man sich über die Geschichte der Einwanderer informieren. Vom 70 m hohen *Turm* der Kirche klingt täglich um 12, 15 und 19 Uhr das über eine Klaviatur angeschlagene 60-teilige Glockenspiel. Auch der Aufstieg zur *Aussichtsplattform* lohnt – zumal auf 20 m Höhe das Weinlokal ›Turmstuben‹ zu einer gemütlichen Rast einlädt.

Am südlichen Ende des Platzes errichtete Martin Grünberg 1701–08 den **Deutschen Dom**, zunächst eine schlichte Kirche. Unter Friedrich dem Großen erhielt sie eine Säulenvorhalle sowie einen Kuppelturm, der von der 7 m hohen vergoldeten Skulptur ›Siegende Tugend‹ bekrönt wird. Der im Krieg weitgehend zerstörte Dom wurde bis 1996 mit originalgetreuer Fassade wieder hergestellt. Im Inneren wird die Ausstellung des Deutschen Bundestages **Wege, Irrwege, Umwege. Die Entwicklung der parlamentarischen Demokratie in Deutschland** (Tel. 030/22 73 04 31, Di 10–22, Mi–So/Fei 10–18, Juni–Aug. bis 19 Uhr) gezeigt.

Das französische Komödienhaus, das einst in der Mitte des Platzes stand, wurde nach einem Brand durch das klassizistische **Schauspielhaus** (1818–21) von Schinkel ersetzt. Im Zweiten Weltkrieg zerstört, wurde es ab 1967 originalgetreu rekonstruiert und 1984 als *Konzerthaus Berlin* wieder eröffnet.

Der Gendarmenmarkt selbst hat heute auch dank guter Restaurants und schöner Geschäfte sein vornehmes Flair als ein Mittelpunkt Berlins zurückerlangt. Im Sommer finden attraktive Kulturevents statt.

# Die Spreeinsel zwischen Lustgarten und Monbijoupark – preußische Pracht und protziger Prunk

Der Weg vom Boulevard Unter den Linden über die Schlossbrücke führt in einen der ältesten Teile Berlins. Allerdings haben die Bomben des Zweiten Weltkriegs und die Abrisswut der SED-Machthaber hier der Stadt ihren Stempel aufgedrückt. Das historische Berlin repräsentieren das **Alte Museum** am Lustgarten und der **Berliner Dom**. Dessen Fassade spiegelte sich bisher im **Palast der Republik**, der 2006 abgerissen wird. Errichtet wurde der Vorzeigebau der DDR auf jenem Gelände, auf dem bis 1950 ein Teil des *Berliner Stadtschlosses* der Hohenzollern stand. Der kulturhistorisch bedeutende Bau wäre nach dem Zweiten Weltkrieg zu rekonstruieren gewesen, nur sollte, so der Wille der DDR-Führung, im neuen Berlin nichts an die große Zeit der Preußen erinnern. In den kommenden Jahren soll das Stadtschloss mit originalgetreuer Barockfassade teilrekonstruiert werden. Es wird voraussichtlich Museen, Bibliotheken und ein Hotel beherbergen. Ebenfalls auf einem Teil des Schlossareals steht das ehem. **Staatsratsgebäude** der DDR, das heute als Campus für private Hoschschulen fungiert.

## 15 Lustgarten

*Vom Küchengarten zum Aufmarschplatz.*

S5, S7, S75, S9 Hackescher Markt, U2 Hausvogteiplatz, U6 Friedrichstraße
Bus 100, 200

Der Name Lustgarten ist geblieben, obwohl die Funktion des Platzes unmittelbar an der Schlossbrücke mehrfach wechselte. Unweit vom Schloss legten die Hohenzollern hier 1573 einen **Küchengarten** an, in dem man 1649 erstmals eine fremdartige Frucht aus Übersee in Preußen anpflanzte: die *Kartoffel*. Dass diese Pflanze auf die Zeitgenossen überaus exotisch wirkte, lässt sich schon daran ersehen, dass das Areal seit 1643 als Ziergarten betrieben worden war.

Die zum Lustwandeln genutzte Grünanlage diente im 18. Jh., unter Friedrich Wilhelm I., als Exerzierplatz. Um 1830 schuf der Gartenarchitekt Peter Joseph Lenné hier eine herrliche **Parkanlage**, 100 Jahre später wurde der beliebte Treffpunkt der Berliner zum nüchternen Platz, den die Nazis und später die SED für Aufmärsche und Kundgebungen nutzten. Heute präsentiert sich der Lustgarten wieder als Grünanlage, fokussiert auf das **Alte Museum** [s. S. 38]. Die monumentale *Granitschale* (1827–30, Christian Gottlieb Cantian) vor seiner großen Freitreppe erhielt den Spitznamen ›die größte Suppenschüssel Berlins‹.

## 16 Berliner Dom

*Begräbnisstätte der Hohenzollern.*

Lustgarten
S5, S7, S75, S9 Hackescher Markt, U2 Hausvogteiplatz, U6 Friedrichstraße
Bus 100, 200

Mit seiner mächtigen, 74,80 m hohen **Kuppel** erhebt sich an der Ostseite des Lustgartens der Berliner Dom (1894–1905, Julius Raschdorff), der die *Peterskirche* in Rom zum Vorbild nimmt. Durch seinen reichen Ornamentschmuck kann das Gebäude als typisches Bauwerk der Regierungszeit Wilhelms II. gelten – bot man doch in der Ära des wilhelminischen Historismus viel fürs Auge. Der im Krieg verwüstete Dom wurde ab 1974 wieder hergestellt, die Restaurierung des **Inneren** war 1993 abgeschlossen. Sehenswert sind hier die *Kaiserloge* gegenüber dem Altar, der *Taufstein* von Christian Daniel Rauch aus dem Jahr 1833 und die nach den Anregungen Schinkels geschaffene *Altarwand*. Beeindruckend wirken auch die zahlreichen *Sarkophage*, denn der Dom diente als Begräbnisstätte der Hohenzollern. In der Gruft bzw. im Kirchenschiff finden sich ca. 100 dieser Prunksärge aus fünf Jahrhunderten, darunter die Särge des Großen Kurfürsten, König Friedrichs I. und Kaiser Friedrichs III.

An Sommernachmittagen finden im Berliner Dom stimmungsvolle Orgelkonzerte statt [s. S. 172].

## 17 Palast der Republik

*Der einstige Tagungsort der DDR-Volkskammer wird derzeit abgetragen. Anschließend soll das berühmte Berliner Stadtschloss zum Teil rekonstruiert werden.*

Schlossplatz
S5, S7, S75, S9 Hackescher Markt, U2 Hausvogteiplatz, U6 Friedrichstraße
Bus 100, 200

Seit Jahren ist der Palast der Republik, in dem seit 1976 die Volkskammer (das Parlament) der DDR tagte, verwaist. Nach dem Fall der Mauer sollte der 180 m lange und 85 m breite Palast als *Kulturzentrum* weiterbestehen, doch führten Asbestfunde in der Bausubstanz 1990 zur Schließung der Anlage.

Seitdem tobte die Diskussion: Abriss – ja oder nein? Immerhin nimmt der Palast der Republik ein Drittel des Geländes ein, auf dem bis 1950 das **Berliner Stadtschloss** stand. Von Juni 1993 bis September 1994 ließ ein originalgroßer ›Schlossvorhang‹ die historische Fassade wieder aufleben. 2002 sprach sich der Bundestag dann für den Abriss des Gebäudes (2006–Mitte 2007) und den teilweisen Wiederaufbau des Stadtschlosses aus. Hinter den zu rekonstruierenden Barockfassaden könnten dann die im Museumskomplex Dahlem ansässigen außereuropäischen und volkskundlichen Sammlungen, die Sammlungen der Humboldt-Universität, die Zentral- und Landesbibliothek Berlin und ein Luxushotel untergebracht werden. Als Fertigstellungstermin wurde 2013 ins Auge gefasst.

Das Berliner Stadtschloss war übrigens eine der ersten Residenzanlagen Europas. 1443 legte Kurfürst Friedrich II. den Grundstein für das Hohenzollernschloss. Bis ins Jahr 1716 wurde es ständig erweitert und umgebaut, sodass das Gebäude mit seinen rund 1300 Zimmern zahlreiche Stilrichtungen in sich aufnahm. 192 m

*Die Skulpturen der Schinkelschen Schlossbrücke stehen Spalier vor dem Berliner Dom und blicken ungerührt auf den Fernsehturm und das Hotel Park Inn am Alexanderplatz*

**17** Palast der Republik

lang und 116 m breit war der Bau in seiner letzten Ausführung. Nach 1918 wurde das Stadtschloss als *Museum* genutzt, außerdem kamen hier 15 Privatmieter unter. Am 3. Februar 1945, beim letzten großen Bombenangriff auf Berlin, wurde der monumentale Gebäudekomplex schwer getroffen, wäre aber wieder zu restaurieren gewesen. Das endgültige Aus kam mit dem Beschluss des 3. Parteitags der SED 1950: Am 30. Dezember wurde der letzte Rest des Bauwerks dem Erdboden gleichgemacht. Die einzige Erinnerung an das Stadtschloss ist das Portal IV am ehem. DDR-Staatsratsgebäude.

## **18** Ehem. Staatsratsgebäude

*Der heutige Sitz von Elite-Hochschulen birgt einen originalen Bauteil des Berliner Stadtschlosses.*

Schlossplatz 1/Eingang Breite Straße
S5, S7, S75, S9 Hackescher Markt, U2 Hausvogteiplatz, U6 Friedrichstraße
Bus 100, 200

Das ausladende Bauwerk am Südende des Schlossplatzes wurde in den Jahren 1962–64 von Roland Korn und Hans-Erich Bogatzky für den Staatsrat der DDR errichtet. Hier hatte Erich Honecker seinen Dienstsitz.

In die Hauptfassade integriert ist das **Portal IV** vom Nordflügel des abgerissenen Stadtschlosses. Dieser Torbau stammt aber nicht, wie oft behauptet, von Andreas Schlüter, sondern wurde um 1710 von Johann Friedrich Eosander von Göthe geschaffen. Die Säulen mit den Atlanten sind ein Werk des großen Dresdner Bildhauers Balthasar Permoser. Warum wurde ausgerechnet dieses Portal des Stadtschlosses gerettet? Ganz einfach: Vom dazugehörigen *Balkon* rief Karl Liebknecht am 9. November 1918 die freie sozialistische Republik aus. Damit wurde das Portal zum Traditionsbestand der Arbeiterbewegung.

Das Staatsratsgebäude diente 1999–2001 als *Bundeskanzleramt*, heute fungiert es als Campus für private Hochschulen. Die *Hertie School of Governance* (HSoG, www.hertie-school.org) nahm 2005 den Lehrbetrieb auf (Politik, Wirtschaft, Zivilgesellschaft). 2006 folgte die Elite-Wirtschaftshochschule *European School of Management and Technology* (ESMT, www.esmt.org).

## **19** Breite Straße

*Die alte Hauptstraße Berlins.*
U2 Spittelmarkt, Bus M48, 147

Die Breite Straße, die in südöstlicher Richtung vom Schlossplatz abgeht, war die repräsentative Hauptstraße der Stadt *Cölln* und auch des frühen Berlin, bevor sie vom Boulevard Unter den Linden in dieser Funktion abgelöst wurde.

Von der alten Bausubstanz sind allerdings nur noch wenige Reste sichtbar. An der Breite Straße Nr. 36/37 trifft man auf den einzigen erhaltenen Frühbarockbau Berlins, den **Alten Marstall**. Er wurde 1670 fertig gestellt.

Nr. 35 ist das **Ribbeck-Haus** von 1624, der älteste Renaissancebau Berlins. 1960 wurde das Portal durch eine Kopie in so genannten Knorpelstil der Entstehungszeit ersetzt. Seinen Namen erhielt das Haus nach dem Erbauer und ersten Besitzer Hans Georg von Ribbeck.

Eingefasst sind der Alte Marstall und das Ribbeck-Haus vom **Neuen Marstall**, der 1898–1900 unter Verwendung von Barock-Elementen erbaut wurde.

Nebenan (Nr. 34) befindet sich die **Berliner Stadtbibliothek**, die 1901 gegründet wurde. Im schmiedeeisernen Portal ist 117-mal der Buchstabe A variiert.

## **20** Brüderstraße

*Barocke Wohnhäuser mit Erinnerungswert.*
U2 Spittelmarkt, Bus M48, 147

In der zur Breite Straße parallel verlaufenden Brüderstraße interessieren zwei barocke Wohnhäuser. Das **Galgenhaus** (Nr. 10) stammt vom Ende des 17. Jh. Es weist aber in der Fassade klassizistische Überarbeitungen aus dem Jahr 1805 auf.

Das **Nicolaihaus** (Nr. 13) ist benannt nach seinem Besitzer Friedrich Nicolai, der mit seiner berühmten *Verlagsbuchhandlung* im Jahr 1787 hier einzog. Carl Friedrich Zelter, ein einflussreicher Komponist und Freund Goethes, ließ das Gebäude im 19. Jh. umgestalten. Die *Barocktreppe* des Vorderhauses ist Originalbestand, im Hinterhaus findet sich eine Treppe im Stile Schinkels aus der Zeit um 1830, die 1977 eingebaut wurde. An der *Fassade* erläutern Tafeln die kulturhistorische Bedeutung des Hauses und erinnern an seine Bewohner und Gäste.

## 21 Museumsinsel

*Von der Spree umarmt – die weltberühmte Museumsinsel scheint mit dem Bodemuseum als voluminös gerundetem Bug auf dem Wasser zu treiben*

Über die Sperlingsgasse oder die Scharrenstraße erreicht man den **Spreearm**, der das alte Stadtgebiet von Cölln gegen das westlich vorgelagerte Friedrichswerder abgrenzte. Zwei Brücken führen hinüber: Die **Jungfernbrücke** von 1798 mit der unverändert erhaltenen technischen Konstruktion als Klappbrücke und die **Gertraudenbrücke** mit dem Standbild der hl. Gertraud, die einem Wanderburschen einen Trunk reicht – ein Bronzedenkmal, das an das 1881 abgebrochene Gertraudenhospital erinnern soll.

## 21 Museumsinsel

*Weltzentrum der Kunst und seit 1999 auch Weltkulturerbe der UNESCO.*

Bodestraße 1–3
Tel. 030/20 90 55 77
www.smb.spk-berlin.de
S1, S2 Friedrichstraße, S5, S7, S75, S9 Hackescher Markt, U6 Friedrichstraße, Tram M1, 12 Am Kupfergraben, Tram M2, M4, M5, M6 Hackescher Markt, Bus 100, 200 Am Lustgarten, Bus 147 Friedrichstraße

Zwischen Spree und Kupfergraben liegt die weltberühmte Museumsinsel, deren exzellente Sammlungen mit jenen des Pariser Louvre, der Uffizien in Florenz oder auch der Eremitage in St. Petersburg konkurrieren können. Es wird aber noch Jahre dauern, bis alle Kunstwerke, die durch Krieg und Teilung in der ganzen Stadt verstreut wurden, wieder an ihren ursprünglichen Standort zurückgekehrt sind, denn auf der Museumsinsel wird immer noch restauriert.

Ausgangspunkt der Baugeschichte ist das **Alte Museum**. Schinkel errichtete es zwischen 1825 und 1830 im klassizistischen Stil und schuf mit diesem ersten reinen Museumsbau in Berlin eines seiner bedeutendsten Werke. König Friedrich Wilhelm III. machte hier erstmals Kunstschätze, die bis dahin in den Schlössern untergebracht waren, für die Öffentlichkeit zugänglich. Friedrich Wilhelm IV. bestimmte 1841 das Inselgelände hinter dem Alten Museum ebenfalls für die Kunst. Also entstand 1843–55 nach Plänen des Schinkel-Schülers Friedrich August Stüler das **Neue Museum**. In den Jahren 1866–76 wurde die Nationalgalerie errichtet, heute **Alte Nationalgalerie**. Auf der Spitze der Insel wurde 1904 das *Kaiser-Wilhelm-Museum* eingeweiht. 1912 begann man dann zwischen Neuem Museum und Kaiser-Wilhelm-Museum das **Pergamonmuseum** zu errichten (1930 vollendet). Wilhelm von Bode, der 1872–1920 den Museen vorstand, führte die Sammlungen der Museumsinsel zu Welt-

*Alle Wege führen nach Berlin – die Rotunde des Alten Museums nahm das römische Pantheon zum Vorbild und schmückte sich antiken Göttern*

geltung. Ihm zu Ehren wurde das Kaiser-Wilhelm-Museum 1956 in **Bodemuseum** umbenannt. Im Zweiten Weltkrieg wurden die Gebäude bis zu 70% zerstört. Da man die Kunstgegenstände rechtzeitig ausgelagert hatte, blieben sie zum Großteil erhalten, wurden jedoch durch die Teilung Berlins weit verstreut. Seit Jahren ist die umfangreiche Neuordnung der riesigen Sammlungen im Gange.

### Altes Museum
Eingang: Am Lustgarten
Tel. 030/20 90 55 77
www.smb.museum
Di–So 10–18, Do 10–22 Uhr

Das als ›Königliches Museum‹ gedachte Gebäude wurde 1825–30 im Stil eines griechischen Tempels mit 18 ionischen Säulen an der Vorhalle errichtet. Im Zweiten Weltkrieg schwer beschädigt, baute man das Museum in den Jahren 1960–66 wieder auf. Besonders eindrucksvoll ist im *Innern* die dem römischen Pantheon nachempfundenen **Rotunde** mit korinthischen Säulen und Skulpturen antiker Götter, meist römische Kopien griechischer Meisterwerke.

Im Erdgeschoss des Alten Museums wurde 1998 die **Antikensammlung** mit Meisterwerken der etruskischen, griechischsen und römischen Kunst wieder eröffnet. Sie präsentiert Vasen, Schmuck und Skulpturen wie den ›Betende Knabe‹. Die Sammlung war schon früher auf der Museumsinsel beheimatet und hatte bis in die 1990er-Jahre im Schloss Charlottenburg seine Bleibe gefunden hatte.

Im Obergeschoss ist seit August 2005 das ebenfalls aus Charlottenburg kommende **Ägyptische Museum** mit Papyrussammlung für vier Jahre zu Gast, denn 2009 soll es ins Neue Museum (s. u.) ziehen. Den Grundbestand lieferte die Kurfürstlich-Brandenburgische Kunstkammer Ende des 17. Jh. Heute bietet sie einen eindrucksvollen Überblick über die Hochkultur des alten Ägypten. Weltberühmt ist die elegante, aus Kalkstein geformte und farbig gefasste **Büste der Königin Nofretete**, die 1912 von deutschen Ägyptologen in Tell el-Amarna ausgegraben wurde. Ebenfalls von dort kommt der Stuckkopf ihres Gemahls, des *Königs Echnaton* (beide Werke um 1340 v. Chr.). Aus derselben Periode stammen ›Der Gartenspaziergang‹, das Bild eines jungen Königspaares sowie die *Noas-Stele* des Oberbildhauers Bak und seiner Frau. Die *Statuengruppe eines sitzenden Ehepaars* wird der 5. Dynastie zugerechnet (um 2400 v. Chr.) und die *Sitzstatue des Hetepni* der 6. Dynastie (um 2150 v. Chr.). Der aufgrund seiner Gesteinsfarbe so genannte *Berliner Grüne Kopf* (500 v. Chr.) ist ein Meisterwerk der ägyptischen Spätzeit. Ein Geschenk Ägyptens für die Hilfe der Bundesrepublik bei der Versetzung der nubischen Tempel, die durch den Bau des Assuan-Staudamms bedroht waren, ist das **Kalabscha-Tor**. Seine Reliefs zeigen Kaiser Augustus als Pharao, wie er den ägyptischen Göttern Isis, Osiris und Mandulis Opfergaben darbringt.

**Neues Museum**
Eingang: Bodestraße
Wiedereröffnung 2009

Das Neue Museum (1843–47) wurde im Krieg besonders schwer beschädigt, die Restaurierungsarbeiten begannen 1986, die Neueröffnung wird jedoch erst 2009 erfolgen. Dann wird hier das *Ägyptische Museum* (s. o.) ansässig sein. Außerdem werden hier Teilbestände des im Schloss Charlottenburg ansässigen *Museums für Vor- und Frühgeschichte* [s. S. 123] präsentiert werden.

**Alte Nationalgalerie**
Eingang: Bodestraße
Tel. 030/20 90 55 77
www.smb.museum
Di–So 10–18, Do 10–22 Uhr

Die Alte Nationalgalerie entstand 1866–76 nach Plänen Stülers. Nach seinem Tod 1866 wurde das Museum von Johann Heinrich Strack als korinthischer Tempel mit einer doppelläufigen Freitreppe voll-

*Ägypten und die Antike – Nofretete ist seit August 2005 Star im Alten Museum*

*Mumienbild eines jungen Mannes (um 130 n. Chr.) aus dem Ägyptischen Museum*

endet. Das bronzene *Reiterstandbild Friedrich Wilhelms IV.* über dem Eingangsportal schuf Alexander Calandrelli 1866.

Schlimmer als die Bomben des Zweiten Weltkriegs trafen die Sammlungen der Alten Nationalgalerie die Kunstdogmen der Nationalsozialisten. Zahlreiche Exponate wurden als ›Entartete Kunst‹ ausgelagert bzw. zu Billigpreisen weltweit verkauft. Weitere Werke fielen später im Auslagerungsort Friedrichshain-Bunker einem Brand zum Opfer.

Nach der Restaurierung konnte die Alte Nationalgalerie 2001 wieder eröffnet werden. Sie präsentiert **Kunst des 19. Jh.**, darunter Meisterwerke der Romantik z. B. von Caspar David Friedrich, Karl Blechen und Adolph von Menzel, Arbeiten großerer Meister wie Delacroix (Romantik) Courbet (Realismus), Gemälde der Impressionisten Manet, Monet, Degas und Corinth und des berühmten Wegbereiters der Moderne, Paul Cézanne (Postimpressionismus).

## Bodemuseum

Eingang: Monbijoubrücke
Tel. 030/030/20 90 55 77
www.smb.museum
Münzkabinett: Di–Fr 10–16.30 Uhr

Das Bodemuseum ist in einem *Neobarockbau* (1897–1904) von Ernst von Ihne untergebracht, der sich im Grundriss der Spitze der Museumsinsel anpasst. Dem Museum integriert ist eine *Basilika*, die nach dem Vorbild von San Salvatore al Monte in Florenz gestaltet wurde. Seit 1999 wird das Bodemuseum im Zuge der Museen-Neuordnung restauriert. 2004 wurde bereits der Studiensaal des **Münzkabinetts** hier etabliert, der Rest der Sammlung ist derweil noch im Pergamonmuseum und im Alten Museum ausgestellt. Die Wiedereröffnung des gesamten Hauses findet im Oktober 2006 statt. Dann werden neben dem Münzkabinett auch die **Skulpturensammlung** mit Werken vom Mittelalter bis ins 18. Jh. sowie das **Museum für Byzantinische Kunst** wieder hier beheimatet sein. Die Gemälde hingegen, die einst im Bodemuseum zu sehen waren, sind 1998 in die neue *Gemäldegalerie* [Nr. 81] am Kulturforum gezogen. Die früher hier gezeigten Bestände des *Ägyptischen Museums* ziehen 2009 vom Alten Museum ins Neue Museum (s. o.).

## Pergamonmuseum

Eingang: Am Kupfergraben
Tel. 030/20 90 55 77
www.smb.museum
Di–So 10–18, Do 10–22 Uhr

Das im Zentrum der Museumsinsel gelegene neoklassizistische Pergamonmuseum wurde 1912–30 nach Plänen von Alfred Messel und Ludwig Hoffmann erbaut. Die Eingangshalle kam 1982 hinzu. Ab 2008 soll die Anlage restauriert werden, die Sammlungen bleiben geöffnet.

*Zwei Stars der Alten Nationalgalerie sind Eduard Manets Gemälde ›Im Wintergarten‹ (1879, Mitte) und Auguste Rodins bewegende Jünglingsfigur ›Das eherne Zeitalter‹ (1875/76, links)*

## 21 Museumsinsel

*Es lebe die Antike – Zuhörer und Zuschauer am Pergammonaltar, dessen 113 m langer und 2,3 m hoher Fries nach 10-jähriger Restaurierung (bis 2004) wieder in alter Pracht erstrahlt*

**TOP TIPP** Absolutes Highlight des aus drei Sammlungen bestehenden Pergamonmuseums ist der **Pergamonaltar** (2. Jh. v. Chr.), den der deutsche Ingenieur Carl Humann 1878–86 in Pergamon freilegte, einer der bedeutendsten Ausgrabungsstätten an der türkischen Westküste. Der Altar ist mit einem umlaufende Fries geschmückt, der den Kampf der Götter gegen die Giganten darstellt. Die dramatische Komposition mit heftig bewegten Figuren weisen das Baudenkmal als Meisterwerk des Hellenismus aus.

Weitere spektakuläre Sehenswürdigkeiten sind das römische *Markttor von Milet* (165 v. Chr.) in der Antikensammlung, Fassadenteile des *Wüstenschlosses Mschatta* (8. Jh.) aus dem heutigen Jordanien im Museum für Islamische Kunst sowie das *Ischtar-Tor* und die *Prozessionsstraße von Babylon* (7./6. Jh. v. Chr.) im Vorderasiatischen Museum.

*Unter die Lupe genommen: Detail des Pergamonaltars, den man Ende des 19. Jh. ausgegraben und rekonstruiert hatte. Der Altar wurde zu Ehren von Zeus und Athene geschaffen*

# Vom Scheunenviertel zur Chausseestraße – der Hinterhof Berlins mausert sich

Im Scheunenviertel lebten bis in die 30er-Jahre des 20. Jh. Gauner, Ganoven, Prostituierte und arme Leute, weshalb dieses Viertel auch als **Hinterhof Berlins** galt. In diesem Areal lebten außerdem rund 50 000 osteuropäische Juden, die nach dem Ersten Weltkrieg zugewandert waren. Von den jüdischen Geschäften, Gaststätten und Synagogen blieben nach den Pogromen der Nazis nur Teile der Neuen Synagoge sowie die einstige Gaststätte ›Zum Weißen Elefanten‹ übrig. Und nichts erinnert heute mehr an die **Scheunen** und **Ställe**, die hier im 18. Jh. standen und dem Viertel seinen Namen gaben. Gleichwohl lohnt eine Besichtigung, denn es gilt, diese faszinierende Mischung aus Kiez, Kunst, Szene und Ostberliner Flair zu bewundern. Im Scheunenviertel spielen übrigens viele Szenen des legendären Romans ›Berlin Alexanderplatz‹ (1929) von Alfred Döblin. Zudem finden sich in der weiter westlich gelegenen einstigen **Friedrich-Wilhelm-Stadt** Friedhöfe, die viel über die Geschichte Berlins erzählen und an große Persönlichkeiten wie Fichte und Hegel, Schinkel oder Brecht erinnern.

## 22 Volksbühne

 *Spargelder des 1890 gegründeten Theatervereins Freie Volksbühne ermöglichten den Bau des ersten modernen Theaters in Berlin.*

Rosa-Luxemburg-Platz
Tel. 030/24 06 57 77
www.volksbuehne-berlin.de
U2 Rosa-Luxemburg-Platz
Tram M2, M8, Bus 240

Die Volksbühne steht im Zentrum des Scheunenviertels, auf dem 1906 angelegten Bülowplatz, heute **Rosa-Luxemburg-Platz**. Mit der Flächensanierung und dem Bau des Theaters 1914 (Oskar Hoffmann) hofften die Stadtväter, das zwielichtige Milieu aus dem Viertel zu drängen.

Der Name des Theaters geht auf die *Volksbühnenbewegung* zurück, die den Arbeitern zeitgenössisches Schauspiel näher bringen wollte. Dass es sich bei der Volksbühne nicht nur um ein soziales Projekt handelte, erwies sich, als das Haus durch seine außergewöhnlichen Inszenierungen zu einer **Kultstätte** des Sprechtheaters wurde. Erster Intendant war *Max Reinhardt* (1915–18), einer seiner Nachfolger *Erwin Piscator* (1924–27).

Der 2000 Zuschauer fassende Theaterraum brannte 1943 aus und wurde 1952–54 vereinfacht wieder aufgebaut, sodass das Haus heute 849 Plätze bietet. Unter dem Intendanten *Frank Castorf* (seit 1992) sorgt das Theater als ›aufregendste Bühne Deutschlands‹ immer wieder für Schlagzeilen.

An der nordöstlichen Seite des Platzes steht das **Karl-Liebknecht-Haus** (1920), in dem das Zentralkomitee der KPD 1926–33 seinen Sitz hatte. Das Gebäude wurde 1949 wieder aufgebaut.

## 23 Hackesche Höfe

*Typische Mischstruktur von Wohnen und Arbeiten aus der Industrialisierungsphase des 19. Jh.*

Rosenthaler Straße 40/41
S5, S7, S75, S9 Hackescher Markt

Die Hackeschen Höfe sind mit ihren 10 000 m$^2$ der größte Hofkomplex in Europa. Die Pläne für die acht Wohn- und Gewerbehöfe entwarf August Endell im Jahr 1906. Von besonderem kunsthistorischen Wert ist der erste Hof zur *Rosenthaler Straße* hin. Er steht wegen seiner bunt gla-

**23** Hackesche Höfe

*Gelungenes Vorzeigeprojekt – die prachtvollen Jugenstilfassaden der Hackeschen Höfe*

sierten Jugendstilfassaden unter Denkmalschutz. 1991 wurde die Gesellschaft Hackesche Höfe e. V. gegründet, die sich darum bemühte, bestehende Strukturen und die damit verbundene Mischnutzung zu erhalten. Heute ziehen die Cafés, Bars und Restaurants, die Galerien und Modegeschäfte das schicke Berliner Publikum an. Ein fester Bestandteil der Berliner Szene ist das **Chamäleon Varieté** [s. S. 174]. Die Gäste erfreuen sich an einem regelmäßig wechselnden Varieté- und Kabarett-Programm. Besonders beliebt ist die Mitternachtsshow mit Überraschungsauftritten verschiedener Künstler. Der Saal hat 250 Plätze.

*It's Showtime! Varieté und Kabarett präsentiert das Chamäleon, ein Theater in den Hackeschen Höfen. Es ist seit langem fester Bestandteil der Berliner Szene*

## 24 Sophienstraße

*Gut erhaltenes gründerzeitliches Wohnhausensemble mit der von Königin Sophie Luise, der dritten Gemahlin Friedrichs I., gestifteten ersten Pfarrkirche der Spandauer Vorstadt.*

U8 Weinmeisterstraße, Tram M2

Die Sophienstraße ist einer der wenigen gut erhaltenen Straßenzüge aus dem 18./19. Jh. Mit ihren restaurierten Häusern, den kleinen Kneipen und Läden, vor denen alte Zunftzeichen hängen, vermittelt sie einen guten Eindruck von der damaligen Atmosphäre.

Mit dem Haus **Nr. 18** hatte der 1844 gegründete Berliner Handwerkerverein (als eine Keimzelle der Arbeiterbewegung nach der 48er Revolution 1850–59 verboten) um 1900 einen repräsentativen Vereinssitz erbaut, das Vorderhaus war bereits 1830–40 entstanden. Man beachte das prunkvolle *Doppelportal* mit Terrakotta-Dekorationen. Hinter der historisierenden gotischen Fassade des Wohnhauses **Nr. 22/22a** (1898/99, Gebert & Söhne) verbergen sich erstklassig erhaltene *Jugendstil-Treppenhäuser*. Das älteste Haus ist **Nr. 11**. Es stammt aus der Zeit um 1780.

Dominiert aber wird die Straße von der **Sophienkirche**. 1712 als schlichter Saalbau errichtet, wurden ihr im Jahr 1834 zwei Sakristeien angefügt. Der Turm, einer von nur zwei noch original erhaltenen Barocktürmen in Berlin, wurde von Johann Heinrich Grael 1732–34 erbaut. Sehenswert im Innenraum, der 1892 von Adolf Heyden und Kurt Berndt im neobarocken Stil verändert wurde, ist die *Orgel* von Ernst Max aus dem Jahr 1790.

## 25 Alter Jüdischer Friedhof

*Gedenkgrab für Moses Mendelssohn.*

Große Hamburger Straße 26
S5, S7, S75, S9 Hackescher Markt

Wo die Sophienstraße auf die Große Hamburger Straße trifft, befand sich einst das Zentrum des jüdischen Gemeindelebens. Am Gebäude Große Hamburger Straße Nr. 27, der ehem. **Knabenschule der Jüdischen Gemeinde**, erinnert eine *Gedenktafel* an Moses Mendelssohn (1729–1786). Er war Mitbegründer dieser ersten jüdischen Schule Berlins, die 1778 eröffnet wurde. Die Knabenschule und das benachbarte jüdische *Altersheim*, das im Krieg zerstört wurde, hatten die Nazis als Sammelstelle für 55 000 Berliner Juden genutzt, um sie von dort aus in die Vernichtungslager von Auschwitz und Theresienstadt zu deportieren. Eine *Figurengruppe* aus Bronze (1957, Will Lammert) dient dem Gedenken.

Hinter dem Denkmal befindet sich der Alte Jüdische Friedhof Berlins, der beinahe gleichzeitig mit der Gründung der ersten Jüdischen Gemeinde der Stadt im Jahr 1672 angelegt wurde. Bis 1827 wurde

*Die Vergangenheit blüht im Verborgenen: Denkmalgeschützte Häuserfassade in der Sophienstraße und eine vom Aussterben bedrohte Automarke namens Trabant*

der Friedhof genutzt, danach bestattete man die Mitglieder der Jüdischen Gemeinde auf dem Friedhof an der Schönhauser Allee [Nr. 48]. 1943 verwüsteten Nazis den Alten Jüdischen Friedhof und pflügten die 3000 Gräber um, darunter auch die Ruhestätte des mit Lessing befreundeten Philosophen der Aufklärung, *Moses Mendelssohn*, sowie die Grabstätte des Hofbankiers von König Friedrich II., Veitel Heine Ephraim (1703–1775). So ist heute von dem Friedhof nur noch eine Grünfläche mit wenigen Grabsteinen zu sehen. Auch das **Grabmal von Mendelssohn** ist eine Nachbildung. An der Friedhofsmauer finden sich noch rund 20 *Tafeln*, darunter eine über 100 Jahre alte für Gumpericht Jechiel Aschkenasi, der 1672 als erster auf dem Friedhof beigesetzt wurde.

Am nördlichen Ende der Großen Hamburger Straße liegt der **Koppenplatz**, benannt nach einem wohlhabenden und sozial engagierten Bürger, Christian Koppe. Er stiftete 1705 auf einem seiner Grundstücke an der Auguststraße 59 zuerst einen Armen- und Waisenfriedhof, später ein *Armenhaus* (1708), das 1739 in ein Hospital umgewandelt wurde. An der Ecke Auguststraße und Große Hamburger Straße steht ein von der Stadt Berlin 1855 gestiftetes, von August Stüler entworfenes *Denkmal* aus Sandstein und Granit, das Christian Koppe darstellt.

## 26 Oranienburger Straße

*Ein faszinierender Straßenzug, beliebter Laufsteg für Touristen, Nachtschwärmer und Prostituierte.*

S5, S7, S75, S9 Hackescher Markt
S1, S2 Oranienburger Straße
U6 Oranienburger Tor

Treffpunkt von Szene und Touristen gleichermaßen ist die Oranienburger Straße mit ihren zahlreichen, meist gut besuchten Kneipen, Cafés und Restaurants sowie der imposanten, aufpolierten Neuen Synagoge.

An der Südseite der Straße zieht sich der **Monbijoupark** entlang – ein Freizeitareal mit einem kleinen Schwimmbecken und der sommerlichen Strandbar Mitte [s. S. 170]. Hier stand einst das von Johann Friedrich Eosander von Göthe entworfene *Lustschloss Monbijou*, zu Deutsch ›Mein Juwel‹ (1708), welches umgeben war von einem kurfürstlichen Garten. Die

*Hoch hinaus: Die Sophienkirche besitzt einen schlanken eleganten Barockturm*

Hohenzollern bewohnten es jedoch nur bis 1757, und 30 Jahre später brachte man in dem Gebäude Kunstsammlungen unter. Im Zweiten Weltkrieg wurde das Schlösschen völlig zerstört, doch der Park ist nach wie vor als kleine grüne Oase im Großstadtgetümmel außerordentlich beliebt.

*Grabmal des großen Aufklärers Moses Mendelssohn auf dem Jüdischen Friedhof*

*Aufpoliert – die Synagoge an der Oranienburger Straße wurde sieben Jahre lang restauriert. Nun prägt sie mit ihrer goldglänzenden Kuppel wieder das Stadtbild*

## 27 Neue Synagoge

*Hauptwerk der orientalisierenden Stilrichtung.*

Oranienburger Straße 28–30
Tel. 030/88 02 83 16
www.cjudaicum.de
April–Sept. So/Mo 10–20, Di–Do 10–18, Fr 10–17, Okt.–März So–Do bis 18, Fr bis 14, Führungen So 14 und 16, Mi 16 Uhr.
Sa und jüdische Feiertage geschl.
S1, S2 Oranienburger Straße

Die Restaurierung war ein voller Erfolg: In neuem Gold strahlt die 50 m hohe *Mittelkuppel* der Neuen Synagoge. Minarettartige *Seitentürmchen* unterstreichen den maurischen Stil der pittoresken Fassade. Von 1988 bis 1995 dauerte der Wiederaufbau des nur noch in Teilen erhalten gebliebenen Gotteshauses – ebenso lange, wie einst seine Errichtung nach einem Entwurf von Eduard Knoblauch (1859), der 1866 von Friedrich August Stüler vollendet wurde. In Anwesenheit von Kanzler Bismarck wurde die Synagoge damals eingeweiht, und 1930 gab hier *Albert Einstein* ein Geigenkonzert.

Das jüdische Gotteshaus war einst die größte Synagoge Deutschlands und die zweitgrößte Europas. Die Jüdische Gemeinde hatte den prachtvollen Bau als Symbol der Gleichberechtigung errichten lassen. In der *Reichspogromnacht* 1938 wurde das Versammlungshaus von den Nazis geschändet. 1943 brannte der Bau aus, 1958 schließlich sprengte man die Hauptsynagoge. Erst zum 50. Jahrestag der Pogrome setzte man den Wiederaufbau durch.

Im Mai 1995 wurde zusammen mit der Neuen Synagoge auch das **Centrum Judaicum** der heute etwa 11 000 Mitglieder zählenden Jüdischen Gemeinde von Berlin eröffnet. Hier gibt es neben einem Archiv und einer Bibliothek ein *Museum*, in dem als Dauerausstellung die Geschichte der Synagoge dokumentiert wird. Außerdem werden Wechselausstellungen gezeigt.

Nur ein paar Schritte entfernt steht das frühere **Postfuhramt** (Oranienburger Straße/Tucholskystraße). Das Gebäude galt als einer der repräsentativsten Behördenbauten Berlins und präsentiert sich ebenso auffällig wie die Neue Synagoge. Das Postfuhramt wurde nach Entwürfen von Carl Schwatlo in den Jahren 1875–81 errichtet. Die schöne *Fassade* mit Terrakotta-Dekor zeigt Motive, die den Postdienst und berühmte Reisende der Weltgeschichte darstellen. Auf dem *Hof* befanden sich einst Ställe für 240 Pferde, Remisen für Postkutschen und Räume für die Postillons.

## 28 Kulturzentrum Tacheles

*Kunst und Kultur in einer Kaufhausruine.*

Oranienburger Straße 54–56 a
Tel. 030/282 61 85
www.tacheles.de
U6 Oranienburger Tor

Dem jiddischen Namen alle Ehre gemacht: Das Kulturzentrum Tacheles (›offene Rede‹) bietet in der Ruine eines um 1900 erbauten **Kaufhauses** jede Menge Künstlerisches und interessante alternative Veranstaltungen.

Errichtet wurde diese Einkaufspassage ursprünglich, um Profit einzufahren: Franz Ahrens hielt sich beim Bau stilistisch an den Kaufhaustyp des Architekten Messel, der auch das Kaufhaus Wertheim an der Leipziger Straße entwarf. Die Auftraggeber des Komplexes waren Einzelhändler: Sie hofften, wenn sie sich unter einem Dach ansiedelten, den großen Kaufhäusern Paroli bieten zu können. Ein großer Irrtum, wie sich in der Folge herausstellen sollte, denn nach und nach mussten die Geschäfte mangels Umsatz schließen, und das Gebäude verfiel. Von der riesigen *Kuppel* des Einkaufszentrums, 50 m hoch und mit einem Durchmesser von 28 m, ist nichts erhalten geblieben.

Der Trakt an der Oranienburger Straße, heute denkmalgeschützt, wurde 1990 besetzt. Wenig später etablierte sich hier

*Kunst und Klartext: Auf dem Gelände des Tacheles an der Oranienburger Straße regierte einst König Mammon – heute hat sich hier ein florierendes Kulturzentrum etabliert*

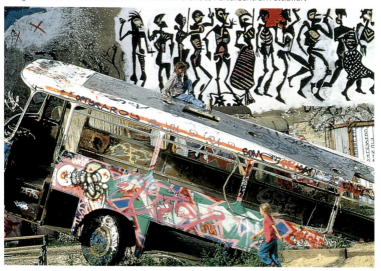

## 28 Kulturzentrum Tacheles

eine **Künstlerinitiative**. Eine Zeit lang machten Senatsmittel und andere Fianzierungshilfen Experimente in den Bereichen Theater, Musik, Kino und Kunst möglich. Heute, in den Zeiten leerer Kassen, muss es auch ohne solche Unterstützung gehen.

Auf dem Grundstück hinter der Kaufhauspassage soll in den nächsten Jahren nach Entwürfen des US-amerikanischen Architekturbüros Duany ein Büro-, Geschäfts- und Wohnkomplex errichtet werden, dem auch ein Hotel angegliedert sein soll, doch steht noch kein Termin für den Baubeginn fest.

Auf der anderen Seite der Oranienburger Straßen locken zahlreiche Cafés, Restaurants und Galerien zum Besuch. Hier hat sich eine vitale, vielseitige Szene herausgebildet, die selbst im Berlin des 21. Jh. noch ihresgleichen sucht.

## 29 Deutsches Theater und Kammerspiele

 *Die beiden renommierten Häuser bieten Theatergeschichte und Theaterexperimente.*

Schumannstraße 13a
Tel. 030/28 44 12 25
www.deutschestheater.de
U6 Friedrichstraße und Oranienburger Tor

Unter den zahllosen Bühnen der Stadt nehmen das Deutsche Theater (1849/50, Eduard Titz) und die Kammerspiele vorderste Plätze ein. Einen hervorragenden Ruf hatten sie schon zu Beginn des 20. Jh., als der österreichische Intendant und Regisseur *Max Reinhardt* (1873–1943) 1905 die Leitung des Deutschen Theaters übernahm und 1906 die Kammerspiele grün-

*Girls, Girls, Girls: Glitzer, Glamour und Gigi bei der Kleinen Revue im Friedrichstadtpalast*

### Zwischen Lido und Copacabana

Kaum zu glauben, dass sich hinter der großflächigen Fassade im geschönten Plattenbaustil in der Friedrichstraße 107 eines der bedeutendsten Revuetheater Europas verbirgt – der **Friedrichstadtpalast** [s. S. 174]. Das prächtige, mit moderner Bühnentechnik ausgestattete Theater bietet Platz für 1900 Zuschauer, die hier nicht nur **Tanzshows**, sondern mitunter sogar **Unterwasser- und Eisrevuen** sehen können.

Die Anfänge des Baus reichen ins 19. Jh. zurück, als an dieser Stelle 1865–68 die erste Markthalle Berlins entstand. Sie wurde später als Zirkus genutzt und 1919 zum Schauspielhaus umgebaut. 1985 musste das Gebäude jedoch wegen Baufälligkeit abgerissen werden. Etwas nordöstlich versetzt entstand dann 1985/86 die neue Anlage.

Zu DDR-Zeiten war der Friedrichstadtpalast mit seinen **Revue-Girls** (›die längste Girl-Reihe der Welt‹) ein Dorado für Fans von Shows, Varietés und Zirkusdarbietungen. Künstler von Rang und Namen traten hier auf. Nach einem finanziellen Tief nach der Wiedervereinigung ist der Friedrichstadtpalast heute wieder das, was er war: eine Mischung aus Pariser Lido und Rio de Janeiros Copacabana.

## 30 Berliner Ensemble

*So viel Kunst muss sein – ihren exzellenten Ruf haben sich Kammerspiele und Deutsches Theater bis heute erhalten können*

dete. Viele bedeutende Schauspieler wie Elisabeth Bergner, Fritz Kortner und Käthe Dorsch standen hier auf der Bühne. Reinhardt, der auf moderne Inszenierungsmittel setzte, wirkte an beiden Bühnen 27 Jahre lang. 1933 musste er als Jude die Theater, die ihm persönlich gehörten, abgeben.

Zum 100. Geburtstag des Deutschen Theaters im Jahr 1983 wurde es glanzvoll restauriert. Besonders sehenswert ist das *Rangfoyer* aus dem späten 19. Jh. im Stil der italienischen Renaissance. Neueren Datums ist die **Baracke** in einer ehem. Probebühne direkt nebenan: ein experimenteller Theaterraum, der vor allem junges Publikum anzieht.

### 30 Berliner Ensemble

*Berühmte Wirkungsstätte von Bert Brecht und Max Reinhard.*

Berthold-Brecht-Platz 1
Tel. 030/28 40 81 55
www.berliner-ensemble.de
S1, S2, S25, S5, S7, S75, S9 Friedrichstraße, U6 Friedrichstraße und Oranienburger Tor, Tram M1, 12

Eine weitere Kultstätte der Theaterwelt ist das Berliner Ensemble. Max Reinhardt, der 1903 an dieses 1891/92 erbaute *Neue Theater am Schiffbauerdamm* gekommen war, setzte im Sinne seiner Theater-

*Ruhe vor dem großen Sturm: Der Innenraum des Deutschen Theaters stammt aus dem späten 19. Jh. und wurde im Stil der italienischen Spätrenaissance gestaltet*

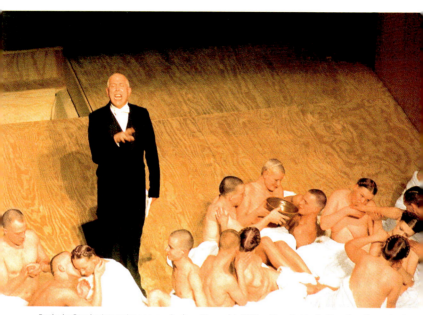

*Burleske Brecht-Inszenierung am Berliner Ensemble 1996 – Einar Schleefs ›Herr Puntila und sein Knecht Matti‹ mit Schleef als Puntila im Cut und vielen fröhlichen Mattis in Saunatüchern*

reform hier die berühmt gewordene *Drehbühne* durch. 1928 feierte Bertold Brecht hier mit seiner ›Dreigroschenoper‹ eine glanzvolle Uraufführung. Brecht kehrte aus dem Exil 1954 mit seinem neu gegründeten Berliner Ensemble wieder an die alte Wirkungsstätte zurück. Nach seinem Tod 1956 führte seine Frau Helene Weigel das Theater als Prinzipalin bis 1971 weiter. Aufführungen wie Brechts ›Mutter Courage‹ oder ›Der aufhaltsame Aufstieg des Arturo Ui‹ machten auch international Furore. Seinen guten Ruf hat sich das Berliner Ensemble bis heute bewahrt. Seit 1999 ist *Claus Peymann* Intendant.

### 31 Charité

*Das berühmte Universitätsklinikum und nahebei die frühere Tierarzneischule mit Anatomischem Theater.*

Schumannstraße 20–21
S1, S2, S25, S5, S7, S75, S9 Friedrichstraße, U6 Friedrichstraße und Oranienburger Tor, Tram M1, M6, 12, Bus 147

Weiter nördlich an der Luisenstraße erhebt sich die einstige **Tierarzneischule** (1839/40, Ludwig Hesse), eine Dreiflügelanlage mit Ehrenhof. Im kleinen Park dahinter steht das *Anatomische Theater*, 1789 von Carl Gotthard Langhans entworfen. Sehenswert ist der kreisrunde Hörsaal, der mit seinen steil ansteigenden Sitzreihen an ein antikes Theater erinnert.

Als Nachrichten über eine Pestepidemie in Berlin eintrafen, ließ Friedrich I. 1710 am nordwestlichen Ende der Stadt ein *Pestkrankenhaus* errichten. Die Pest blieb aus, die Räume wurden als Armen- und Arbeitshaus genutzt und erst 1726 zu einer Krankenheilanstalt, der Charité (frz. Nächstenliebe), erweitert. In dem seit 1810 **Universitätsklinikum Charité-Mitte** genannten Institut wirkten große Wissenschaftler und Ärzte wie Robert Koch, Iwan P. Pawlow, Albrecht von Graefe und Ferdinand Sauerbruch. Sie machten die Charité zu einem der bedeutendsten Krankenhäuser Deutschlands.

Zwischen 1897 und 1913 erfolgte auf Veranlassung des Ministerialdirektors Friedrich Althoff eine vollständige Neubebauung: Es entstand ein durch Grünanlagen aufgelockertes Areal mit separaten Spezialklinik-Bauten im Stil der märkischen Backsteingotik. Nach den Bombardements des Zweiten Weltkriegs musste die Charité weitgehend erneuert werden. Das Hochhaus des Chirurgischen Zentrums auf der Ostseite des Robert-Koch-Platzes entstand erst ab 1981.

## 32 Hamburger Bahnhof – Museum für Gegenwart Berlin

 *Jede Menge Klassische Moderne und zeitgenössische Kunst.*

Invalidenstraße 50–51
Tel. 030/39 78 34 12
www.hamburgerbahnhof.de
www.smb.museum
Di–Fr 10–18, Sa 11–20, So 11–18 Uhr
S5, S7, S75, S9 Berlin Hbf
U6 Zinnowitzer Straße
Tram M6, M8, 12, Bus 147, 123, 245

Der 1847 erbaute Kopfbahnhof hatte bereits nach vier Jahrzehnten ausgedient. Es gab günstiger gelegene Bahnhöfe in der Stadt. Das schöne spätklassizistische Bahnhofsensemble wurde dann zu Beginn des 20. Jh. in ein Museum für Verkehr und Bau umfunktioniert. Im Krieg wurde das Gebäude zerstört, doch in den 1980er-Jahren unter Leitung von Josef Paul Kleihues wieder hergestellt.

Seit 1996 gehört der Hamburger Bahnhof mit dem Museum für Gegenwart Berlin zu den aufregendsten Bühnen der Gegenwartskunst: Der Kunstliebhaber *Erich Marx* brachte hier seine Privatsammlung mit Werken von Größen wie Andy Warhol, Joseph Beuys, Roy Lichtenstein und Anselm Kiefer als Dauerleihgabe ein.

Als Leihgabe auf sieben Jahre wird außerdem seit September 2004 die exzellente *Friedrich Christian Flick Collection* in Wechselaustellungen präsentiert. Alle großen Stilrichtungen und Gattungen der Klassischen Moderne und Gegenwart sind vertreten, darunter zahlreiche monumentale Environments und Projektionen. Im Zentrum der Sammlung steht das Œuvre des Amerikaners Bruce Naumann (*1941).

*Abgefahren – der Hamburger Bahnhof hat schon längst die Gleise verlassen und zeigt Spitzenwerke der internationalen Kunstszene des 20. und 21. Jahrhunderts*

## 32 Hamburger Bahnhof – Museum für Gegenwart Berlin

*In bester Gesellschaft – Schinkels Grabmal auf dem Dorotheenstädtischen Friedhof*

Auch die riesigen Bestände der Neuen Nationalgalerie finden hier zusätzlichen Ausstellungsraum, darunter sind auch immer wieder spektakuläre Neuerwerbungen. Zudem wurde im Hamburger Bahnhof ein bedeutendes *Medienarchiv* zu Joseph Beuys entwickelt.

## 33 Museum für Naturkunde

*Das höchste Saurierskelett der Welt.*

Invalidenstraße 43
Tel. 030/20 93 85 91
www.museum.hu-berlin.de
Di–Fr 9.30–17, Sa/So/Fei 10–18 Uhr
U6 Zinnowitzer Straße
Tram M6, M8, 12, Bus 245

Wie jedes Kind weiß, muss man nicht unbedingt ins Kino gehen, um Saurier zu sehen, schon gar nicht in Berlin. Im Museum für Naturkunde, das zur Humboldt-Universität gehört, gibt es Saurier in Originalgröße zu besichtigen. Besonders stolz ist die Paläntologische Sammlung auf das höchste Saurierskelett der Welt, ein *Brachiosaurus brancai*. Er ist 11,72 m hoch und 22,25 m lang (bis 2007 wegen Restaurierung entfernt).

Im gleichen Gebäudekomplex wie das Museum sind auch eine Mineralogische und eine Zoologische Sammlung untergebracht. Im Lichthof erinnert ein *Denkmal* an Albrecht Daniel Thaer (1752–1828), der die Landwirtschaftslehre in Preußen begründete.

## 34 Dorotheenstädtischer Friedhof

*Berühmtheiten zur letzten Ruhe versammelt und das Brecht-Haus.*

Chausseestraße 126
U6 Oranienburger Tor und Zinnowitzer Straße
Tram M1, M6, M8, 12, Bus 245

Klein, romantisch und voller Persönlichkeiten: Auf dem Dorotheenstädtischen Friedhof (1762 angelegt, 1814–26 erweitert) fanden **Dichter**, **Denker** und **Künstler**, die das kulturelle und wirtschaftliche Leben Deutschlands prägten, ihre letzte Ruhestätte: die Philosophen Johann Gottlieb Fichte († 1814) und Georg Wilhelm Friedrich Hegel († 1831), die Industriellen August Borsig († 1854), der Erfinder der Litfaßsäule Ernst Litfaß († 1874), die Bildhauer und Baumeister Karl Friedrich Schinkel († 1841), Christian Daniel Rauch († 1857) und Johann Gottfried Schadow († 1850). Auch Namen bekannter Schriftsteller, Literaten und Künstler neuerer Zeit (ab 1945) sind auf den Grabsteinen zu lesen: Die Schriftsteller Heinrich Mann († 1950) und Johannes R. Becher († 1958), der Komponist Hanns Eisler († 1962), John Heartfield († 1968), der Erfinder der zeitkritischen Fotomontage, sowie die Autoren Anna Seghers († 1983), Arnold Zweig († 1968) und Heiner Müller († 1996). Viel besucht sind vor allem die schlichten Gräber des Künstlerpaars Bertolt Brecht († 1956) und Helene Weigel († 1971).

Die letzte Arbeits- und Wohnstätte von Brecht und Weigel (1953–71) grenzt direkt an die Friedhofsmauer: Im spätklassizistischen **Brecht-Haus** (Chausseestraße 125, Tel. 030/283 05 70 44, Di/Mi, Fr 10–11.30, Do 10–12 und 17–18.30, Sa 9.30–13.30, So 11–18 Uhr) sind seit 1978 das Bertolt-Brecht-Archiv mit Helene-Weigel-Archiv und die *Brecht-Weigel-Gedenkstätte* beheimatet. Zu sehen sind die original eingerichteten Wohnräume. Ein Literaturforum und das *Kellerrestaurant* (Tel. 030/282 38 43, www.brechtkeller.de, tgl. ab 18 Uhr) mit Wiener Küche nach Rezepten von Helene Weigel sind angeschlossen.

Weiter östlich an der Invalidenstraße liegt der **Friedhof II der Sophiengemeinde** (Bergstraße 29), der Musikerfriedhof, mit Gräbern von Wilhelm Friedrich Bach († 1845), Nachkomme von Johann Sebastian Bach, Kantor Albert Lortzing († 1851), Klavierfabrikant Carl Bechstein († 1900) und Komponist Walter Kollo († 1940).

# Zwischen Alexanderplatz und Märkischem Ufer – viel Kunst, viele Kneipen

In dem Gebiet zwischen Alexanderplatz und Märkischem Ufer findet der Besucher einen interessanten Querschnitt der Berliner **Stadtgeschichte**: mittelalterliche Bauten der alten Residenzstadt Berlin-Cölln, Rokoko-Palais reicher Bürger, repräsentative Verwaltungsgebäude aus der Zeit der Industrialisierung, DDR-Plattenbauten und mit dem **Nikolaiviertel** den Versuch, ein altes Stück Berlin wieder aufleben zu lassen. Und auch das leibliche Wohl kommt bei der Erkundungstour nicht zu kurz: Zahlreiche Lokale laden zum Verweilen ein.

## 35 Alexanderplatz

*Der ›Alex‹ – berühmt, berüchtigt, beliebt, wird gerade aufpoliert.*

S5, S7, S75, S9 und U2, U5, U8 Alexanderplatz, Bus M48, 100, 200

Der Alexanderplatz war im 17. Jh. Ackerland, dann Vieh- und Wollmarkt, später Exerzierplatz. Erst mit dem Bau der *Stadtbahn* 1882 entwickelte sich der Platz zum größten **Verkehrsknotenpunkt** des Berliner Ostens. Hier entstand ein Bahnhof für Fern- und S-Bahn sowie für U-Bahn-, Straßenbahn- und Buslinien. 1929 setzte *Alfred Döblin* (1878–1957) dem lebhaften Zentrum der Metropole mit seinem sozialkritischen Roman ›Berlin Alexanderplatz‹ ein literarisches Denkmal.

Die Bomben des Zweiten Weltkriegs machten den ›**Alex**‹ zum Trümmerfeld. In den 1960er-Jahren versuchte dann der Ostberliner Magistrat, dem Platz durch eine Reihe von **Hochhäusern**, wie etwa Haus des Lehrers, Haus des Reisens oder Haus der Elektroindustrie, ein neues Hauptstadt-Flair zu geben. Seitdem ist der Alex auch Fußgängerzone und der Verkehr fließt um ihn herum.

1993 legte der Architekt Hans Kollhoff einen **Masterplan** für die zukünftige Bebauung des Platzes vor: Er sieht die Einfassung des Platzes mit zehn Hochhäusern von 150 m Höhe vor. Die tristen DDR-Blöcke sollen bis auf das Haus des Lehrers und die älteren denkmalgeschützten Behrens-Häuser abgerissen werden. Derzeit ist ungewiss, ob diese Pläne ausgeführt

*Städtebaulicher Sündenfall: Der Alexanderplatz mit Fernsehturm und Weltzeituhr, nach wie vor beliebter Treffpunkt in Berlin-Mitte, wird bis 2007 einer Verschönerungskur unterzogen*

### 35 Alexanderplatz

werden. Jetzt aber geht es daran, das Ambiente zu verschönern: Bis 2007 erhält der Alexanderplatz einen neuen Belag, Sitztreppen, Bänke etc. Auch der folkloristische bunte *Brunnen der Völkerfreundschaft* (1969) wird entgegen früheren Plänen nun erhalten bleiben.

Der Alexanderplatz, der seinen Namen nach einem Besuch des russischen Zaren Alexander I. 1805 erhielt, war auch einer der Brennpunkte Berliner **Geschichte**: Hier gab es während der bürgerlichen Revolution 1848 Barrikadenkämpfe, 1918/19 kam es zu Tumulten zwischen Polizei und Arbeitern, und am 4. November 1989 demonstrierten an dieser Stelle 500 000 Menschen für eine demokratische Neuordnung der DDR.

Die **Behrens-Häuser** an der Südseite des Platzes, das Alexander- und Berolinahaus (1928–31), sind Spätwerke des Architekten Peter Behrens im Stil der Neuen Sachlichkeit. Ganz in der Nähe stand ab 1895 das Wahrzeichen der Stadt, die in Kupfer getriebene, von allen Berlinern geliebte Statue ›Berolina‹ von Emil Hundrieser. Sie wurde erstmals 1927 abgetragen, landete auf dem Schrott, wurde von den Nazis 1933 wieder aufgestellt und schließlich 1944 eingeschmolzen. An derselben Stelle findet man heute die 10 m hohe **Weltzeituhr** (1969) aus Stahl, Aluminium und Email. Die Nordseite des Platzes beherrscht das Hotel **Park Inn Berlin** (1967–70), 122 m hoch und mit 37 Geschossen.

### 36 Fernsehturm

 *Mit seinen 368 m das höchste Gebäude Berlins und gleichzeitig der dritthöchste Fernsehturm Europas.*

Alexanderplatz
Tel. 030/242 33 33
www.berlinerfernsehturm.de
März–Okt. tgl. 9–24, sonst 10–24 Uhr
S5, S7, S75, S9 und U2, U5, U8 Alexanderplatz, Bus M48, 100, 200

Der 1969 eröffnete Fernsehturm, ›Telespargel‹ genannt, steht auf ehemals dicht bebautem Gebiet von *Alt-Berlin* und ist der einzige Fernsehturm Europas mitten in der Stadt. Das Konzept entwickelten Hermann Henselmann und Jörg Streitparth, Pläne und Bauleitung übernahmen ab 1965 Fritz Dieter und Günter Franke. Keine leichte Aufgabe, denn bis zu dieser Zeit gab es keine städtebaulichen und technischen Erfahrungen mit solch hohen Türmen im Innenstadtbereich. Die verglaste **Kugel** von 32 m Durchmesser wiegt 4800 t. In ihr befinden sich auf zwei Ebenen ein **Aussichtspunkt** (203 m) und das **Telecafé** (207 m). Es dreht sich innerhalb von 59 Minuten einmal um die eigene Achse. Bei guter Sicht kann man 40 km weit sehen.

Die Gebäude am Fuß des Fernsehturms wurden erst 1973 fertig gestellt, es sind **Pavillons** für Wechselausstellungen und verschiedene gastronomische Einrichtungen.

Eine Treppenanlage mit Wasserspielen und Lichteffekten nimmt die Form der Pavillons wieder auf. Davor eine Freianlage, deren Zentrum der 10 m hohe **Neptunbrunnen** (1891) ist, den Reinhold Begas nach Berninis Tritonen- und Vierströmebrunnen in Rom entwarf. Der Meeresgott ist umgeben von einem Hofstaat und sieht herab auf vier Frauengestalten. Sie verkörpern Elbe, Weichsel, Oder und Rhein. Das Brunnenbecken aus rotem Granit hat 18 m Durchmesser. Der Brunnen stand ursprünglich auf dem Platz an der Südseite des Berliner Stadtschlosses und wurde nach seiner Restaurierung 1969 an den jetzigen Standort verlegt.

### 37 Berliner Rathaus
#### Rotes Rathaus

*In dem Neorenaissancebau, wegen seiner Backsteinmauern auch* ›Rotes Rathaus‹ *genannt, regiert der Bürgermeister.*

Rathausstraße/Spandauer Straße
U2 Klosterstraße, Bus M48

Seit 1991 weht am Turm des Berliner Rathauses eine Fahne mit dem Wappen der Stadt – dem *Berliner Bär*. Hier ist seitdem die **Senatskanzlei** mit dem Büro des Bürgermeisters untergebracht. Zu DDR-Zeiten diente das Gebäude als Sitz des Magistrats von Berlin-Ost und der Stadtverordneten-Versammlung.

1861–69 ließen die Stadtväter nach Plänen von Hermann Friedrich Waesemann, Baurat von Friedrich Wilhelm IV., auf einem Geviert von 99 x 88 m eine Mehrflügelanlage mit drei *Innenhöfen* und einem 74 m hohen **Turm** errichten, der an den Big Ben in London erinnert. Am Gebäude stellt ein *Relieffries* aus 36 Terrakottatafeln die Geschichte Berlins von den Anfängen bis zur Reichsgründung 1871 dar.

**38** Marienkirche

*Zeit fürs Sonnenbad, während der Regierende Bürgermeister im Roten Rathaus schuften muss: Der Meeresgott und sein Gefolge bevölkern den Neptunbrunnen*

Die starken Kriegsschäden am Rathaus waren 1958 endgültig beseitigt: Vor dem Haupteingang erinnern zwei *Bronzefiguren* von Fritz Cremer, ›Trümmerfrau‹ und ›Aufbauhelfer‹ (beide 1958), an die Mühsal der Aufbauarbeit nach dem Zweiten Weltkrieg.

## 38 Marienkirche

*Zweitälteste Pfarrkirche Berlins und Erinnerung an das Mittelalter. Hier findet man bedeutende Schätze der Berliner und brandenburgischen Sakralkunst.*

Karl-Liebknecht-Straße 8
S5, S7, S75, S9 und U2, U5, U8 Alexanderplatz, Bus M48, 100, 200

Die Marienkirche, eines der letzten Zeugnisse aus dem Berlin des Mittelalters, ist gleich dreifach geweiht: der Jungfrau Maria, der hl. Anna und dem hl. Mauritius. Ihr Bau begann 1270 im Zuge der *Stadterweiterung* am Neuen Markt. Urkundlich erwähnt wurde sie erstmals 1294. Nach einem Stadtbrand musste 1380–1405 die lang gestreckte dreischiffige *Halle* erneuert werden. Den 90 m hohen **Westturm** gestaltete Carl Gotthard Langhans 1789/90, nachdem der erste Turm abgebrannt war. Der zweite stellt eine Stilmischung aus Gotik und Klassizismus dar.

Die **Innenausstattung** der Marienkirche ist bemerkenswert. Bei dem berühmten ›Totentanz‹ etwa handelt es sich um ein 22 m langes und 2 m hohes Fresko eines unbekannten Künstlers, das wohl nach einer Pest im Jahre 1484 entstanden ist, 1730 übertüncht und erst bei der Restaurierung der Turmhalle 1860 durch Friedrich August Stüler freigelegt wurde. In 28 Szenen ist die Personifikation des Todes mit Vertretern verschiedener Stände dargestellt. Ein bronzenes *Taufbecken* (1437) sowie die marmorne *Barockkanzel* (1703) von Andreas Schlüter an einem der nördlichen Langhauspfeiler sind weitere Attraktionen. Die Orgel (1720/21) wurde von Joachim Wagner gebaut. Auf ihr spielte 1747 *Johann Sebastian Bach* anlässlich seines Besuches bei Friedrich II. Das *Sühnekreuz* beim Hauptportal erinnert an die Ermordung des Propstes Nikolaus von Bernau im Jahre 1325.

*Kein Sturm im Wasserglas – der AquaDom im Radisson SAS ist eine superlative Wassersäule mit poppiger Fischpopulation*

Westlich der Marienkirche erstreckt sich an der Rathausstraße das frühere *Marx-Engels-Forum*. Hier existierte einst ein Viertel mit dichter mittelalterlicher Bebauung, das sich von der hiesigen Alt-Berliner Seite über die Spree bis nach Alt-Cölln im Bereich zwischen Schloss und Lustgarten erstreckte. Für die Neugestaltung der sozialistischen Hauptstadt wurde jedoch ab 1950 alles abgerissen und damit die alte Stadtstruktur vernichtet.

An das Mittelalter erinnert nur noch die **Heiliggeistkapelle** (Spandauer Str.) neben dem Radisson SAS Hotel. Urkundlich erwähnt wurde die Kapelle erstmals 1313. Sie gehörte zum *Heiliggeist-Hospital*, das sich hier seit 1272 befand, aber 1825 abgebrochen wurde. Die Kapelle fungierte 1655–1703 als Garnisonskirche, später als Hörsaal der Wirtschafts-Hochschule Berlin. Seit der Restaurierung 1978/79 ist im profanierten Inneren die **Mensa** der Humboldt-Universität untergebracht, unter einem Sterngewölbe von 1746.

Auf der Grünfläche des Forums steht die 1986 enthüllte **Denkmalgruppe** mit Karl Marx und Friedrich Engels – beide, wen wundert's, mit festem Blick gen Osten schauend. 174 Fotos auf Doppelstelen dokumentieren die Geschichte der Arbeiterbewegung. Eine fünfteilige *Marmorreliefwand* mit sozialistischen Szenen gehört ebenso zum Ensemble.

Im **Radisson SAS**, Teil des *CityQuartier DomAquaree*, geht es weitaus bunter und lebendiger zu. Im Atrium des Hotels ragt der 25 m hohe **AquaDom** (Spandauer Straße 3, Tel. 030/99 28 00, www.sealifeeurope.com, April–Aug. tgl. 10–19 Uhr, Sept.–März tgl. 10–18 Uhr) auf, das größte freistehende Aquarium der Welt. Mit dem Aufzug fährt der Besucher mitten durch die Wasserwelt des Korallenriffs und sieht Schwärme von exotisch bunten Fischen vorübergleiten. Anschließend geht es ins

*Tunnelblick – das Sea Life Berlin bietet unvergessliche Begegnungen mit den Bewohnern der Unterwasserwelt*

**39** Nikolaiviertel und Nikolaikirche

*Passender Platz für eine Pause: Im idyllischen Nikolaiviertel mit Nikolaikirche scheint die Zeit stehen geblieben zu sein*

benachbarte **Sea Life Berlin**, das die Flora und Fauna von Fluss und Meer, von der Spree über die Nordsee bis zum Atlantik, in über 30 Aquarien dokumentiert. Eindrucksvoll sind der *Schwarmring*, ein verglaster Raum, in dem man mitten unter Fischschwärmen steht, und das *Atlantikaquarium*, das man in einem Glastunnel durchmisst, während rundherum Fische, Aale und Haie ihre Bahnen ziehen.

## 39 Nikolaiviertel und Nikolaikirche

*Historisches Ambiente und das älteste Baudenkmal der Stadt.*

Zwischen Spreeufer (Bergstraße), Mühlendamm und Spandauer Straße
U2 Klosterstraße, Bus M48

Das Nikolaiviertel ist eine *der* Touristenattraktionen in Berlin-Mitte. Nicht etwa, weil sich hier der Kern des alten Berlin befand, die östliche Hälfte der Doppelstadt Berlin-Cölln. Nein, hier finden die Besucher etwas, was es sonst in dieser Gegend nicht gibt: **Alt-Berliner Milieu** mit zahlreichen Gaststätten, Weinstuben, Kunstgewerbe- und Andenkenläden. Mit gewachsenen Strukturen hat dieses Viertel, in dem sich schon Anfang des 13. Jh. eine erste Siedlung befand, heute allerdings nichts mehr zu tun. Vielmehr wurde das Nikolaiviertel zur 750-Jahr-Feier 1987 vom Architekten Günter Stahn auf dem Reißbrett geplant und neu errichtet. Der Volksmund nennt es spöttisch ›sozialistisches Disneyland‹. Einige alte Häuser wurden zwar restauriert, die meisten jedoch historisierend neu gestaltet. Zudem versetzte man historische Denkmäler aus anderen Vierteln hierher.

Das Herz dieses Ensembles, die **Nikolaikirche** (Tel. 030/24 00 21 62, www.stadtmuseum.de, Di/Do–So 10–18, Mi 12–20 Uhr), zeigt sich jedoch noch im Originalzustand. Sie ist die älteste Pfarrkirche Ber-

## 39 Nikolaiviertel und Nikolaikirche

lins. Darüber hinaus war sie Schauplatz wichtiger Ereignisse der Berliner *Stadtgeschichte*: So traten hier am 2. November 1539 Rat und Stadt Berlin zum lutherischen Glauben über, hier wurde am 6. Juli 1809 der erste Berliner Magistrat vereidigt. Nach der Wiedervereinigung kam am 11. Januar 1991 hier der erste frei gewählte Berliner Senat zu seiner konstituierenden Sitzung zusammen.

Die *Ursprünge* der Kirche reichen bis ins 13. Jh. zurück. Um 1230 errichtete man hier eine dreischiffige, kreuzförmige Feldsteinbasilika, um 1260/70 wurde sie zur gotischen Hallenkirche umgebaut. Der Backsteinbau erhielt seine endgültige Gestalt mit den 84m hohen *Doppeltürmen* durch den Umbau unter dem Stadtbaurat Hermann Blankenstein 1877–79. Die Kirche wurde 1944/45 bis auf die Außenmauern und die Turmstümpfe zerstört. Das Gewölbe stürzte 1949 ein. 1981 begann man mit dem Wiederaufbau. Seit 1987 beherbergt die Nikolaikirche als Unterabteilung des *Märkischen Museums* [Nr. 47] die mittelalterliche Sammlung mit dem Titel ›*Berlin zwischen 1237 und 1648*‹ sowie sakrales Kunsthandwerk und Skulpturen. Ebenso zu sehen sind Reste ihrer einst reichen Ausstattung, u. a. ein bemaltes Zinntaufbecken von 1563, die *Grabkapelle* (1725) des damaligen Finanzministers Johann Andreas von Krauth sowie die ›*Todespforte*‹ von Andreas Schlüter – ein eindrucksvolles Denkmal für den Hofgoldschmied Daniel Männlich.

Im Haus **Nikolaikirchplatz Nr. 10** (rekonstruiert) wohnte 1752–55 *Gotthold Ephraim Lessing*, der hier seine ›Minna von Barnhelm‹ schrieb. Auf der gegenüberliegenden Seite der Kirche, an der Stelle der Propstei, befindet sich die historische Altberliner Gaststätte **Am Nussbaum**, einst Stammlokal von Otto Nagel und Heinrich Zille. Das Lokal wurde von der Fischerinsel hierher versetzt.

Gegenüber steht ein Nachbau der mittelalterlichen **Gerichtslaube**, die man 1871 abriss und zunächst im Park von Schloss Babelsberg rekonstruierte.

Direkt am Spreeufer, in der Burgstraße, befindet sich die bronzene Reiterstatue

40 Palais Ephraim

◁ *Das rekonstruierte Nikolaiviertel mit der Nikolaikirche, dem Roten Rathaus und dem Fuß des Fernsehturms*

des **Hl. Georg**, 1849 von August Kiß entworfen. Es ist bereits ihr dritter Standort, denn das Werk, ein Geschenk des Künstlers an König Wilhelm I., befand sich 1865–1950 im ersten Hof des Berliner Stadtschlosses und danach bis 1987 im Volkspark Friedrichshain.

### 40 Palais Ephraim

*Schönstes bürgerliches Privathaus Berlins aus dem 18. Jh. – das architektonische Juwel im Nikolaiviertel.*

Poststraße 16
Tel. 030/24 00 21 21
www.stadtmuseum.de
Di/Do–So 10–18, Mi 12–20 Uhr
U2 Klosterstraße, Bus M48

Bedeutendstes historisches Wohnhaus im Nikolaiviertel ist das Palais Ephraim. Das Rokoko-Bauwerk mit seiner abgerundeten Eckfassade ist nach *Veitel Heine Ephraim*, Hofjuwelier und Münzpächter Friedrichs des Großen, benannt und wurde nach einem Entwurf von Friedrich Wilhelm Diterichs 1761–64 errichtet. Die

*Bummelmeile: Das Nikolaiviertel lädt zum Flanieren ein, denn die rekonstruierte historische Bebauung macht die Lebenswelt des alten Berlin wieder erfahrbar*

## 40 Palais Ephraim

*Wer so schön ist wie das Palais Ephraim im Nikolaiviertel darf sich ruhig aus der Nähe zeigen. Das ›goldige‹ Gebäude beherbergt eine Sammlung des Märkischen Museums*

wertvolle *Fassade* wurde 1935/36 aus verkehrstechnischen Gründen abgetragen, ihre 2493 Teile lagerten in Westberlin. 1985–87 baute man das Gebäude mit diesen originalen Bauteilen wieder auf, versetzte es jedoch um 16 m in die Poststraße. Das modern gestaltete Innere beherbergt die Graphische Sammlung des *Märkischen Museums* [Nr. 47] und wird außerdem für temporäre Ausstellungen genutzt. Einen der Repräsentationsräume des 1. Stocks ziert die Kopie einer *Stuckdecke* aus dem 1889 abgebrochenen Wartenbergschen Palais nach Entwürfen Andreas Schlüters von 1704.

Ein weiteres Rokoko-Gebäude steht schräg gegenüber in der Poststraße 23: Das **Knoblauchhaus** (Tel. 030/23 45 99 91, www.stadtmuseum.de, wegen Renovierung bis voraussichtl. 2007 geschl.) von 1759/60 mit frühklassizistischem Rankendekor aus der Zeit um 1800. Es gehörte dem jüdischen Nadlermeister Johann Christian Knoblauch und war Treffpunkt bedeutender Persönlichkeiten wie Lessing, Wilhelm von Humboldt, Moses Mendelssohn und Freiherr vom Stein. In den zwölf Räumen ist eine ständige Ausstellung des *Märkischen Museums* [Nr. 47] zur Berliner Stadtgeschichte im 19. Jh. mit Schwerpunkt auf ›Wohnkultur des Biedermeier‹ untergebracht. Viele Exponate erzählen von der Geschichte der Familie Knoblauch, die das Haus bis 1928 besaß.

## 41 Palais Schwerin

*Barockes Palais mit wechselvoller Geschichte.*

Molkenmarkt 1–3
U2 Klosterstraße, Bus M48

Der **Molkenmarkt** ist die Keimzelle Berlins: Hier siedelten die ersten Bewohner, hier stand das erste Rathaus der Stadt. Zu den wenigen erhaltenen historischen Gebäuden an diesem Platz gehört das Palais Schwerin, 1704 von Jan de Bodt für Staatsminister Otto von Schwerin errichtet. Das Palais wurde 1935 in den Neubau der *Reichsmünze* einbezogen, wobei man die Fassade zurückversetzte. Zu Zeiten der DDR diente es als Sitz des Ministeriums für Kultur, heute sind hier diverse Verwaltungsabteilungen von Stadt und Land untergebracht.

Über den Hauptgeschossfenstern finden sich Lünetten mit Puttenreliefs, an der Fassade sieht man außerdem eine Kopie des *Relieffrieses* (um 1800) von Gottfried Schadow, der sich an der 1886 abgerissenen Münze auf dem Werderschen Markt befand. Der originale Sandsteinfries, eines der bedeutendsten Werke des Berliner Klassizismus, schmückt jetzt ein Haus am Spandauer Damm 42–43 in Charlottenburg.

## 42 Altes Stadthaus

*Repräsentativer Verwaltungsbau des frühen 20. Jh.*

Klosterstraße 47
U2 Klosterstraße, Bus 148

Kaum war das Rote Rathaus 1869 vollendet, erwies es sich schon als zu klein. Für einen zusätzlichen Verwaltungsbau am Molkenmarkt riss man in Folge ein ganzes Stadtviertel ab und ließ 1902–11 von Ludwig Hoffmann ein Gebäude errichten, das zugleich auch repräsentative Funktionen erfüllen konnte. Bis 1990 war das Alte Stadthaus Amtssitz des Ministerrates der DDR. Heute sind hier Außenstellen diverser Ministerien untergebracht.

Die Pläne des Stadtbaumeisters Hoffmann basieren auf einem trapezförmigen Grundriss mit vier *Innenhöfen*. Drei Elemente bestimmen das Äußere: zunächst der stark plastische, hohe Rustika-Sockel aus grauem Muschelkalkstein, dann die sich ins Wuchtige steigernden Säulen sowie der auf den Westflügel gesetzte 101 m hohe *Turm*. Seine Gestaltung erfolgte in Anlehnung an die Gontardschen Türme auf dem Gendarmenmarkt.

In der benachbarten Parochialstraße steht das **Neue Stadthaus** (1937–39, Franz Arnous, Günther Starck). Bis 1948 tagte hier der Gesamtberliner Magistrat, dann inszenierte die SED den so genannten Stadthausputsch. Die Folge: Auszug der Westberliner Abgeordneten und Bildung einer Ostberliner Stadtregierung.

Ganz in der Nähe befindet sich der **U-Bahnhof Klosterstraße**, an dem die letzten Reste des *Berliner Festungsrings* zu sehen sind. Außerdem sind die Wandfliesen in der Eingangshalle des U-Bahnhofs der *Prozessionsstraße von Babylon* im Pergamonmuseum [s. S. 41] nachempfunden. Und ein alter U-Bahn-Waggon der 3. Klasse sorgt für ein wenig Bahnhofsnostalgie.

## 43 Parochialkirche

*Ältester Sakralbau des Barock in Berlin.*

Kloster-/Parochialstraße
U2 Klosterstraße, Bus M48

Der erste barocke Sakralbau in Berlin, die Parochialkirche, wurde 1695 nach holländischem Vorbild von Johann Arnold Nering begonnen und von Hofbaumeister Grünberg verändert weitergeführt. Neben der Sophienkirche [s. S. 44] ist das Gotteshaus heute die einzig erhaltene Barockkirche Berlins. Im Glockengeschoss des **Turms** (1713/14, Jan de Bodt, Philipp Gerlach) ertönte 1715 zum ersten Mal das Geläut von *37 Glocken*. Die Kirche brannte 1944 aus, der Turm blieb jedoch erhalten. Im nur notdürftig instand gesetzten Hauptgebäude fand 1961 ein vorerst letzter Gottesdienst statt. 1988 wurde die Kirche dann neu eingedeckt und 1993 begann ihre Wiederherstellung, die jedoch noch Jahre in Anspruch nehmen wird. Im **Gemeindehaus** rechts der Kirche ist ein reizvolles *Modellhaus* aus der Bauzeit des

**43** Parochialkirche

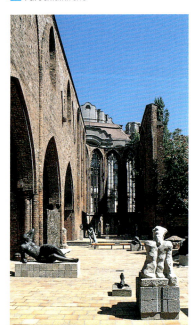

*Wo früher Berühmtheiten die Schulbank drückten: Das einstige Franziskanerkloster ist heute ein Mahnmal gegen den Krieg*

Glockenturms zu sehen, das letzte in Berlin erhaltene Modell aus dieser Epoche.

Links der Kirche, in der Klosterstraße 68, steht das **Palais Podewils**, ein Barockbau von 1701–04 nach Plänen Jan de Bodts. Nach schweren Kriegsschäden 1952 wieder hergestellt, brannte das Gebäude 1966 aus, wurde aber bis 1970 dem Original entsprechend restauriert.

Die **Waisenstraße**, die zu den ältesten Straßen der Stadt gehört, zeigt noch schlichte Traufenhäuser aus dem 18. Jh. Sie wurden 1960 umfassend restauriert. Die Häuser wurden auf Resten der einst etwa 4 m hohen Stadtmauer aus dem 13./14. Jh. erbaut, die Berlin und Cölln umgab. In Haus Nr. 14–16 befindet sich die historische Gaststätte **Zur letzten Instanz** (Tel. 030/242 55 28, www.zurletzteninstanz. de, tgl. ab 12 Uhr). Ein Ausschank an dieser Stelle wurde schon Mitte des 16. Jh. erwähnt.

## **44** Ehem. Franziskanerklosterkirche

*Ruine als Mahnmal gegen den Krieg.*

Kloster-/Grunerstraße
U2 Klosterstraße, Bus 148

Die Franziskanerklosterkirche galt bis zu ihrer Zerstörung im Zweiten Weltkrieg als eines der wichtigsten Bauwerke der märkischen Backsteingotik in Berlin. Die Basilika mit niedrigen Arkaden und noch romanisch gedrungenen Pfeilern entstand um 1300. Die Ruine wurde – wie die Gedächtniskirche – zum Mahnmal gegen den Krieg. Die ebenfalls kriegszerstörten Klostergebäude auf der Nordseite riss man 1968 ab. Sie beherbergten einst Ber-

*Hier zischt man seit über 400 Jahren ein kühles Bier! In der Gaststätte ›Zur letzten Instanz‹, einer wahren Institution des alten Berlin, kehrte auch Heinrich Zille schon mal ein*

**46** Ermeler Haus

*Villa Kunterbunt: Gotik, Barock und Jugendstil wurden für dieses imposante Treppenhaus im Amtsgericht Mitte vermischt*

lins berühmteste Bildungsstätte, das 1574 gestiftete *Gymnasium zum Grauen Kloster*. Bedeutende Persönlichkeiten drückten hier die Schulbank: Karl Friedrich Schinkel, Gottfried Schadow und Otto von Bismarck. Turnvater Friedrich Ludwig Jahn war hier nicht nur Schüler, sondern später auch Lehrer. In der **Parkanlage** befinden sich übrigens zwei Säulenkapitelle aus dem Berliner Stadtschloss.

## **45** Amtsgericht Mitte

*Justizpalast par excellence: Architektonisches Vorbild für andere Gerichtsgebäude.*

Littenstraße 13–17
S5, S7, S75, S9 und U2, U5, U8 Alexanderplatz, Bus M48, 100, 200

Das Amtsgericht Mitte wurde 1896–1905 erbaut und galt als Vorbild für die Gerichtsgebäude in Moabit, Schöneberg, Lichtenberg und Pankow. Der Nordflügel wurde 1968/69 mitsamt seinem imposanten Treppenhaus wegen der Verbreiterung der Grunerstraße abgerissen. Heute noch sehenswert ist das repräsentative **Treppenhaus** in der Littenstraße – eine Synthese aus Gotik, Barock und Jugendstil. Bis 1990 war hier das Oberste Gericht der DDR untergebracht. Heute tagen hier das Amtsgericht Mitte und das Landgericht Berlin.

## **46** Ermeler Haus

*Einst innenarchitektonisches Juwel.*

Märkisches Ufer 10
S5, S7, S75, S9 und U8 Jannowitzbrücke, U2 Märkisches Museum
Bus 147

Das Bürgerpalais Ermeler Haus (1760–62), das bis 1968/69 in der Breite Straße stand und danach am Märkischen Ufer wieder aufgebaut wurde, war vor dem Zweiten Weltkrieg wegen seiner Innenausstattung berühmt. Heute zeugen nur noch *Festsaal* und *Schlafzimmer* von der graziösen Rokoko-Ausstattung, die sich der wohlhabende Wilhelm Ferdinand Ermeler leistete, als er 1824 einzog. An seinem neuen Standort erhielt das Palais ein zusätzliches Kellergeschoss und eine große Freitreppe. Der klassizistische Stuck der *Fassade* mit seinen Ranken und Palmetten stammt jedoch noch von 1805. In dem Haus ist heute eine Gaststätte untergebracht.

Einige Querstraßen weiter südöstlich steht am Michaelkirchplatz die **Michaelkirche**. Sie wurde 1851–56 von August Soller errichtet und ist trotz schlechten Zustandes noch immer ein imposanter Bau im Stil des Post-Schinkelschen Historismus. Als solcher stellt die nach der St.-Hedwigs-Kathedrale [Nr. 7] zweitälteste katholische Kirche im protestantischen Berlin den städtebaulichen Akzent in der Luisenstadt dar.

## 47 Märkisches Museum

*Umfassende Sammlung zur Geschichte Berlins von den Anfängen bis heute.*

Am Köllnischen Park 5
Tel. 030/30 86 62 15
www.stadtmuseum.de
Di/Do–So 10–18, Mi 12–20 Uhr
S5, S7, S75, S9 und U8 Jannowitzbrücke, U2 Märkisches Museum
Bus 147

Die Erinnerung an Architekturformen der Backsteingotik und Backsteinrenaissance in der Mark Brandenburg bewahrt das Märkische Museum. Ludwig Hoffmann errichtete den Bau 1901–07, der in Teilen z. B. der Wittstocker Bischofsburg im Kreis Potsdam sowie der Katharinenkirche in Brandenburg nachempfunden ist. Vor dem Eingang steht eine Kopie des **Roland von Brandenburg** (1474). Das Museum dokumentiert unter dem Titel ›Schaut auf diese Stadt‹ die Geschichte und Kulturgeschichte Berlins vom Mittelalter bis zur Gegenwart. Themenschwerpunkte der Präsentation sind Stadtentwicklung, Handwerk, Industrie, Aufklärung, Wissenschaft, Kunst der Moderne, die Berliner sowie Teilung und Wiedervereinigung der Stadt. Heute ist das Märkische Museum, das auch das einstige Berlin Museum inkorporierte, Stammhaus der **Stiftung Stadtmuseum Berlin** mit seinen 14 Standorten.

Der Museumsbau liegt am gut 1 ha großen **Koellnischen Park**, der sich zwischen Rungestraße und dem südlichen Spreeufer erstreckt. Hier zeigt das **Zille-Denkmal** (1965) von Heinrich Drake den Berliner ›Milljöh-Malers‹ Zille überlebensgroß in Bronze beim Skizzieren. Am gegenüberliegenden Parkrand erhebt sich der **Wusterhausener Bär**, ein Rundturm der Stadtbefestigung von 1718, der einst am Grünen Graben stand und 1893 hierher versetzt wurde.

*Aus allerlei graziösen Architekturzitaten setzte Ludwig Hoffmann das Märkische Museum zusammen – anschaulicher als jedes Lehrbuch brandenburgischer Baukunst*

# Prenzlauer Berg und Friedrichshain – Lifestyle in alten Arbeitervierteln

Der Prenzlauer Berg, von Einheimischen liebevoll **Prenzl'berg** genannt, ist nicht nur eines der am dichtesten besiedelten, sondern auch eines der lebendigsten Viertel der Metropole (im Bild unten die Kastanienallee). Noch immer sieht man hier Kopfsteinpflaster und Fassaden mit bröckelndem Putz, daneben aber auch Straßenzüge mit schön restaurierten Häusern der Zeit um 1900, zahlreiche z. T. schräge Kneipen, in denen sich Studenten und Bohemiens sowie die ›Ureinwohner‹ treffen. Kurz – der Prenzlauer Berg ist neben Kreuzberg *das* **Szene-Revier** der Stadt.

Zu DDR-Zeiten lebten in diesem Altbauviertel zum einen Wahlverweigerer, zum anderen fanden hier aber auch oppositionelle junge Leute in leer stehenden Wohnungen Unterschlupf – dagegen konnte selbst die Stasi wenig unternehmen. Künstler und Jugendliche schufen sich in den heruntergekommenen Häusern einen kleinen Freiraum und verliehen ihm das Flair eines ›**Berliner Montmartre**‹. Nach der Wende entdeckten viele Kreuzberger und Neuberliner dieses unkonventionelle Viertel im Osten der Stadt, zumal der Wohnraum hier extrem billig war.

Auch das Nachbarviertel **Friedrichshain** hat sich vom Charme seiner Plattenbauten inzwischen gelöst und sich zum neuen Szene-Treff gemausert. Kreative, Jungunternehmer und Studenten prägen die Atmosphäre im Areal rund um den **Volkspark Friedrichshain** und die **Karl-Marx-Allee** (www.kmaportal.de), die in den 50er-Jahren des 20. Jh. nach sowjetischem Vorbild erbaut wurde. An der im Bau befindlichen Allee begann am 17. Juni 1953 der Aufstand der DDR-Bürger gegen das SED-Regime. Damals formierten sich die Arbeiter auf der Baustelle zu einem Protestzug und russische Panzer mussten der Regierung zu Hilfe kommen. Den 90 m breiten Prachtboulevard säumen noch heute Gebäude, deren Stil eine Mischung aus Schinkelschem Klassizismus und sowjetischem Zuckerbäckerdekor darstellt, Grund genug für einen Architektur-Bummel. Weiter im Südosten wurde der ausgedehnte Landschaftspark um das barocke **Schloss Friedrichsfelde** 1955 in den nach wie vor sehr beliebten, artenreichen **Tierpark Friedrichsfelde** umgewandelt.

*Bunte Altbaufassaden wie hier an der Knaackstraße passen gut zum lässigen Lifestyle und Designer Image des beliebten Viertels Prenzlauer Berg*

## 48 Jüdischer Friedhof

*Zweitältester jüdischer Friedhof in Berlin.*

Schönhauser Allee 23–25
Mo–Do 8–16, Fr 8–13 Uhr
U2 Senefelderplatz

Zahlreiche Erinnerungen an wichtige Berliner Persönlichkeiten des 19. und 20. Jh. werden auf dem Jüdischen Friedhof an der Schönhauser Allee wieder lebendig. Dieser zweitälteste jüdische Friedhof Berlins, 1827 vor der Stadtmauer angelegt, ist wie viele andere Berliner Gräberfelder eine von Efeu umrankte, ›steinerne‹ Seite in einem Geschichtsbuch. 5000 Juden wurden hier beigesetzt.

Leider sind die Grabstätten heute ziemlich verfallen und müssen zudem seit einigen Jahren vor Vandalismus geschützt werden. Auf dem Friedhof ruhen der Komponist Giacomo Meyerbeer († 1864), der Verlegerkönig Leopold Ullstein († 1899) und seine Familie, außerdem Gerson von Bleichröder († 1893), der Bankier und Finanzberater Bismarcks, sowie der 1935 verstorbene Maler Max Liebermann.

## 49 Kollwitzplatz

*Vitales Zentrum des Prenzlauer Berges.*

U2 Senefelderplatz

Das Zentrum des Prenzlauer Berges liegt rund um den Kollwitzplatz. Quirliges Leben entfaltet sich hier vor allem im Sommer. Die breiten Bürgersteige bieten genügend Raum für die Stühle und Tische der vielen Cafés, Kneipen und Restaurants.

Der Kollwitzplatz trägt seit 1947 den Namen eines berühmten Ehepaares: *Käthe Kollwitz* (1867–1945) war Grafikerin und Bildhauerin. Während des Dritten Reiches galt ihre Kunst als ›entartet‹. *Dr. Karl Kollwitz* praktizierte als Armenarzt ganz in der Nähe, in der früheren Weißenburger Straße 25 (heute Kollwitzstraße 56 a/Knaackstraße 36), das Haus wurde gegen Kriegsende durch Bomben zerstört. Auf dem neu bebauten Eckgrundstück erinnerte eine Kopie der Käthe-Kollwitz-Plastik ›*Mutter mit 2 Kindern*‹ aus Muschelkalk an das sozial engagierte Paar; 1997 erhielt die Skulptur einen neuen Standort in der Fröbelstraße 17 auf dem Gelände des Bezirksamtes. Mitten auf dem Kollwitzplatz befindet sich nun eine überlebensgroße bronzene **Sitzfigur** von Käthe Kollwitz, die Gustav Seitz 1956–59 nach einem Selbstbildnis der Künstlerin (1938) schuf.

Unweit südlich des Platzes erhebt sich auf dem *Mühlenberg*, der höchsten Erhebung der Gegend, ein anderes Wahrzeichen des Stadtviertels, der runde **Wasserturm**. Er wurde 1853–55 als Teil eines Wasserwerks konzipiert. Sein Spitzname *Dicker Hermann* geht auf Hermann Göring zurück, und eine Gedenktafel weist darauf hin, dass zur Nazi-Zeit in den Kellergewölben politisch Andersdenkende inhaftiert und gefoltert wurden. Heute sind in der denkmalgeschützten Industrieanlage Wohnungen eingerichtet.

Ebenso geschichtsträchtig ist die **Rykestraße** etwas weiter nördlich. Der Straßenname erinnert an die Familie Ryke, die im 14. Jh. mehrfach den Bürgermeiser von Berlin stellte. Um 1900 lebten hier viele jüdische Bürger: Im Hinterhof von Nr. 53 errichtete Johann Hoeninger, Baumeister der Jüdischen Gemeinde, 1903/04 eine *Synagoge*. Das Gotteshaus, seit 1978 **Friedenstempel** genannt, ist eine von nur zwei auch im Innenraum original erhaltenen Synagogen in Berlin. Zwar wurde auch sie in der Pogromnacht am 9. November 1938 geschändet, aber nicht angezündet. Nach Rekonstruktionsarbeiten weihte man die Synagoge im Jahr 1953 wieder ein.

Einige Fassaden dieses Straßenzuges zeigen selbst heute noch unverkennbar Kriegsnarben. Ansonsten wurde allerdings viel restauriert. Zumindest die eindrucksvollen Gebäude aus der Gründerzeit konnten durch Senatsmittel wieder hergestellt werden.

Ein Paradebeispiel für die Sanierung des Viertels war schon zu DDR-Zeiten die vom Kollwitz-Platz aus nördlich verlaufende **Husemannstraße**. Mitte der 80er-Jahre des 20. Jh. wurde sie anlässlich der 750-Jahr-Feier im Abschnitt zwischen Kollwitzplatz und Sredzkistraße originalgetreu restauriert und war anschließend die Vorzeigestraße, durch die man besonders gerne Staatsgäste führte. Geboten wird nach wie vor stilechte *Gründerzeitatmosphäre* mit Modellcharakter. Es gibt putzige Handwerksgeschäfte mit handgeschmiedeten Zunftzeichen, echt Berliner Kneipeninterieur von 1900 – und im Angebot saure ›Jurken‹ und Buletten.

## 50 Prater-Garten

*Vom Bierausschank zur Kulturinsel.*

Kastanienallee/Oderberger Straße
U2 Eberswalder Straße, Tram M1, 12

Nicht nur Wien, sondern auch Berlin hat seinen Prater: Im Jahr 1852 fing das Vergnügen mit einem Bierausschank in dieser damaligen Vorstadt an. Eine Pferdebahn (1881) auf der Kastanienallee brachte dann immer mehr Wochenendausflügler hinaus. Grund genug für die pfiffigen Gartenbesitzer Schneider & Hillig das Terrain um 1900 für kulturelle Veranstal-

*In den Sommermonaten werden im Berliner Prater Theateraufführungen und Konzerte unter freiem Himmel geboten*

*Kultur frisch gezapft: Auf dem Gelände der alten Schultheiss-Brauerei finden seit 1991 Theateraufführungen, Konzerte, Parties und Ausstellungen statt*

tungen wie Sommertheater, Konzerte und Operetten auszubauen. Die Arbeiter der Mietskasernen nutzten den Prater schließlich als Kundgebungsort, Ernst Busch (1900–1980) sang Arbeiterlieder, und Jungpioniere der SED traten im Chor auf.

Eine sommerliche **Freilichtbühne** für ›laufende Bilder‹ gab es schon seit 1960, und wenige Jahre später etablierte sich auf dem Gelände auch das *Kreiskulturhaus Prenzlauer Berg*.

Noch heute ist der Prater eine grüne Oase und Kulturinsel Berlins. Hier finden Praterbälle statt, hier erlebt man Ausstellungen in der *Pratergalerie*.

das Hauptanliegen der neuen Betreiber. Franz Schwechten, Architekt der 1891 errichteten trapezförmigen Anlage, hätte es sich gewiss nicht träumen lassen, dass hier einmal Konzerte und Theateraufführungen, Kinoabende und Lesungen, Kunstausstellungen und Parties stattfinden würden.

Vor einigen Jahren wollten manche Planer hier statt des multikulturellen Zentrums einen Bürokomplex errichten – doch inzwischen wurde lediglich ein Teil des alten Grundstücks neu bebaut und die KulturBrauerei konnte bestehen bleiben.

## 51 KulturBrauerei

*Kunterbunte Kultur, Kulinarisches und Nachtleben.*

Schönhauser Allee 36–39,
Eingang: Knaackstraße
Tel. 030/44 31 51 51
www.kulturbrauerei-berlin.de
U2 Eberswalder Straße, Tram M1, 12

Auf dem Werksgelände der **Schultheiss-Brauerei** wird seit 1991 Kultur pur geboten. In den alten Lager- und Produktionsstätten, im Bierrestaurant und im Kesselhaus wird zwar noch immer Bier gezapft, doch sind Kultur, Gastronomie und Events

## 52 Gethsemanekirche

*Eine Kirche als Symbol des gewaltfreien Widerstandes.*

Stargarder Straße 77
S41, S42, S8, S85 und U2 Schönhauser Allee, Tram M1

Von der Gethsemanekirche gingen maßgebliche Impulse gegen das SED-Regime aus: Hier wurde nicht nur leise für die Wende gebetet, sondern auch friedlich protestiert. Und deshalb sah sich die Polizei veranlasst, massiv gegen die Demonstranten vorzugehen.

Der rote kreuzförmige Klinkerverblendbau der Kirche war Ende des 19. Jh. nach Plänen von August Orth errichtet worden. Im weiträumigen **Inneren** steht eine interessante *Holzplastik* von Wilhelm Groß aus den 20er-Jahren des 20. Jh. Sie stellt ›Christus am Ölberg‹ dar.

## 53 Zeiss-Großplanetarium

*Eines der bestausgestatteten Planetarien Europas.*

Prenzlauer Allee 80
www.astw.de
S41, S42, S8, S85 Prenzlauer Allee

Das Universum ist greifbar nah: Im großen Vorführsaal des 1985–87 erbauten Zeiss-Großplanetariums mit seinen etwa 300 Plätzen können sich Besucher über die Entdeckungen und Erkenntnisse der Astronomie informieren. Wegen seiner modernen Spezialprojektoren und Laseranlagen gilt es als eines der besten Planetarien Europas. Immer blank poliert und silbern schimmernd präsentiert sich die **Außenkuppel** mit 30 m Durchmesser. Die **Projektionskuppel** besitzt einen Durchmesser von 23 m. Rund um den Kernbau gibt es Räume für Veranstaltungen, einen Kinosaal, ein Café sowie eine Bibliothek.

## 54 Fruchtbarkeitsbrunnen

*Dominante Brunnenanlage aus den 20er- und 30er-Jahren des 20. Jh.*

Arnswalder Platz
Tram M4, M10

Der Fruchtbarkeitsbrunnen (1927–34) aus rotem Porphyr, ein Spätwerk von Hugo Lederer (1871–1940), ist ähnlich massiv ausgefallen wie sein Hamburger Bismarck-Denkmal. Die Fruchtbarkeit wird symbolisiert durch die Schnitterin, den Fischer, den Schäfer und die Mutter mit Kind. Die Schale in der Mitte hat einen Durchmesser von 8 m und wird von zwei Stieren flankiert. Folglich tauften die Berliner das imposante Denkmal einfach ›Stierbrunnen‹.

## 55 Volkspark Friedrichshain

*Die größte Grünfläche im Ostteil Berlins.*

Am Friedrichshain
Tram M4, Bus 200, 240

Vom Prenzlauer Berg sollte man einen Abstecher zum Volkspark im gleichnamigen Nachbarviertel **Friedrichshain** machen. Den ersten Spatenstich für diese Gartenanlage taten Notstandsarbeiter

*Außen glänzend, innen grandios: Im Zeiss-Großplanetarium an der Prenzlauer Allee erfährt man alles Wissenswerte über die Astronomie*

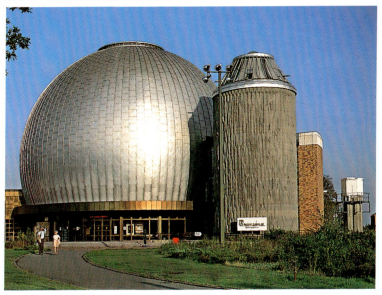

## 55 Volkspark Friedrichshain

*Kein Affenhaus – das Schloss Friedrichsfelde (17./18. Jh.), einer der hübschesten Prunkbauten Berlins, ist heute Museum und Teil des gleichnamigen Tierparks*

1846 noch auf den Wiesen vor der Akzisen- und Zollmauer. Hier sollte eine Erholungsstätte für die Armen entstehen. Der Landschaftsarchitekt *Peter Joseph Lenné* hatte den Park als östliches Gegenstück zum Tiergarten entworfen. Der Potsdamer Hofgärtner Gustav Meyer, ein Schüler von Lenné, übernahm die Umsetzung und erweiterte das Areal außerdem um den *Neuen Hain* (1874–76).

Der Krieg verschonte die 52 ha große grüne Oase nicht und der 100-jährige Baumbestand wurde vernichtet. Die Anlage wurde 1969–73 völlig neu gestaltet. Die Nazis hinterließen übrigens zwei *Bunker*, in denen gegen Kriegsende ein Teil der noch in Berlin verbliebenen Kunstschätze gelagert wurde. Diese kamen jedoch durch die sowjetischen Besatzer nach Moskau und Krakau. Die Bunker wurden nach Kriegsende gesprengt und mit Trümmern aufgeschüttet: Es entstanden der **Kleine Bunkerberg** (48 m) und der **Große Bunkerberg** (78 m). Von ihnen aus sieht man auf der Ostseite des Friedrichshains ein 8 ha großes *Sport- und Erholungszentrum* (SEZ) und am Südrand, am Kanonenberg, den *Ehrenfriedhof der Märzgefallenen von 1848*. Darin eingebunden ist der Friedhof für die Gefallenen der Novemberrevolution 1918.

Im Westteil des Volksparks steht die halbrunde Anlage (34 x 54 m) des neobarocken **Märchenbrunnens** (1913, Ludwig Hoffmann). Der Brunnen ist ein klassisches Beispiel für wilhelminische Schauarchitektur. An seinem Wasserbecken tummeln sich auf Postamenten vor Arkaden bekannte Figuren aus den Grimmschen Märchen – von Aschenputtel bis zu den (7) Zwergen ist fast alles vertreten, was in der Märchenwelt Rang und Namen hat.

*Ja, wo laufen sie denn, ja, wo laufen sie denn hin? – Schon die jüngsten Mitglieder einer Friedrichsfelder Elefantenfamilie haben einen ganz eigenen Willen – und einen frechen Haarstil*

## 56 Tierpark und Schloss Friedrichsfelde

*Großer Landschaftstiergarten mit kleinem Barockschlösschen.*

Am Tierpark 125, Eingänge:
Bärenschaufenster und Schloss
Tel. 030/51 53 10
www.tierpark-berlin.de
April–Sept. 9–18, März/Okt. 9–17,
Nov.–Febr. 9–16 Uhr
Fütterung Großkatzen: Sa–Do ca. 15 Uhr, Badezeit Elefanten: Nov.–März
Sa/So ca. 12 Uhr
S5, S7, S75 Friedrichsfelde-Ost, U5 Tierpark, Tram M17, 27, Bus 108, 194, 296, 396

Der **Tierpark Friedrichsfelde** im Ostberliner Bezirk Lichtenberg entstand 1955 als Gegenstück zum Westberliner Zoologischen Garten [Nr. 106]. Mit 160 ha ist er einer der größten Landschaftstiergärten Europas. Auf dem weitläufigen Areal mit einem Wegenetz von knapp 23 km sind insgesamt 9800 Tiere aus 1072 Arten zu Hause. Wer mit Kindern unterwegs ist, kann sich am Eingang Bärenschaufenster einen Bollerwagen ausleihen. Gewissermaßen ein Muss ist der Besuch im *Alfred-Brehm-Haus* am Südostrand der Anlage, in dem sibirischen Tiger, Löwen, Leoparden, Panther und andere Großkatzen zu beobachten sind. Das benachbarte *Dickhäuterhaus* beherbergt afrikanische und asiatische Elefanten sowie Nashörner und Seekühe. Reptilienfans können in der *Schlangenfarm* eine der weltweit größten Populationen von Giftnattern und Grubenottern bestaunen.

Historischer Nukleus im nordwestlichen Bereich des Tierparks ist **Schloss Friedrichsfelde** (Tel. 030/24 00 21 62, www.stadtmuseum.de, Führungen Di–So 13, 14, 15, 16 Uhr). Kurfürst Friedrich Wilhelm hatte es 1682 nach Plänen von Johann Arnold Nering als Lustschloss errichten lassen und es Benjamin Raulé, kurfürstlichem Generaldirektor der Marine, überlassen. Dieser kaufte Land zu, sodass Peter Joseph Lenné reichlich Platz zur Verfügung hatte, als er 1821 auf dem Areal einen Landschaftsgarten anlegte, der gut 130 Jahre später zum Tierpark Friedrichsfelde umgewandelt werden sollte. Das Schloss selbst war 1719 von Martin Heinrich Böhme beidseitig um drei Achsen erweitert worden, die Hauptfassade erhielt einen Dreiecksgiebel aufgesetzt. Nach mehrmaligen Besitzerwechsel gestaltete man 1785 die Innenräume im klassizistischen Stil um. Original sind noch die dreiläufige Treppe mit schönem Eichenholzgeländer und der stuckierte Festsaal im Obergeschoss erhalten. Seit 2002 zeigt eine Dependance des Stadtmuseums in den Räumen Gemälde, Skulpturen, Möbel, Silber, Fayencen u. a. aus dem 17.–19. Jh.

# Treptow-Köpenick – einst Industrierevier, heute grüne Lunge

Mit der verwaltungstechnischen Verschmelzung von Treptow und Köpenick im Jahr 2001 entstand im Südosten Berlins der **flächengrößte Bezirk** der Stadt, stolze 168 km$^2$ umfasst er nun (ganz Berlin hat 891 km$^2$).

Das von der Spree durchflossene Viertel lebt vom Kontrast zwischen gründerzeitlicher *Industrielandschaft* und vielfältigem *Naherholungsgebiet*. Zu DDR-Zeiten war es der größte Ostberliner Industriestandort, seit der Wende stehen die meisten Fabriken und Industriebauten leer, heute profiliert sich der Bezirk zunehmend durch moderne Dienstleistung. Deutlich wird der Wandel in **Adlershof**, wo sich Universitätscampus, Technologiepark und Mediencity gegenseitig befruchten.

Das andere Gesicht von Treptow-Köpenick sind ausgedehnte Grünflächen und Wälder wie der weitläufige *Stadtforst* rund um die 115 m hohen *Müggelberge*. Außerdem laden im Bezirk 165 km Wasserstraßen und sieben Seen zu ausgiebigen Dampferpartien ein. An den Ufern der Spree und am **Müggelsee**, dem größten Gewässer Berlins, finden sich zahlreiche traditionelle Ausflugsgaststätten mit großen Biergärten, in denen man zu Bockwurst und Kartoffelsalat eine ›Molle‹ trinken kann, wie ein frisches Bier hier heißt. Von den 15 Ortsteilen im Bezirk lohnt vor allem die Altstadt von **Köpenick** einen Besuch. Neben dem neogotischen Rathaus besitzt sie seit 2004 mit dem wieder eröffneten **Schloss Köpenick** eine Top-Attraktion für Kunstliebhaber.

## 57 Altstadt Köpenick    Plan Seite 74/75

*Schauplatz der weltberühmten Köpenickiade.*

Alt-Köpenick 21
S3 Köpenick, dann Tram 62, 63, 68, Bus 164, X69, 269

Lange Zeit war Köpenick ein eigenständiger Ort, immerhin ist es ja fast 400 Jahre älter als Berlin. Bereits im 9. Jh. siedelten slawische Fischer am Zusammenfluss von Dahme und Spree. Ein Fürst namens **Jaczo de Copanic** errichtete hier in der ersten Hälfte des 12. Jh. seine befestigte Burg, die jedoch schon kurz darauf von den Askaniern unter Albrecht dem Bären zerstört wurde.

Im Jahr 1209 wurden *Cöpenick* und sein südlicher Vorort *Kietz* erstmals urkundlich erwähnt, 1232 die Stadtrechte verliehen. Wirtschaftliche Grundlagen waren in den kommenden Jahrhunderten ne-

*Das Rathaus von Köpenick ist ein Schmuckstück der märkischen Backsteingotik*

## Altstadt Köpenick

*Die Spatzen pfiffen es von den Dächern: »Der Hauptmann von Köpenick hatte Glück beim Militär, doch ohne Schießgewehr«*

ben der **Fischerei** zunehmend auch Lohgerberei sowie Woll- und Seidenweberei, zumal als im 17. und 18. Jh. zahlreiche hugenottische Glaubensflüchtlinge aus Frankreich einwanderten. Dank des Wasserreichtums avancierte Köpenick im 19. Jh. mit 400 Lohnwäschereien zur ›**Waschküche Berlins**‹, Färbereien und chemische Reinigungen folgten. Erst 1920 wurde das bis dato selbstständige Industriestädtchen vor den Toren der Hauptstadt nach Groß-Berlin eingemeindet.

Die Silhouette der Köpenicker Altstadt dominiert das 1901–04 im Stil der märkischen Backsteingotik erbaute **Rathaus** mit hübschem fünfteiligem Ziergiebel und einem 54 m hohen Uhrenturm. Im Jahr 1906 wurde das Rathaus durch den Gaunerstreich von Wilhelm Voigt, dem selbst ernannten *Hauptmann von Köpenick*, weltbekannt. Neben dem Eingangsportal erinnert eine lebensgroße Bronzestatue des Hochstaplers (1996, Spartak Babajanan) an diese so genannten *Köpenickiade*. Im Erdgeschoss des Rathauses ist eine ehem. Kassenraum dem berühmtesten Köpenicker eine ständige Ausstellung (tgl. 10–18 Uhr) gewidmet.

Der Rathaushof dient alljährlich an zehn Sommerwochenenden von Juni bis August als Kulisse für das **Köpenicker Blues- und Jazzfestival**. Auch die kleine Bühne im Gewölbe des *Ratskellers* (Tel.

### Der Hauptmann von Köpenick

Im Frühjahr 1906 verschlug es den 1849 in Tilsit geborenen und bereits mehrfach straffällig gewordenen Schuster **Wilhelm Voigt** nach Berlin. Hier landete der 57-jährige am 16. Oktober 1906 seinen größten Coup: Bei einem Potsdamer Trödler erstand er für 20 Reichsmark die Uniform eines kaiserlichen Gardeoffiziers, nahm an der Neuen Wache im Wedding zehn Soldaten unter sein Kommando und fuhr mit ihnen in einem Vorortzug nach Köpenick. Im dortigen Rathaus ließ er unter Berufung auf ›allerhöchste Kabinettsorder‹ den Bürgermeister Dr. Georg Langerhans, Oberstadtsekretär Rosenkranz und Kassenrendanten von Wiltberg verhaften, beschlagnahmte gegen Quittung die Stadtkasse mit 4000 Reichsmark und verschwand unbehelligt. Alle Welt amüsierte sich über den **Gaunerstreich**, hatte doch niemand zuvor die preußische Obrigkeit so dreist zum Narren gehalten. Zehn Tage nach dem Streich wurde Voigt verhaftet und zu vier Jahren Gefängnis verurteilt. Nach zwei Jahren vom Kaiser begnadigt, verstand es Voigt aus seiner Geschichte Kapital zu schlagen. Er veröffentlichte die **Autobiographie** ›Mein Lebensbild‹ (1909) und reiste mit dem Zirkus als ›Hauptmann von Köpenick‹ um die Welt, bevor er sich schließlich in Luxemburg niederließ. Doch während der Inflation nach dem Ersten Weltkrieg verlor Wilhelm Voigt sein gesamtes ehrlich erworbenes Vermögen. 1922 starb er mittellos, seine letzte Ruhe fand er in einem Armengrab auf dem Luxemburger Friedhof Notre-Dame.

Der Schriftsteller **Carl Zuckmayer** griff die Story auf und schrieb dazu ein volksnahes Bühnenstück. Darauf basierte dann die Verfilmung von Helmut Käutner ›Der Hauptmann von Köpenick‹ aus dem Jahr 1956 mit Heinz Rühmann in der Hauptrolle, die dem Schuster zu bleibendem Ruhm verhalf. Noch heute wird die **Köpenickiade** am Originalschauplatz vor dem Köpenicker Rathaus jeweils Mi und Sa um 11 Uhr als 20-minütiges *Straßentheater* mit Gesang und preußischem Gleichschritt nachgespielt.

### 57 Altstadt Köpenick

*Im Rathaushof rücken Musikfreunde während der Köpenicker Blues- und Jazztage schon mal eng zusammen*

030/655 5178, www.ratskellerkoepenick.de) hat sich unter Jazzfreunden einen Namen gemacht.

Die Gassen rund ums Rathaus warten mit netten, meist einstöckigen **Kolonistenhäusern** aus dem 17. und 18. Jh. auf. Die damals dort lebenden Hugenotten mussten weder Steuern zahlen noch wurden sie zum Militärdienst eingezogen. Nach Jahren der Verfolgung in ihrem Heimatland Frankreich konnten sie erstmals in Freiheit leben, worauf sich auch der bis heute erhaltene Straßenname **Freiheit** bezieht. Auf dem Hinterhof des ehem. Amtsgerichts (heute Wirtschaftsamt) in der Freiheit 16 befand sich paradoxerweise das Gefängnis. Von einer kleinen Außenplattform ist die touristisch hergerichtete ›Hauptmannszelle‹ einsehbar, in der weiland Wilhelm Voigt einsass.

Ein reizvolles Beispiel des friderizianischen Rokoko bietet das **Anderson'sche Palais** (Alt-Köpenick 15) aus der Mitte des 18. Jh. Heute beherbergt das restaurierte Haus Büroräume, doch der Zugang über den Flur zur ›Keramikwerkstatt Jennrich‹ im Hofgarten ist öffentlich, dabei lohnt ein Blick in das ovale Treppenhaus mit geschwungener und geschnitzter Holztreppe.

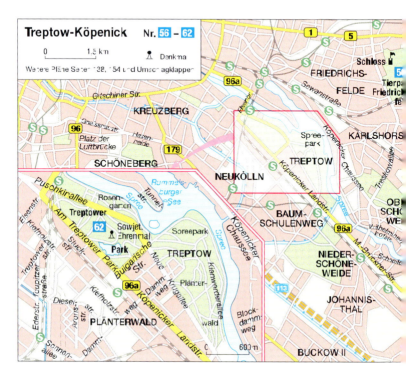

##  Schloss Köpenick

Am Alten Markt östlich des Rathauses informiert das **Heimatmuseum** (Tel. 030/ 61 72 33 51, Di/Mi 10–16, Do 10–18, Sa 14–18 Uhr) anhand von archäologischen Funden, Karten, Urkunden sowie einem umfangreichen Foto- und Pressearchiv über die Stadtgeschichte. Die liebevoll zusammengestellte Sammlung ist in einem restaurierten Fachwerkhaus von 1665 untergebracht. Es war ursprünglich Teil eines innerstädtischen Gutshofs und diente später u. a. als Brauerei, Schule und Armenhaus.

Auf dem Platz des 23. April an der Alten Spree erinnert ein 6 m hoher granitener Gedenkstein (1969, Walter Sutkowski) an die **Köpenicker Blutwoche** im Juni 1933. Damals verschleppten und folterten SA-Männer mehr als 500 Gegner der Nationalsozialisten. 91 der Gefangenen fanden den Tod, 23 von ihnen auf diesem Platz.

Den Stadtteil **Fischerkietz** gegenüber der Altstadt prägen herausgeputzte Straßenzeilen mit einstöckigen ehem. Fischerkaten. Hier lädt am Ufer der Dahme das älteste erhaltene **Flussbad** (Tel. 030/ 65 88 00 94) Berlins mit einem aufgeschütteten 50 m langen Sandstrand, aufblasbarem Krokodil und Bootsverleih zu Sommerspaß ein.

*Barocke Pracht mit exquisiter Raumkunst.*

Schlossinsel
Tel. 030/266 29 02
www.smb.museum
Di–So 10–18 Uhr
S 3 Köpenick, dann Tram 62, 63, 68, Bus 164, X69, 269
S47 Spindlersfeld, dann Tram 60, 61, Bus 167

Die ab 1994 aufwendig sanierte Schlossanlage Köpenick gehört seit ihrer Wiedereröffnung im Mai 2004 zu den prächtigsten Barockensembles der Hauptstadt. Das **Wasserschloss** liegt idyllisch auf der südlich der Köpenicker Altstadt vorgelagerten Schlossinsel in der Dahme und ist durch einen schmale Holzsteg mit dem Festland verbunden. Bereits seit dem 9. Jh. stand hier eine grabengesicherte Burg, die Kurfürst Joachim II. von Brandenburg im Jahr 1558 durch ein erstes Wasserschloss ersetzte. Sein heutiges Aussehen geht auf den Großen Kurfürsten zurück, der es 1677–90 als **Lustschloss** für seinen Sohn, den späteren König Friedrich I., erneuern ließ. Baumeister war

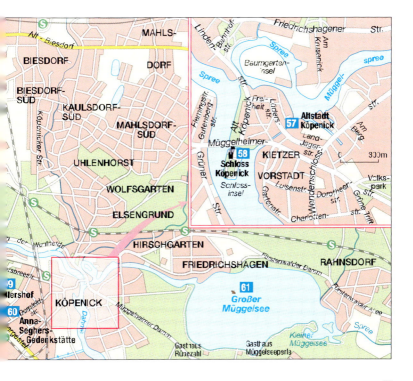

## 58 Schloss Köpenick

*Selbstbewusst, geradezu wuchtig, präsentiert sich Schloss Köpenick seit seinem Umbau 1677–90 als typisches Bauwerk des niederländischen Barock*

der holländische Architekt und Maler Rutger van Langervelt, der einen dreigeschossigen Bau mit von einem Rundgiebel abgeschlossenen Mittelrisalit schuf. 1682–85 fügte Arnold Nering eine eindrucksvolle barocke Schlosskapelle an.

Später diente das Schloss als Witwensitz, nach mehrmaligen Besitzerwechsel dann als Gefängnis, Studentenwohnheim und nach 1945 als Heimstatt des Volkskunstensembles der DDR. 1963 zog das Kunstgewerbemuseum (Ost) ein.

Im *Souterrain* des Schlosses fasst eine Ausstellung die Bau- und Siedlungsgeschichte zusammen. Weitere Räume beherbergen heute erneut eine Dependance des nach der Wende wieder vereinten **Kunstgewerbemuseums**, dessen Hauptsitz sich am Kulturforum [Nr. 83] befindet.

Unter dem Thema ›Raumkunst aus Renaissance, Barock und Rokoko‹ bietet die Sammlung im Köpenicker Schloss in modernem Ausstellungsdesign einen Querschnitt sowohl der höfischen als auch der bürgerlichen Wohn- und Repräsentationskunst des 16.–18. Jh. Rund 600 Exponate verteilen sich auf eine Fläche von 1500 m² bzw. auf 21 üppig mit barockem Stuck ausgeschmückte Schauräume. Neben bemalten Plafonddecken, seidenen Tapisserien und formschönen Leuchten sind vor allem die getäfelten **Wandverkleidungen** eine Augenweide.

Gleich im *Erdgeschoss* findet sich mit der Haldensteiner Prunkstube (1548) ein herausragendes Beispiel der hoch entwickelten Intarsienkunst der Renaissance. Nicht minder prunkvoll ist nebenan die Zimmervertäfelung aus dem unterfränkischen Schloss Höllrich, in dessen Kassettendecke (1555) teils versilberte Wappenmedaillons eingearbeitet sind.

Das *1. Obergeschoss* zeigt erlesene Möbel aus deutscher Renaissance und Rokoko. Zu den Highlights gehören der mit vergoldeten Metallen und Einlegearbeiten verzierte *Augsburger Kabinettschrank* (um 1650) aus schwarz schimmerndem Ebenholz. In den Sälen links vom Trep-

*Silberbuffet im Wappensaal des Schlosses*

penaufgang dokumentiert das zitronengelbe *Lackkabinett* (1740–50) aus dem Turiner Palazzo Graneri die im 18. Jh. in Europa angesagte Chinamode.

Im *2. Obergeschoss* glänzt das barocke *Spiegelkabinett* (1724/25) aus dem unterfränkischen Schloss Wiesentheid mit einer reich verzierten Stuckdecke, Wände und Fußboden sind mit aufwendigen Marketeriearbeiten aus Zinn, Perlmutt, Nussbaum, Pappel und anderen Hölzern ausgestattet. Vorbei am prachtvollen Buffet der Basler Safranzunft gelangt man zum *Großen Silberbuffet* (um 1698), dessen neun Gießgarnituren Teil des brandenburg-preußischen Staatsschatzes waren. Hauptsaal des Köpenicker Schlosses ist der **Wappensaal**, den der Tessiner Giovanni Caroveri um 1685 mit üppigem Barockstuck ausstattete. 18 Hermenpilaster gliedern den rechteckigen Saal, in dessen Mitte das heute nur noch 160-teilige *Tafelservice* (1767/68) des Breslauer Stadtschlosses ausgestellt ist.

Weitere Glanzstücke der friderizianischen Porzellankunst können in der Studiensammlung im *Dachgeschoss* bestaunt werden, die zudem Exponate aus Glas, Silber, Zinn und Messing umfasst. Gewissermaßen nebenbei erlaubt das Dachgeschoss auch Einblicke in die Konstruktion des Dachstuhls und schöne Ausblicke auf den prächtigen figurengeschmückten **Schlossgarten**. Er wurde um 1690 nach englischem Vorbild angelegt, Rhododendronsträucher und alter Baumbestand rahmen die Liegewiese.

### Aus Gründen der Staatsräson

Am 28. Oktober 1730 trat im Wappensaal des Köpenicker Schlosses das **Königliche Kriegsgericht** zusammen, um über Kronprinz Friedrich, den späteren Friedrich den Großen, zu richten. Er hatte zusammen mit seinem vermutlichen Liebhaber Leutnant Hans Hermann von Katte vor dem strengen Regime seines Vaters, des ›Soldatenkönigs‹ Friedrich Wilhelm I., nach England fliehen wollen. In einem **Schauprozess** wurden die beiden jungen Leute dafür zum Tode verurteilt. Zwar begnadigte der König den Kronprinzen, nicht jedoch von Katte. Als zusätzliche Strafe musste Friedrich der Hinrichtung seines Freundes beiwohnen.

*Barocke Formen dominieren auch die später angebaute Schlosskapelle von Köpenick*

Besonders hervorzuheben sind eine 350-jährige Flatterulme und eine 150 Jahre alter Schwarznussbaum.

Am Ostufer der Insel komplettiert die 1685 geweihte **Schlosskapelle** (So 10 Uhr im Rahmen der Messe) das barocke Gebäudeensemble, eine Arbeit von Johann Arnold Nering (1659–1695), dem bedeutendsten Vertreter des märkischen Barock. Die Kapellenfassade schmückt eine ionische Pilasterordnung mit Sandsteinfiguren der vier Evangelisten, innen sind die reich geschnitzte Kanzel und das Deckengemälde von Giovanni Caroveri sehenswert.

## 59 Adlershof   Plan Seite 74/75

*Wissenschafts- und Technologiepark.*
www.adlershof.de
S45, S46, S8, S9 Adlershof

Das 420 ha große Areal im Südosten von Treptow-Köpenick ging aus einem 1754 gegründeten Gutshof hervor, zu dem im damaligen Vorort Adlershof eine Plantage mit Maulbeerbäumen für die **Seidenraupenzucht** gehörte. Der Versuch misslang und es blieb still um das Gelände, bis dort am 9. September 1909 der **Motorflugplatz Johannisthal-Adlershof** als erster in Deutschland eröffnete. Ein Teil der alten Rollbahnen wird derzeit zu einem Natur- und Landschaftspark umgewan-

## 59 Adlershof

*Hier ist's gut sein – Ausflugslokal am Ufer des Müggelsees*

delt, auf dem restlichen Grundstück entstand seit der Vereinigung die **Wissenschafts- und Wirtschaftsstadt Adlershof (WiStA)**. Der Standort für technologieorientierte Unternehmen wird durch naturwissenschaftliche Fachbereiche der Humboldt-Universität, außeruniversitäre Forschungsinstitute und die *Media-City Adlershof* ergänzt, in der Kinofilme, Fernsehformate und Hörbücher produziert werden. Mit mittlerweile 645 Unternehmen, rund 10 000 Beschäftigten und 7000 Studierenden gehört Adlershof zu den 15 größten Wissenschafts- und Technologieparks der Welt.

Das auffälligste Gebäude ist das **Innovationszentrum für Photonik** in der Rudower Chaussee. Der dreigeschossige Glaspalast mit farbigen Jalousetten entstand 1996–98 nach Entwürfen des Architektenteams Louisa Hutton und Matthias Sauerbruch. Er wegen seiner fließenden Wellenform auch ›Amöbe‹ genannt.

## 60 Anna-Seghers-Gedenkstätte    *Plan Seite 74/75*

*Ein Stück literarisches Berlin.*

Anna-Seghers-Straße 81
Tel. 030/677 47 25
Di/Mi 10–16, Do 10–18 Uhr
S45, S46, S8, S9 Adlershof

Hier wohnte die Schriftstellerin Anna Seghers (1900–1983) ab 1955, als die ihr zu Ehren benannte Straße noch Volkswohlstraße hieß. Nach ihrem Tod wurde ihre Wohnung als Anna-Seghers-Gedenkstätte der Öffentlichkeit zugänglich gemacht. In zwei Räumen zeugen schlichtes Mobilar aus den 1950er-Jahren, eine Remington-Schreibmaschine und die 9000 Bände umfassende Bibliothek vom arbeitsamen Leben der engagierten Literatin. Sie war 1933 als Jüdin und KPD-Mitglied vor den Nazis ins Ausland geflohen. Ihr 1942 erschienener Roman ›Das siebte Kreuz‹ war eines der erfolgreichsten Werke der Exilliteratur und trug nach Kriegsende wesentlich zur Aufklärung über den Nationalsozialismus und seine Ursachen bei. Die Schriftstellerin kehrte 1947 aus dem Exil zurück und zog 1950 in die DDR.

## 61 Müggelsee    *Plan Seite 74/75*

*Größte Badewanne der Berliner.*

S 3 Friedrichshagen oder Rahnsdorf,
Tram 60, 61, 87, 88, Bus 161

Der **Große Müggelsee** gehört zusammen mit seinem östlichen Anhängsel, dem **Kleinen Müggelsee**, zu den beliebtesten Ausflugszielen im Osten Berlins und ist neben dem Wannsee und dem Tegeler See das größte *Wassersportzentrum* der Stadt. Von der Spree durchflossen, erstreckt sich das Seeareal auf 4,5 km Länge und 2,5 km Breite zwischen den Stadtteilen Köpenick und Rahnsdorf. Die größtenteils unverbauten Ufer des nur 11 m tiefen Großen Müggelsees säumen ausgedehnte Ahorn-, Erlen- und Kiefernbestände.

Ein guter Ausgangspunkt für Schiffstouren ist das ehem. Spinnereidorf **Friedrichshagen** am Austritt der Müggelspree im Nordwesten des Sees. Vom Schiffsanleger im dortigen Müggelpark aus legen Dampfer der Stern- und Kreisschifffahrt zu einer einstündigen Seerundfahrt ab. Fußgänger erreichen vom Friedrichshagener Nordufer durch den 1926 gebauten, 120 m langen *Spreetunnel* eine Badestelle am Westufer des Sees. Für Technikfans ist das *Museum im Wasserwerk* (Tel. 030/86 44 76 95, März–Okt. Di–Fr 10–16, So 10–17, Nov.–Febr. Di–Fr 10–15, So 10–16 Uhr) am östlichen Ortsausgang von Friedrichshagen interessant. In dem von Richard Schulze errichteten neogotischen Backsteinbau von 1893 wird die Geschichte der Berliner Wasserversorgung vorgestellt.

**Rahnsdorf** am Nordostufer des Müggelsees bewahrte noch viel ländlichen Charakter. Den Mittelpunkt des hufeisenförmig angelegten Angerdorfs bildet die 1887 nach Plänen von Friedrich Adler errichtete *Dorfkirche*. Reizvoll ist auch eine Kanupartie durch **Neu-Venedig**, ein in den 1920er-Jahren angelegtes Wasserlabyrinth aus fünf schmalen Kanälen, das von 14 Brücken überspannt wird. An den Ufern liegen versteckt hinter Trauerweiden idyllische Wassergrundstücke mit Lauben und Bootshäusern.

Im ausgehenden 19. Jh. entstanden in den damaligen Neubaugebieten Neu-Rahnsdorf, heute Wilhelmshagen, und im Hessenwinkel hübsche *Villenkolonien* im Landhausstil. Für Badefreunde empfiehlt sich das 1912 eröffnete **Freibad Müggelsee** (Tel. 030/648 77 77) am Fürstenwalder Damm mit Sonnenschirmen, Strandkörben und einem FKK-Bereich. Es gibt auch Möglichkeiten zum Windsurfen, eine *Surf- und Segelschule* (Tel. 030/648 15 80) befindet sich vor Ort.

Das Südufer des Müggelsees überragen die sanft gerundeten, bewaldeten **Müggelberge**, mit 115 m das höchste ›Gebirge‹ Berlins. Von den Schiffsanlegern Müggelseeperle und Rübezahl, jeweils mit Ausflugslokalen, können Wanderer auf gut ausgebauten Wegen die *Köpenicker Heide* und den *Berliner Stadtforst* zwischen See und ›Bergen‹ erkunden. Ein viel besuchtes Ausflugsziel ist der 30 m hohe *Müggelturm*, der 1960 anstelle eines abgebrannten Vorgängers errichtet wurde. Von seiner Aussichtsplattform aus genießt man ein fulminantes Panorama des Müggelsees, der Stadt und ihres Umlands, an klaren Tagen kann man bis zum Teufelsberg im Westen schauen.

## 62 Treptower Park  *Plan Seite 74/75*

*Grüne Lunge im Südosten mit Volkssternwarte und Sowjetischem Ehrenmal.*

S41, S42, S8, S85, S9 Treptower Park, Tram 87, Bus 161, S8, S85, S9 Plänterwald, Bus 166, 167, 177

Über 85 ha erstreckt sich der Volkspark südöstlich des S-Bahnhofs Treptower Park bis zur Bulgarischen Straße sowie zwischen der Spree und der Straße am Treptower Park. Im seinem nördlichen Drittel verläuft die von Platanen gesäumte Puschkinallee. Initiiert von dem Sozialhygieniker *Rudolf Virchow* (1821–1902) entstand der Treptower Park ab 1876. Seine dichten Gehölzgruppen, Spiel- und Wiesenflächen, Blumenrabatten und der große Karpfenteich sind bis heute geblieben. An der Ausführung der 1888 eingeweihten Grünanlage war Gartenbaudirektor und Lenné-Schüler Gustav Meyer maßgeblich beteiligt.

An zentraler Stelle im Osten des Treptower Parks befindet sich das **Sowjetische Ehrenmal**. Der Architekt Jakow Belopolski und der Bildhauer Jewgeni Wutscheritsch schufen die monumenta-

*Der bronzene Soldat des Sowjetischen Ehrenmals zerschlägt das Hakenkreuz*

*Auszeit – trotz der ausgedehnten Industrieanlagen ringsum kann es im Treptower Park, dem zweitgrößten Volkspark Berlins, richtiggehend idyllisch sein*

le Gedenkstätte 1947–49 für 5000 hier bestattete sowjetische Gefallene des Zweiten Weltkriegs. Zwei Rundbogenportale führen von Norden und Süden her auf das Gelände, Trauerbirken und mit Kriegsszenen geschmückte Granitreliefs säumen den weiteren Weg. Im Zentrum der Anlage führt eine Treppe zu dem marmornen Mausoleum auf einer flachen Hügelkuppe. Es wird von einer 11,6 m hohen und 70 t schweren Kolossalstatue eines sowjetischen Soldaten bekrönt. An seine linke Schulter schmiegt sich Schutz suchend ein Kind, mit einem Schwert in der rechten Hand zerschlägt er ein Hakenkreuz.

Unweit nordöstlich davon befindet sich die **Archenhold-Sternwarte** (Tel. 030/534 80 80, www.astw.de, Mi–So 14–16.30 Uhr, Führungen Do 20, Sa/So 15 Uhr), die älteste Volkssternwarte Deutschlands. 1896 zeigte der Astronom Friedrich Simon Archenhold (1861–1939) hier erstmals das von ihm entwickelte bewegliche, 21 m lange und 130 t schwere Linsenfernrohr, bis heute die längste der Welt. Mit einem Objektivdurchmesser von 68 cm kann man die Gestirne in 210-facher Vergrößerung beobachten. 1959 wurde ein **Zeiss-Kleinplanetarium** mit einer 8 m großen Himmelskuppel angebaut. Auf dem Freigelände stehen u. a. ein Spiegelteleskop (500 mm) und ein sonnenphysikalisches Kabinett. Auch das Zeiss-Großplanetarium [Nr. 53] im Bezirk Prenzlauer Berg gehört zu der Anlage. Berühmtester Gastredner in der Sternwarte war übrigens Albert Einstein, der am 2. Februar 1915 im überfüllten Vortragssaal seine Relativitätstheorie vorstellte.

Im nahe gelegenen **Hain der Astronauten** werden die Erfolge der sowjetischen Raumfahrt vorgestellt. Dort erinnert u. a. eine Büste an den DDR-Astronauten Sigmund Jähn (*1937), der am 26. August 1978 in einer sowjetischen Sojus-Rakete als erster Deutscher an einem Raumflug teilnahm.

Nördlich der Sternwarte liegt am Ufer der Spree das traditionsreiche **Gasthaus Zenner** (Alt-Treptow 14–17, Tel. 030/533 73 70). Das Ausflugslokal wurde 1821/22 von Schinkel-Schüler Carl Ferdinand Langhans in klassizistischem Stil erbaut und nach der Zerstörung im Zweiten Weltkrieg originalgetreu wieder aufgebaut. Mit 1900 Plätzen in mehreren Abteilungen, davon 1500 im Freien, ist Zenner eines der größten Berliner Gartenlokale.

Vom Biergarten lässt sich bestens das große Feuerwerksspektakel *Treptow in Flammen* genießen, das alljährlich im Juni auf der vorgelagerten **Insel der Jugend** inszeniert wird. Die künstlich aufgeschüttete Insel in der Spree (ehem. Abtei-Insel) ist seit 1916 mit dem Festland durch eine 76 m lange Stahlbetonbrücke verbunden, die von hübsche Türmchen mit Fachwerkaufbau flankiert wird. Das von einem Baumgürtel gefasste kleine Inseloval mit grüner Wiese in der Mitte ist ein beliebter Jugendtreff.

## Treptower Park

Steigt man am S-Bahnhof Treptower Park aus, fallen zunächst im Norden, zur Spree hin, die **Treptowers** an der Elsenbrücke ins Auge. Dabei handelt es sich um den mit 30 Etagen bzw. 125 m höchsten Berliner Büroturm. Der 1995–98 erbaute Dienstleistungskomplex basiert auf einem Entwurf von Gerhard Spangenberg, der in das Areal auch die vorhandenen Backsteingebäude des ehem. Elektrokonzerns AEG integrierte. Vor der Elsenbrücke ragt die 30 m hohe und 45 t schwere Installation **Molecule Men** (1999) des amerikanischen Bildhauers Jonathan Borofsky aus der Spree. Die drei sich gegenüber stehenden Figuren aus durchlöchertem Aluminium markieren die Stelle, an der die Altbezirke Kreuzberg, Friedrichshain und Treptow aneinander grenzten.

Gleich neben dem S-Bahnhof befindet sich der **Spreehafen Treptow**, von dem aus im Sommerhalbjahr Fahrgastschiffe der Stern- und Kreisschifffahrt nach Charlottenburg, Köpenick und über den Großen Müggelsee bis zur Woltersdorfer Schleuse verkehren. Man kann auch einen achtstündigen Schiffsausflug rund um Berlin unternehmen.

Weiter westlich, Richtung Kreuzberg, steht in der kleinen Parkanlage **Schlesischer Busch** einer von noch vier in Berlin erhaltenen *Grenzwachtürmen* entlang der Mauer, die zu Zeiten des Kalten Krieges auf 17 km Länge durch Treptow verlief. Der 9 m hohe quadratische Turm

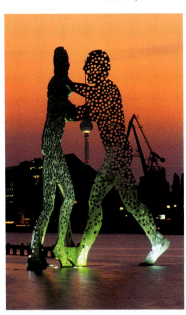

*Romantischer Schein an der alten Bezirksgrenze – Molecule Men im Abendlicht*

vom Typ BT 9 wurde restauriert und im Mai 2005 als Ausstellungsort der **Kunstfabrik am Flutgraben** (Tel. 030/53 01 32 80, www.kunstfabrik.org, Do–So 14–19 Uhr) unter dem Motto ›Letzte Überprüfung‹ wieder eröffnet. Die hier gezeigten Werke setzen sich mit dem Thema Grenze auseinander.

*Passend schwungvoll führt die Brücke von 1916 auf die Insel der Jugend*

# Rund um den Potsdamer Platz – der neue Nabel der Stadt

Bis zum Zweiten Weltkrieg Regierungszentrum und Vergnügungsviertel, präsentierte sich der Potsdamer Platz nach der Wende als Mega-Baustelle. Dank der hier entstandenen ehrgeizigen **Stadtarchitektur** ist er heute eine der beliebtesten Sehenswürdigkeiten Berlins. Im Mittelpunkt der Metropole gelegen, war er einst der verkehrsreichste Platz Europas. Hier überquerten früher stündlich 600 Straßenbahnen das Terrain, lockten Hotels und Restaurants Gäste und Einheimische an. Längst ist der Platz wieder zu neuem Leben erwacht, und inmitten modernster Architektur finden sich sogar noch einige historische Bauten, die an den Glanz der Kaiserzeit und das Großstadtflair der Weimarer Republik erinnern.

## 63 Potsdamer Platz

*Der berühmte Platz im Zentrum Berlins macht Karriere als Sehenswürdigkeit und Einkaufsoase.*

S1, S2, S25 und U2 Potsdamer Platz
Bus M41, M48, 123, 200

Am Potsdamer Platz, noch Mitte der 90er-Jahre des 20. Jh. eine der größten Baustellen der Welt, ist auf einem Gelände von rund 100 000 m² ein Stadtviertel mit Büro-, Hotel- und Wohnhäusern, mit Einkaufspassagen, Restaurants und Kultureinrichtungen entstanden, das täglich etwa 100 000 Besucher anzieht.

Nach nur vierjähriger Bauzeit wurde im Oktober 1998 das erste der Neubauprojekte eröffnet. Auf fast 70 000m² bietet die **DaimlerChrysler-City** (Renzo Pinao, Christoph Kohlbecker u. a.) eine Ladenpassage mit über 100 Geschäften sowie eine Musicalbühne, eine Spielbank und ein Kinocenter. Im Juni 2000 wurde dann das **Sony-Center** mit einer Fläche von rund 25 000m² fertig gestellt. Helmut Jahn schuf um das spektakuläre Forum mit Zeltdach ein Ensemble aus sieben Glas- und Stahlbauten mit Kinos, Restaurants, dem Film- und Fernsehmuseum Berlin und der Sony-Europazentrale.

Krönender Abschluss im Norden des Platzes ist das **Beisheim-Center** (2004), eine stilistische Rückbesinnung auf die Schule von Chicago mit Büro- und Apartmentblocks, zwei Hotels und fünf Stadtvillen mit Blick auf den Tiergarten, fi-

*Eine Stadt in der Stadt ist am Potsdamer Platz entstanden – DaimlerChrysler-City mit dem Marlene-Dietrich-Platz*

nanziert vom Metro-Gründer Otto Beisheim.

Doch zurück zu den Anfängen des Platzes: Ende des 18. Jh. noch eine Straßenkreuzung, an der Ausflugslokale standen, erlebte der Potsdamer Platz erst mit Beginn der Industrialisierung seinen Aufschwung. In den 20er-Jahren des 20. Jh. schließlich galt er als verkehrsreichster Platz Europas, auf dem sich fünf Straßen und 40 Linien öffentlicher Verkehrswege kreuzten sowie unterirdisch U- und S-Bahnen an- und abfuhren. Die erste Ampelanlage Deutschlands sorgte hier ab 1924 für reibungslosen Verkehrsfluss.

Gleichzeitig entwickelte sich der Potsdamer Platz zum **Vergnügungs- und Einkaufszentrum**. Erstes Etablissement am Platz war das **Haus Vaterland**, in dessen zahlreichen Sälen pro Abend etwa 3000 Gäste verkehrten. In Hotels wie dem Esplanade oder im Fürstenhof traf man sich zum Fünf-Uhr-Tee, im Weinhaus Huth zu einem guten Gläschen, und das **Vox-Haus** machte Schlagzeilen mit den ersten Rundfunk-Experimenten. Der Bombenhagel des Zweiten Weltkriegs und die Teilung der Stadt aber ließen den Potsdamer Platz zur trostlosen Brachfläche verkommen. Gäste aus aller Welt ließen sich hier nach dem Mauerbau vom hölzernen Aussichtsturm im Westen die Grenzanlagen und den Mauerverlauf erklären. Nur wenige Gebäude hatten Bomben und Mauerbau überstanden, darunter das 1871 gegründete **Weinhaus Huth** (1912) an der Einmündung der Potsdamer Straße zum Potsdamer Platz. Es hatte einst so prominente Gäste wie Theodor Fontane und Adolph von Menzel. Einer der Kellner hieß übrigens Alois Hitler – ein Halbbruder des Diktators. Inzwischen ist das Weinhaus in den Komplex von DaimlerChrysler-City integriert.

Das **Hotel Esplanade** (1907/08) in der Bellevuestraße galt als eines der vornehmsten Häuser der Stadt. Die luxuriöse Ausstattung der rund 600 Zimmer gefiel nicht nur adligen Gutsbesitzern: Kaiser Wilhelm II. verbrachte in dem für ihn speziell ausgestatteten *Kaisersaal* seine Herrenabende, die Schauspielerinnen Asta Nielsen und Greta Garbo nächtigten im Esplanade, später auch Charlie Chaplin. Der berühmte Regisseur *Billy Wilder* begann hier seine Karriere – als Eintänzer bei den populären Tanztees. Ein Teil des einst 1600 m² großen Komplexes überstand die Bomben des Krieges. Lange Zeit diente die Ruine als Filmkulisse, ob für ›Steiner II‹ mit Curd Jürgens oder für Wim Wenders' Film ›Himmel über Berlin‹.

## Dunkle Vergangenheit

Die **Wilhelmstraße**, an deren Westseite im 18. Jh. Adlige ihre Palais errichteten, war die Straße der Regierung in der Kaiserzeit, in der Weimarer Republik und im Dritten Reich. Reichskanzler Bismarck nahm seine Privatwohnung hier, und auch die Präsidenten der Weimarer Republik, Ebert und Hindenburg, hatten hier ihren Amtssitz.

Während der NS-Zeit wurden viele Gebäude umgestaltet. In Nr. 61a, erweitert um die Gebäude Wilhelmplatz Nr. 8 und 9, kam Goebbels' **Ministerium für Volksaufklärung und Propaganda** unter. Es ist neben einem Teil des ehem. Kulturministeriums und neben dem Justizministerium das einzige aus dieser Zeit erhaltene Gebäude an der Wilhelmstraße. Die alte Reichskanzlei an der Ecke Voßstraße/Wilhelmstraße wurde von Albert Speer bis 1939 zur 430 m langen **Neuen Reichskanzlei** umgebaut.

Dahinter erstreckte sich ein gigantisches **Bunkersystem** mit Krankenstation, Werkstätten sowie dem Führerbunker für Adolf Hitler. In den letzten Kriegstagen begingen hier Hitler und seine Frau Eva Braun sowie Goebbels und seine Familie Selbstmord. Der Bunker wurde 1950 gesprengt, das Gelände eingeebnet. Zu Beginn der 90er-Jahre des 20. Jh. fanden Mitarbeiter des Archäologischen Landesamtes den Eingang zum Bunker der Leibstandarte Hitlers. Der Bau steht heute unter Denkmalschutz, besichtigen kann man ihn jedoch nicht.

Das traditionsreiche Esplanade spielte auch bei der Neugestaltung des Potsdamer Platzes eine Rolle: Es wurde in das Sony-Center integriert und ist Teil des **Filmmuseums Berlin** (Tel. 030/300 90 30, www.filmmuseum-berlin.de, Di–So 10–18, Do 10–20 Uhr). Die Sammlung bietet eine unterhaltsame Zeitreise durch die Filmgeschichte. Im Juni 2006 wurde das Filmhaus am Potsdamer Platz mit dem ersten deutschen **Fernsehmuseum** zum ›House of Moving Images‹ erweitert.

Der **Kaisersaal** des Hotels schließlich wurde um 75 m versetzt und 2002 als deutsch-französisches Restaurant mit großem Weinkeller wieder eröffnet.

## 64 Leipziger Straße

*Erinnerungen an alte Glanzzeiten.*

S1, S2, S25 und U2 Potsdamer Platz,
U2 Mohrenstraße
Bus M41, M48, 123, 200

Die Leipziger Straße mit dem Leipziger Platz war unter Friedrich II. eine vornehme Wohngegend und um 1900 war sie die wichtigste Berliner *Einkaufsstraße*. Sie verlor ihre Bedeutung nach dem Zweiten Weltkrieg. Vom **Leipziger Platz** blieb lediglich der achteckige Grundriss im Straßenpflaster erhalten, doch inzwischen wurde auch er neu bebaut und die Platzmitte ist wieder begrünt.

An der Leipziger Straße 3 steht das ehem. *Preußische Herrenhaus* (1899–1904), heute Sitz des **Bundesrates**. Preußen hatte 1848 eine erste Verfassung erhalten, die zwei Parlamente vorsah, das Preußische Herrenhaus und den Preußischen Landtag. Ersteres war den Angehörigen der Hohenzollernfamilie und Repräsentanten des Hofes vorbehalten. Zu DDR-Zeiten war hier die *Akademie der Wissenschaften* untergebracht.

Nebenan, in Nr. 4, befand sich 1761–1873 die *Königliche Porzellan Manufaktur* (KPM). Auf der gegenüberliegenden Straßenseite stand einst das *Kaufhaus Wertheim*, das ab 1853 nach Plänen von Alfred Messel erbaut und bis 1900 immer wieder erweitert wurde. Es war das erste Warenhaus Deutschlands, in dem alle Produkte unter einem Dach angeboten wurden. Das im Zweiten Weltkrieg ausgebombte Gebäude wurde 1955 abgerissen.

## 65 Museum für Kommunikation

*Ältestes Postmuseum der Welt.*

Leipziger Straße 16
Tel. 030/20 29 40
www.museumsstiftung.de
Di–Fr 9–17, Sa/So/Fei 11–19 Uhr
U2 Mohrenstraße, U2, U6 Stadtmitte
Bus M48, 200

In einem repräsentativen Neobarockbau aus wilhelminischer Zeit an der Ecke Leipziger Straße/Mauerstraße befindet sich das bereits 1872 als Postmuseum gegründete Museum für Kommunikation. Es bietet interaktive Exponate zu allen Bereichen moderner Kommunikation, aber auch eine Sammlung historischer Telegrafenapparate, Unikate aus den Anfängen des Telefons, die erste Telefonzelle Berlins von 1929, historische Landkarten für Post und Verkehr sowie eine reiche Sammlung von Postwertzeichen. Dazu gehören Raritäten wie die Rote und Blaue Mauritius sowie der mit den Kosmonauten ins All gereiste ›Kosmos-Stempel‹.

## 66 Berliner Abgeordnetenhaus und Detlev-Rohwedder-Haus

*Zwei Gebäude mit bewegter politischer Vergangenheit.*

Niederkirchnerstraße und Wilhelmstraße
S1, S2, S25 und U2 Potsdamer Platz
Bus M41, M48, 123, 200

Der ehem. *Preußische Landtag* (1892–97, Friedrich Schulze), seit seiner Restaurierung Tagungsort des **Berliner Abgeordnetenhauses**, blickt auf eine wechselhafte Geschichte zurück: Hier tagten 1918 die Arbeiter- und Soldatenräte, 1936 ließ Göring das Gebäude zum Haus des Fliegers umgestalten, in der DDR-Ära war es Sitz des Ministerpräsidenten.

Nahebei steht das ehem. *Reichsluftfahrtministerium* (1935/36, Ernst Sagebiel), der erste Großbau des Dritten Reiches. Hier konstituierte sich am 7. Oktober 1949 die Volkskammer der DDR und besiegelte so die Gründung eines zweiten deutschen Staates. Später nutzte man das Gebäude als Haus der Ministerien. Nach der Wende zog die *Treuhandanstalt* ein, nach deren 1991 ermordetem Präsidenten taufte man es 1992 **Detlev-Rohwedder-Haus**. Seit 1999 hat hier das *Bundesfinanzministerium* seinen Sitz.

## 67 Topographie des Terrors

*Dokumentation zur Schreckensherrschaft der Nazis im Dritten Reich.*

Niederkirchnerstraße 8
Tel. 030/25 48 67 03
www.topographie.de
Mai–Sept. tgl. 10–20, Okt.–April tgl. 10–18 Uhr bzw. bis Sonnenuntergang
S1, S2, S25 Anhalter Bahnhof
Bus M29, M41, 123

Auf einer Freifläche zwischen Martin-Gropius-Bau, Niederkirchnerstraße und Wilhelmstraße erinnert die Gedenkstätte

*Lippenbekenntnis: Die East Side Gallery mit dem berühmten Bruderkuss zwischen Honecker und Breschnew*

### Spur der Steine

Ob echt oder nicht, das weiß niemand: Noch immer werden in Berlin eingerahmte oder lose Mauersteinchen verkauft, die alle ›garantiert‹ aus der **Berliner Mauer** stammen. Schon vor Jahren lag der Preis für ein echtes Mauerelement – zuvor Unglücksbringer, dann begehrtes **Souvenir** – angeblich bei 25 000 €!

Die Mauer, die auf einer Strecke von 41,5 km Westberlin umschloss, verschwand nach dem 3. Oktober 1990 in Windeseile. Größere Mauerreste, die heute unter Denkmalschutz stehen, sind an folgenden Orten zu finden: rund 70 m in der Bernauer Straße zwischen Acker- und Bergstraße (Mauergedenkstätte, U8 Bernauer Straße), 200 m in der Niederkirchnerstraße (U2 Potsdamer Platz) und 200 m an der Scharnhorststraße auf dem Invalidenfriedhof (U6 Zinnowitzer Straße). Die **East Side Gallery**, auch Mauergalerie genannt, steht nicht weit vom Ostbahnhof direkt an der Spree (Mühlenstraße; S3, S5, S7, S75, S9 und U1 Warschauer Straße). Dieser Teil misst 1,3 km und wurde nach der Wende von Künstlern aus Ost und West gestaltet. Das meistfotografierte Motiv ist hier zweifellos der ›Bruderkuss zwischen Honecker und Breschnew‹. Ein ironischer Hinweis auf die Geschichte der Mauer, die hier dekorativ-bunt, doch leider bröckelnd die Schnellstraße säumt.

## Topographie des Terrors

*Hier reden sie sich die Köpfe heiß – der Tagungsort des Berliner Abgeordnetenhauses in der Niederkirchnerstraße war früher Sitz des Preußischen Landtags*

Topographie des Terrors an die Gräueltaten der Nazis. Zu Königs- und Kaiserzeiten standen auf dem Gelände das Prinz-Albrecht-Palais, das Hotel Prinz Albrecht und eine Kunstgewerbeschule. Unter den Nazis war hier die *Kommandozentrale des Todes*. Hier planten Hitlers Schergen die Konzentrationslager, koordinierten sie Einsätze von SS und Polizei, verhörten und folterten Gegner des Regimes. Im damaligen Hotel war Heinrich Himmlers **Reichssicherheitshauptamt** untergebracht, im Prinz-Albrecht-Palais der **Sicherheitsdienst der SS** mit Reinhard Heydrich, in der Schule die **Gestapo**, die Geheime Staatspolizei. Die im Krieg beschädigten Gebäude wurden Mitte der 1950er-Jahre abgerissen. 1987 gestaltete man das Gelände zur Open-Air-Ausstellung um. Das seit 1992 geplante neue **Dokumentationszentrums**, dessen Freifläche Reste der historischen Bebauung und Stücke der Berliner Mauer miteinbeziehen sollte, verzögerte sich wegen finanzieller und bautechnischer Probleme. 2005 wurde der Wettbewerb für das Projekt erneut ausgeschrieben. Ab 2007 sollen nun die prämierten Entwürfe von Architektin Ursula Wilms und Landschaftsarchitekt Heinz W. Hallmann realisiert werden.

*Unvergessen: In der Dauerausstellung ›Topographie des Terrors‹ auf dem Prinz-Albrecht-Gelände soll an die Gräueltaten der Nazis erinnert werden*

*Bedingungslos: Wo 1945 die Kapitulation der Deutschen Wehrmacht unterzeichnet wurde, ist heute eine Gedenkstätte*

## In bleibender Erinnerung

**Berlin-Reinickendorf**: In einem Ziegelschuppen der Strafanstalt Plötzensee fanden 1933–45 Hunderte von politischen Gefangenen und Widerstandskämpfern aller Nationen den Tod. Sie wurden von den Nationalsozialisten hingerichtet. Seit 1952 erinnert die **Gedenkstätte Plötzensee** (Hüttigpfad, tgl. 9–17 Uhr) an die Ermordeten.

**Berlin-Karlshorst**: Eine Kaserne, in der Ende des Zweiten Weltkriegs das sowjetische Hauptquartier untergebracht war. Hier wurde am 8. Mai 1945 die bedingungslose Kapitulation der Deutschen Wehrmacht unterzeichnet. Im **Deutsch-Russischen Museum Berlin-Karlshorst** (Di–So 10–18 Uhr) sind mehr als 15 000 Dokumente zum Zweiten Weltkrieg ausgestellt. Dazu kommen Exponate über die Rote Armee, den Soldatenalltag und die Kriegsgefangenschaft.

**Berlin-Treptow**: Wer zum Treptower Park kommt, kann es nicht übersehen – das monumentale **Sowjetische Ehrenmal**. 1947–49 wurde es als zentrale Gedenkstätte für die Soldaten der Roten Armee errichtet, die 1945 bei den Kämpfen um Berlin starben. Im Mittelpunkt der Anlage erhebt sich auf einem Hügel eine 11,60 m hohe **Soldatenfigur**. Auf dem linken Arm trägt der Soldat ein Kind, in der rechten Hand hält er ein gesenktes Schwert, welches das Hakenkreuz zerschlagen hat.

**Berlin-Tempelhof**: Der Krieg war vorbei, aber die sowjetischen Truppen blockierten Berlin vom Juni 1948 bis zum Mai 1949. Tempelhof wurde durch die von *General Lucius D. Clay* (1897–1978) initiierte **Luftbrücke** der Alliierten zum Dreh- und Angelpunkt der Metropole. Auf dem Platz vor dem Flughafen symbolisiert das Luftbrückendenkmal (1951), im Volksmund auch *Hungerharke* genannt, mit seinen drei nach Westen aufstrebenden Bögen die drei Luftkorridore nach West-Berlin.

**Berlin-Schöneberg**: Am 26. Juli 1963 sprach US-Präsident *John F. Kennedy* (1917–63) vom Balkon des **Rathaus Schöneberg** (John-F.-Kennedy-Platz) den denkwürdigen Satz: »Ich bin ein Berliner!« Daran erinnert eine Tafel links neben dem Haupteingang. Im Innern ehrt die Ausstellung ›**Um die Freiheit kämpfen**‹ (tgl. 10–18 Uhr) *Willy Brandt* (1913–92), den langjährigen Regierenden Bürgermeister von Berlin, den späteren Bundeskanzler und Friedensnobelpreisträger. Ein weiteres wichtiges Symbol für die Geschichte Berlins, die **Freiheitsglocke** (tgl. 12 Uhr) im 70 m hohen Turm des Rathauses, erinnert an die alte Sehnsucht der Berliner nach einer vereinten Stadt.

*Aus dem klassischen Formenkanon der Architekturgeschichte schöpft die reich verzierte Fassade des Martin-Gropius-Baus*

## 68 Martin-Gropius-Bau

*Eleganter Rahmen für große internationale Wechselausstellungen.*

Stresemannstraße 110
Tel. 030/25 48 60
Mi–Mo 10–20 Uhr (nur im Rahmen von Wechselausstellungen geöffnet)
S1, S2, S25 Anhalter Bahnhof
Bus M29, M41, 123

Erbaut wurde das wohlproportionierte Gebäude im Renaissancestil 1877–81 von den Architekten Heino Schmieden und Martin Gropius, einem Verwandten des berühmten Architekten Walter Gropius. Der Bau steht in der Nachfolge von Schinkels (zerstörter) Bauakademie. Bis 1920 beherbergte er das *Königliche Kunstgewerbemuseum*, das mit der Dokumentation historischer Produkte aus aller Welt ein Ansporn sein sollte für das preußische Handwerk.

Im Krieg zerstört, wurde das Gebäude 1979–81 wieder aufgebaut. Besonders sehenswert ist der Lichthof, um den sich zwei Stockwerke galerieartig emporranken. Seit Ende der 80er-, Anfang der 90er-Jahre des 20. Jh. wird das beeindruckende Gebäude für große internationale **Wechselausstellungen** genutzt.

Das **Werkbundarchiv – Museum der Dinge** (www.werkbundarchiv-berlin.de, Tel. 030/25 48 69 00), das Alltagskultur des 20. Jh. sammelt, kehrte 1999 wieder in den 2. Stock des Gropius-Bau zurück, jedoch ohne eigene Ausstellungsräume. Archiv und Bibliothek sind auf Voranmeldung zugänglich. Archiv und Museum ziehen 2006 bzw. 2007 nach Kreuzberg, in die Oranienstraße 25.

Die einst im Gropius-Bau ansässige *Berlinische Galerie* fand nahe dem Jüdischen Museum ein neues Heim [s. S. 108].

## 69 Ehem. Anhalter Bahnhof

*Nur noch eine Ruine erinnert an Berlins berühmtesten Bahnhof, der einst eine prächtige Kulisse abgab.*

Askanischer Platz
S1, S2, S22 Anhalter Bahnhof
Bus M29, M41, 123

Bereits am 1. Juli 1841 fuhr vom Anhalter Bahnhof ein Zug in Richtung Jüterborg ab, gezogen von der ersten Lokomotive aus August Borsigs Maschinenfabrik. Das Bahnhofsgebäude selbst wurde aber erst 1880 eingeweiht. Es wurde von Heinrich Seidel als arkadengeschmücktes Gebäude im Renaissancestil mit einer 62,5 m breiten Dachkonstruktion aus Glas und Stahl erbaut. Entworfen hatte es Franz Schwechten, einer der bedeutendsten Architekten der wilhelminischen Ära. Der Anhalter Bahnhof entwickelte sich bald zu Berlins **Fernbahnhof Nr. 1**: ein Kopfbahnhof für die Züge Richtung Süden – nach Dresden, München, Rom und Athen. Mitte der 30er-Jahre des 20. Jh. fuhren hier alle paar Minuten Züge ein und aus.

Der Anhalter Bahnhof war auch ein Ort der *Geschichte*: 1889 empfing hier Kaiser Wilhelm II. mit großem Pomp den italienischen König Umberto. Das Treffen fand im eigens eingerichteten **Kaiserzimmer** des Bahnhofs statt. Im Jahr 1919 begrüßten hier dann Tausende Karl Liebknecht, der aus dem Zuchthaus Luckau zurückkehrte. Und hier bejubelten 1938 noch mehr Menschen den aus dem gerade annektierten Österreich heimkehrenden Adolf Hitler. Am 30. April 1945 schließlich rückten am Anhalter Bahnhof die Truppen der Roten Armee an. Die SS sprengte daraufhin die Schottenkammern des nahen Landwehrkanals und das Wasser ergoss sich in die Tunnel des S-Bahnhofs, in dem viele Menschen Schutz vor den Bomben gesucht hatten. Das Bahnhofsgebäude wurde im Krieg zwar stark beschädigt, doch es erfüllte noch bis 1952 seine Funktion, 1961 wurde es dann gesprengt, stehen blieb lediglich ein Teil der Fassade mit dem *Haupteingang*.

Für starke Nerven: Alle Freunde von Horrorszenerien lädt im alten Luftschutzbunker unter dem Anhalter Bahnhof das **Berliner Gruselkabinett** (Schöneberger Str. 23 a, Tel. 030/26 55 55 46, www.gruselkabinett.de, Mo 10–15, So/Di/Do 10–19, Fr 10–20, Sa 12–20 Uhr) zu einem Besuch ein.

Auf dem Bahnhofsgelände befindet sich heute außerdem das Musik- und Kulturzentrum **Tempodrom** (Möckernstr. 10, Tel. 030/69 53 38 85, www.tempodrom.de), das ursprünglich nahe dem Haus der Kulturen beheimatet war.

*Vom Verkehr verschont: Lediglich eine Ruine erinnert an den ehem. Anhalter Bahnhof am Askanischen Platz*

# Tiergarten, Regierungsviertel und Kulturforum – Natur, Kultur und Politik in schöner Eintracht

Der **Reichstag** und das neue **Regierungsviertel**, das Schloss Bellevue und die Siegessäule – der Rundgang führt nicht nur an zahlreichen bedeutenden Sehenswürdigkeiten vorbei, sondern auch durch einen der beliebtesten Erholungsparks Berlins, den **Tiergarten**. Das Tiergartenviertel südlich des Parks war im 19. Jh. zunächst Ausflugsziel, avancierte dann zur vornehmsten Wohngegend in Berlin und war bis zum Ende des Zweiten Weltkriegs **Diplomatenviertel**. Die Botschafter sind inzwischen wieder zurückgekehrt, und das Viertel ist mit seinen Museumsbauten auf dem **Kulturforum** sowie den Konzerthallen zugleich eines der wichtigsten Kulturzentren der Stadt.

## 70 Reichstag

*Eines der symbolträchtigsten Gebäude deutscher Geschichte und Sitz des Bundestages.*
Platz der Republik 1
030/22 73 21 52
www.deutscher-reichstag.de
tgl. 8.–24., letzter Einlass: 22 Uhr
(Führungen nach tel. Voranmeldung)
S1, S2, S25 Unter den Linden
Bus 100

Mit der Proklamation des Kaiserreichs am 18. Januar 1871 wurde Berlin zur Hauptstadt des Deutschen Reiches. Das Parlament, also der Reichstag, der provisorisch in der Leipziger Straße 74 untergebracht war, brauchte ein größeres, repräsentatives Gebäude. So wurde nach Plänen von *Paul Wallot* 1884–94 nördlich des Brandenburger Tors ein 137 m langer und 97 m breiter Prachtbau errichtet.

Schon vor der Einweihung am 5. Dezember 1894 sorgte das Gebäude für Aufsehen. Kaiser Wilhelm II., der dieses bedeutende Symbol der parlamentarischen Demokratie übrigens ›Reichsaffenhaus‹ nannte, setzte durch, dass die *Kuppel* des Reichstagsgebäudes niedriger blieb als die des Berliner Stadtschlosses. Die schon bei der Bauplanung vorgesehene *Inschrift* ›Dem deutschen Volke‹ war dem Kaiser ohnehin zu demokratisch. Sie wurde erst 1916 angebracht.

Von einem Fenster des Reichstags rief der Sozialdemokrat Philipp Scheidemann am 9. November 1918 die *Weimarer Republik* aus. 15 Jahre später, im Februar 1933, brannte das Bauwerk. Nach diesem – vermeintlich von den Kommunisten verübten – Anschlag setzte Hitler sein *Ermächtigungsgesetz* durch und machte damit den Weg zur Alleinherrschaft der Nazis frei. Für die Sowjets war der Reichstag das Symbol Deutschlands und deshalb hissten sie am 30. April 1945 hier die Fahne der UdSSR, um die Niederlage Hitler-Deutschlands zu demonstrieren.

In den Jahren 1957–72 wurde der durch Bomben beschädigte Reichstag wieder hergestellt: einen Plenarsaal für Arbeitstagungen der Fraktionen und Ausschüsse des Deutschen Bundestags, 30 Sitzungssäle und rund 200 Büroräume brachte man hier unter. Das Gebäude gab häufig eine imposante Kulisse für Großveranstaltungen oder Konzerte ab, und hier fand auch die Feier zur **Wiedervereinigung** am 3. Oktober 1990 statt.

Kein Ereignis aber brachte die geschichtliche Bedeutung des Reichstags so sehr ins Bewusstsein der Menschen wie die spektakuläre **Verhüllungsaktion** Christos und Jeanne-Claudes im Sommer 1995. Nachdem seine Stoffbahnen gefallen waren, bekam der Reichstag eine neue Verkleidung – ein Baugerüst: Nach Plänen des britischen Architekten *Sir Nor-*

## 71 Regierungsviertel

*Spitzenreiter auf der Liste Berliner Sehenswürdigkeiten ist der von Norman Foster komplett modernisierte Reichstag. Er wird bekrönt von einem architektonischen ›Wunderwerk‹ – der verglasten, begehbaren Kuppel*

man Foster wurde das Gebäude 1996–99 zum Sitz des **Deutschen Bundestages** ausgebaut und erhielt nun eine **Glaskuppel**, die auch während der Bundestagssitzungen besichtigt werden kann. Der *Umzug* der Bundesregierung von Bonn nach Berlin fand im Herbst 1999 statt. Seitdem besuchen jährlich Hunderttausende das Gebäude. Sie steigen über die spiralförmige Rampe zur Aussichtsplattform der Kuppel in 50 m Höhe hinauf und blicken in den Plenarsaal des Bundestages hinab. Hochgenüsse verspricht das *Dachgartenrestaurant* [s. S. 167] mit einmaligem Blick über Berlin und hervoragendem Essen.

## 71 Regierungsviertel

*Die neuen Regierungsgebäude setzen als ›Band des Bundes‹ monumentale Architekturakzente am Spreebogen.*

Spreebogen, Dorotheenstraße, Konrad-Adenauer-Straße, Schiffbauerdamm, Willy-Brandt-Straße S1, S2, S25, S5, S7, S75, S9 und U6 Friedrichstraße, S1, S2, S25 Unter den Linden, Bus 100, 147

Am Spreebogen, in unmittelbarer Nachbarschaft des Reichstags und mit ihm durch ein Tunnelsystem verbunden, stehen heute die wichtigsten Regierungsgebäude. Für die umfangreichste Anlage, das südöstlich beiderseits der Dorotheenstraße gelegene **Jakob-Kaiser-Haus** (1997 –2000, fünf Architektenteams), konnte historische Bausubstanz genutzt werden. Reichspräsidentenpalais, Kammer der Technik und das alte Bankgebäude der Dorotheenstadt wurden in das aus insgesamt acht Bauten bestehende Ensemble integriert, das Sitzungssäle und Büros für Abgeordnete, Fraktionen und Vizepräsidenten beherbergt.

Hier wie auch bei den gigantischen hypermodernen Baukomplexen, die nördlich des Reichstags wie Riegel die Arme des Spreebogens überspannen, haben die Planer mittels Glasfassaden, -galerien und -hallen das demokratische Prinzip von Transparenz und Öffentlichkeit in der Architektur thematisiert. So im **Paul-Löbe-Haus** (1997–2001, Stephan Braunfels) am inneren Spreebogen, das wegen seiner doppelten Kammstruktur mit acht Rotunden in den Außenhöfen von den Berlinern ›Achtzylinder‹ genannt wird. Hier befinden sich Abgeordnetenbüros, 21 Sitzungssäle für die Ausschüsse und in der exponierten Ostrotunde liegt der große *Europasaal*. Das Löbe-Haus ist durch eine doppelstöckige Brücke über die Spree mit dem **Marie-Elisabeth-Lüders-Haus** (1998–2002, Braunfels) verbunden, das auch in seiner Baustruktur die Fortsetzung des Riegels in östlicher Richtung

## 71 Regierungsviertel

*Ganz in Weiß – auf dem Ehrenhof vor dem Leitungsgebäude des Bundeskanzleramtes fand im Mai 2001 die feierliche Eröffnung des neuen Amtssitzes durch Gerhard Schröder statt*

bildet. Es beherbergt die wissenschaftlichen Dienste und in der solitären Westrotunde die *Parlamentsbibliothek* des Deutschen Bundestages (nach Washington und Tokio die drittgrößte ihrer Art weltweit). Einen weiteren architektonischen Akzent setzt der benachbarte würfelförmige *Anhörungssaal*. Der Spreeplatz im Zentrum der Anlage und eine Terrasse mit Freitreppe und Blick auf den Reichstag bilden ihren öffentlichen Raum.

Ebenfalls mit Sicht auf den Reichstag und auf einer Achse mit den neuen Parlamentsgebäuden lagert am westlichen Arm des Spreebogens das **Bundeskanzleramt** (1997–2001, Axel Schultes und Charlotte Franke). Das zentrale 36 m hohe *Leitungsgebäude* mit Kanzlerbüros,

*Offenheit und Transparenz – eine kühn geschwungene Brücke verbindet das Paul-Löbe-Haus (links) mit dem Marie-Elisabeth-Lüders-Haus (rechts) auf beiden Seiten der Spree*

Kabinett- und Konferenzsälen wird von zwei 18 m hohen und bis zu 335 m langen Büroflügeln begleitet. Das Foyer des Hauptgebäudes öffnet sich auf den für Staatsempfänge genutzten Ehrenhof, an der Rückseite liegen der *Kanzlergarten* und der über die Spreebrücke erreichbare Kanzlerpark am Moabiter Werder. Die vielfach als pompös und klotzig kritisierte Architektur haben die Berliner assoziationsreich ›Waschmaschine‹ getauft.

## 72 Haus der Kulturen der Welt

*Eine Halle namens*
*›Schwangere Auster‹.*

John-Foster-Dulles-Allee
Tel. 030/39 78 71 75
www.hkw.de
Di–So 10–21 Uhr
Bus 100

Das Haus der Kulturen der Welt am nordöstlichen Rand des Tiergartens war als *Kongresshalle* der amerikanische Beitrag zur Internationalen Bauausstellung 1957. Der Entwurf stammt von Hugh Stubbins, einst Assistent von Walter Gropius, unter Mitwirkung von Werner Düttmann und Franz Mocken. Wegen ihrer Lage am Wasserbecken und der geschwungenen Dachform gab man der Halle den Namen ›Schwangere Auster‹. Rost an den 1000 Stahlstreben führten 1980 zum Einsturz des frei hängenden Teils des Daches. Zum Stadtjubiläum 1987 konnte die Halle jedoch wieder eröffnet werden. Heute finden hier **Wechselausstellungen** und internationale **Musikabende** statt. Links vor der Halle steht im großen Wasserbecken die *Bronzeplastik* ›Zwei Formen‹ (1956) des Bildhauers Henry Moore.

Die Umgebung der ehem. Kongresshalle hat ihre eigene Geschichte: Auf diesem Areal stellten bereits im 18. Jh. zwei Hugenotten Zelte auf, in denen sie Erfrischungen verkauften. 1844 wurde an dieser Stelle dann das *Krollsche Etablissement* errichtet, eine Vergnügungsstätte für fast 5000 Gäste, benannt nach dem Erbauer Joseph Kroll. Später wurde das Gebäude vom Neuen Königlichen Opernhaus übernommen – als legendäre **Kroll-Oper** war es während der Weimarer Republik ein gesellschaftlicher Mittelpunkt. Nach dem Reichstagsbrand 1933 zogen die Abgeordneten in die Oper ein. Hier verkündete Hitler den *Einmarsch* nach Polen. Im Zweiten Weltkrieges wurde der Bau zerstört, die Ruine 1956 abgerissen.

Das Berliner **Carillon** ist seit 1987 direkter Nachbar der Kulturhalle: ein Turm mit schwarzer Granitverkleidung, dessen *Glockenspiel* aus 42 m Höhe täglich um 12 und 18 Uhr erklingt. Mit ihren insgesamt 47,7 t Gewicht bilden die 68 Glocken in einem Tonumfang von 5½ Oktaven, die man per Hand oder computergesteuert bedient, das größte und schwerste Instrument dieser Art in Europa.

›Schwangere Auster‹ heißt das Haus der Kulturen der Welt im Berliner Volksmund schon seit langem. Das Wasserbecken ziert eine Bronzeplastik von Henry Moore aus dem Jahr 1956

*Der kleine Bruder des Alten Fritz lebte in diesem hübschen Heim, heute hat der Bundespräsident hier seine Amtsräume – Schloss Bellevue, eine Anlage mit schönem Park am Spreeweg*

## 73 Tiergarten

 *Berlins beliebtester Park und mit 200 ha das größte Erholungsgebiet in der Stadt.*

Straße des 17. Juni
S5, S7, S75, S9 Tiergarten und Bellevue, U9 Hansaplatz, Bus 106, 265

Idyllische Wasserläufe, Teiche und Wiesen, der weit verzweigte *Neue See* mit einem Café und Bootsverleih sowie viele Spazierwege an Denkmälern bedeutender deutscher Dichter und Komponisten vorbei – so präsentiert sich der Tiergarten heute wieder. Nach dem Krieg hatten die Berliner den Park abgeholzt und dort Kartoffeln und Rüben angepflanzt. Doch bereits 1949, mit der Anpflanzung einer Linde, gab der Regierende Bürgermeister Ernst Reuter das Zeichen zur *Wiederaufforstung* des Areals.

Die Geschichte des Tiergartens beginnt bereits 1527, als Kurprinz Joachim der Jüngere hier einen **Thier- und Lustgarten** anlegen ließ, der dem Hof als Jagdgebiet diente. Friedrich der Große ließ die grüne Oase zu einem öffentlich zugänglichen barocken Garten umgestalten. Eine weitere Veränderung erfuhr er schließlich im 19. Jh. durch Peter Joseph Lenné, der ihn zu einem englischen Landschaftspark machte.

Die **Straße des 17. Juni**, die den Tiergarten durchquert, wurde bereits 1695 unter Kurfürst Friedrich III. als Verbindungsweg vom Stadtschloss zum Schloss Charlottenburg angelegt. 1938 ließ sie General-

*Architektur ist Triumph: Blick auf das Moabiter Ufer mit dem Sorat Hotel Spree-Bogen (links) und dem Bundesinnenministerium*

bauinspektor Albert Speer zu einer 40 m breiten Aufmarschschroute ausbauen. Die Straße, die 1953 in Erinnerung an den Volksaufstand in der DDR ihren heutigen Namen erhielt, zeugt in ihren Dimensionen immer noch von Hitlers Stadtbauprojekt ›Germania‹. Dort, wo der Boulevard auf das Brandenburger Tor trifft, steht seit 1946 das aus dem Marmor von Hitlers Neuer Reichskanzlei erbaute **Sowjetische Ehrenmal**, eine 6 m hohe Figur eines Rotarmisten mit geschultertem Gewehr.

## 74 Schloss Bellevue

*Erste frühklassizistische Schlossanlage aus der Zeit Friedrichs des Großen.*

Spreeweg 1
S5, S7, S75, S9 Tiergarten und Bellevue, U9 Hansaplatz, Bus 106, 265

Schloss Bellevue, der Amtssitz des **Bundespräsidenten**, kann auf eine lange Geschichte zurückblicken. 1710 wuchsen hier noch Maulbeerbäume für die königliche Seidenraupenzucht. Ein paar Jahrzehnte später errichtete Knobelsdorff auf dem Grundstück sein Wohnhaus. 1785 baute Philip Daniel Boumann für August Ferdinand von Preußen, den jüngsten Bruder Friedrichs des Großen, einen Landsitz im Stil des französischen Barock mit Gartenanlage. Schloss und Park blieben bis 1918 im Besitz der Hohenzollern. Nach der Zerstörung im Zweiten Weltkrieg rekonstruierte man Bellevue als Berliner Amtssitz des Bundespräsidenten. Im Original erhalten blieb der 1791 von Carl Gotthard Langhans ausgestaltete ovale *Festsaal*.

Der **Schlosspark** mit seinen 20 ha war einst eine der schönsten Anlagen der Stadt. Im westlichen Teil wurde 1952 der Englische Garten aufgeforstet, hier steht jetzt der elliptische Verwaltungsbau des **Bundespräsidialamtes** (1996–98, Gruber und Kleine-Kraneburg).

## 75 Hansa-Viertel

*Das Viertel am Nordrand des Tiergartens, eine betagte ›Stadt der Zukunft‹.*

Im Dreieck Straße des 17. Juni, Altonaer Straße und Bachstraße
U9 Hansaplatz, Bus 343

Die Siedlungsstruktur im Hansa-Viertel ist gekennzeichnet durch frei stehende, von der Straße zurückversetzte und von Grün umgebene Wohnhäuser – eine lockere Mischung aus Flachbauten, vier-

## 75 Hansa-Viertel

bis sechsstöckigen Wohngebäuden und Hochhäusern, die soziale und kulturelle Einrichtungen einschließen. Nicht weniger als 48 Architekten aus 13 Ländern – unter ihnen Alvar Aalto, Walter Gropius, Bruno Taut und Pierre Vago – waren an der Errichtung der Siedlung beteiligt, die als Zentrum der *Internationalen Bauausstellung* 1957 fungierte.

In der Altonaer Straße 22 ist das **Grips-Theater** (Tel. 030/39 74 74 77, www.grips-theater.de) ansässig, das unter Leitung von Volker Ludwig zum bekanntesten deutschen Kinder- und Jugendtheater avancierte. Eine Dependance des Grips ist die Schiller-Theater-Werkstatt in der Bismarckstr. 110 (U2 Ernst-Reuter-Platz).

Das Gebäude der **Akademie der Künste** (Hanseatenweg 10, www.adk.de) wurde 1960 nach Plänen von Werner Düttmann errichtet. Die Lehrstätte blickt jedoch auf eine lange Geschichte zurück: 1696 gründete Kurfürst Friedrich III. die Stiftung der Akademie der Künste – nach Paris und Rom die dritte europäische Kunstakademie. Sie residierte erst im Marstall an den Linden, dann am Pariser Platz und erlangte als Preußische Akademie Weltruhm. 1933 mussten zahlreiche Künstler die Hochschule verlassen, unter ihnen auch Max Liebermann. In Ostberlin kam es 1950 zur Gründung einer eigenständigen *Deutschen Akademie der Künste*. 1993 wurden beide Schulen zusammengeschlossen. Der *Neubau* der Akademie am Pariser Platz wurde im Herbst 2005 eröffnet [s. S. 20]. In den hiesigen Akademie-Räumen finden weiterhin *Ausstellungen* und andere kulturelle Veranstaltungen statt. Vor dem Gebäude stehen moderne *Skulpturen*, u. a. Henry Moores Bronzefigur ›Die Liegende‹ (1956).

## 76 Siegessäule

*Symbol des siegreichen Preußen nach den Feldzügen gegen Dänemark (1864), Österreich (1866) und Frankreich (1870/71).*

Großer Stern
Bus 100, 106, 187

›Gold-Else‹ nennen die Berliner ihre **Viktoria** wenig respektvoll. Sie bekrönt die Siegessäule im Zentrum des Platzes Gro-

◁ *Strahlende Erscheinung – die goldene Viktoria schaut von der Siegessäule am Großen Stern sicher mit Stolz auf ihre neue Stadt*

*Nordische Leichtigkeit – der Botschaftskomplex der Vertretungen von Norwegen, Finnland, Dänemark und Schweden fasziniert mit luftigen Holzfassaden*

ßer Stern. Die Siegesgöttin mit Lorbeerkranz und Speer ist keineswegs eine zierliche Dame: sie ist 35 t schwer und 8 m hoch. Will man der eleganten Göttin auf der **Aussichtsplattform** in luftiger Höhe von 48 m Gesellschaft leisten, muss man eine Wendeltreppe mit 285 Stufen im Innern der Säule erklimmen.

1864 beauftragte Kaiser Wilhelm I. den Baumeister Johann Heinrich Strack mit der Planung des Monuments, das mit Beutestücken aus siegreichen Feldzügen geschmückt werden sollte. Strack versah den Säulenschaft daher mit eroberten *Geschützrohren*, die er vergolden ließ.

Am quadratischen Sockel aus rotem Granit zeigen *Bronzereliefs* Szenen aus den Befreiungskriegen. Ein *Glasmosaik* von Anton von Werner ziert die Innenwand des Säulengangs: Es stellt die Geschichte der deutschen Einheit nach dem Sieg über Frankreich (1870/71) dar.

Am **Großen Stern**, von dem fünf belebte Durchfahrtsstraßen und einige Gehwege ausstrahlen, stehen die **Statuen** von Otto von Bismarck, Generalfeldmarschall Helmuth Graf von Moltke und Kriegsminister Albrecht von Roon. Bismarck und Moltke standen wie die Siegessäule bis 1938 vor dem Reichstag, dann wurden sie von den Nazis hierher versetzt.

## 77 Botschaftsviertel

*Die Rückkehr der Diplomaten und neue Schaustücke der Architektur.*

Stauffenbergstraße, Tiergartenstraße, Rauchstraße, Klinghöferstraße
S1, S2, S25 und U2 Potsdamer Platz
Bus M41, M48, 106, 123, 200

Nach dem Zweiten Weltkrieg war das Diplomatenviertel südlich des Tiergartens weitgehend dem Verfall preisgegeben. In den vergangenen Jahren kehrte wieder Leben ein in die alten Residenzen, es entstanden aber auch einige spektakuläre Neubauten, die einen kleinen Architekturparcours des 21. Jh. bilden.

So schuf Hans Hollein die neue **Österreichische Botschaft** (Stauffenbergstr. 1) mit ihrer schwungvollen Schaufassade. Dem Bauhaus scheint der strenge kubische Neubau der **Indischen Botschaft** (Tiergartenstr. 16/17) verpflichtet. Älteren Datums ist die **Japanische Botschaft**

### 77 Botschaftsviertel

*Plastik im Hof des ehem. Bendlerblocks: Die Gedenkstätte erinnert an den Widerstand gegen die Nationalsozialisten*

(Tiergartenstr. 24/25), 1938–42 nach Entwürfen von Ludwig Moshammer errichtet und 1987 originalgetreu wieder aufgebaut. Bis zum neuerlichen Einzug der Staatsvertreter befand sich hier ein japanisch-deutsches Zentrum. Nebenan (Nr. 21–23) steht die 1938–42 nach Plänen von Friedrich Hetzel im neoklassizistischen Stil errichtete **Italienische Botschaft**, deren Restaurierung 2002 abgeschlossen wurde. Ein hypermodernes Diplomatencenter haben die **Nordischen Staaten** an der Rauchstraße 1 konstruiert, den norwegischen Bereich etwa schmückt ein luftiger Baukörper aus Espenholz. Gegenüber zieht die **Mexikanische Botschaft** (Klinghöferstr. 3–11) mit ihrer an Corbusier orientierten Lamellenfassade die Blicke auf sich.

Die Szenerie wird zusätzlich belebt durch die originellen Neubauten für die Vertretungen der *deutschen Bundesländer*. Sehenswert ist z. B. der Bau von **Nordrhein-Westfalen** (Hiroshimastr. 12–16, Petzinka und Pink) mit einer parabelförmigen Rautenfassade aus Holz. Weitere Bundesländer-Niederlassungen sind in den Ministergärten nördlich des Leipziger Platzes entstanden.

### 78 Bauhaus-Archiv

*Spätwerk des Bauhaus-Mitbegründers Walter Gropius. Überblick über eine der bedeutendsten Kunstschulen des 20. Jh.*

Klingelhöferstraße 14
Tel. 030/25 40 02 78
www.bauhaus.de
Mi–Mo 10–17 Uhr
U1, U4 Nollendorfplatz
Bus M29, 100, 106, 187 Lützowplatz

Erst zehn Jahre nach seinem Tod ging der Wunsch des Bauhaus-Gründers *Walter Gropius* in Erfüllung: Im Jahr 1979 wurde sein schon 1964 entworfenes Projekt für ein Museumsgebäude, das als Bauhaus-Archiv dienen sollte, in seiner Heimatstadt Berlin realisiert. Das Hauptmerkmal des Gebäudes ist die klar gegliederte, weiße *Betonfassade* mit den nach Norden ausgerichteten Oberlichten.

Das Archiv mit dem Beinamen *Museum für Gestaltung* enthält eine Sammlung von Architekturmodellen, Entwürfen, Gemälden und Zeichnungen sowie Möbel der Bauhaus-Künstler Ludwig Mies van der Rohe, Oskar Schlemmer, Marcel Breuer, Laszlo Moholy-Nagy u. a. Dazu kommen kunsthandwerkliche und industrielle Erzeugnisse, die den Einfluss der Bauhaus-Bewegung auf das moderne Design dokumentieren.

### 79 Gedenkstätte Deutscher Widerstand

*Dokumentation über die Geschichte des deutschen Widerstandes an historischem Ort.*

Stauffenbergstraße 13–14 (Eingang über den Ehrenhof)
Tel. 030/26 99 50 00
www.gdw-berlin.de
Mo–Mi/Fr 9–18, Do 9–20,
Sa/So/Fei 10–18 Uhr
S1, S2, S25 und U2 Potsdamer Platz
Bus M29, M41, M48, 123, 200

Im Hof des einstigen *Reichsmarineamts* (1911–14) erinnert ein Ehrenmal an die Opfer des 20. Juli 1944. Dort, wo die Gedenktafel hängt, wurden die Wehrmachtsoffiziere von Stauffenberg, von Quirnheim, von Haeften und Olbricht nach ihrem gescheiterten Attentat auf Hitler standrechtlich erschossen. Das **Bendlerblock** genannte Gebäude war 1935–45 Sitz des Oberkommandos der Wehrmacht. Im 2.

**Oben:** *Gigantisch: Eine der größten grafischen Sammlungen der Welt kann man im Kupferstichkabinett auf dem Kulturforum besichtigen*
**Unten:** *Auch für sie wurde ein Spitzname gefunden: Die St.-Matthäus-Kirche heißt wegen der Kneipen in der Nähe auch ›Polka-Kirche‹*

Stock befindet sich eine Ausstellung zum Thema ›Widerstand gegen den Nationalsozialismus‹.

## 80 St.-Matthäus-Kirche

*Gotteshaus in byzantinischem Stil – und rundherum viel Kunst.*

Matthäikirchplatz 4
Tel. 030/262 12 02
www.stiftung-stmatthaeus.de
S1, S2, S25 und U2 Potsdamer Platz
Bus M29, M41, M48, 123, 200

Die Matthäuskirche war Mitte des 19. Jh. Zentrum eines der vornehmsten Viertel der Metropole: Erst bauten hier reiche Berliner ihre Sommerhäuser, später entstanden Vorstadtvillen, um 1900 Botschaften und feudale Wohnsitze. Ein Beispiel für diese alte Bebauung ist die **Villa Parey** in der Sigismundstraße 4a. Sie gehörte dem Verleger Paul Parey und wurde Ende des 19. Jh. errichtet. Mittlerweile ist sie in den Neubau der Gemäldegalerie integriert.

Die St.-Matthäus-Kirche wurde 1846 nach Plänen von Friedrich August Stüler als dreischiffige Hallenkirche im byzantinischen Stil gebaut. 1960 waren größere Restaurierungsmaßnahmen abgeschlossen – der *Innenraum* zeigt sich heute in modernem Stil. In Anspielung auf die benachbarten Ausflugslokale trug der Bau einst den Spitznamen ›Polka-Kirche‹.

Beim Gotteshaus entstand das **Kulturforum** (www.kulturforum-berlin.com). Es geht zurück auf das städtebauliche Konzept des Architekten *Hans Scharoun*

## St.-Matthäus-Kirche

*Die Philharmonie mit ihrer spektakulären Dachsilhouette. Im Vordergrund eine Plastik von Henry Moore*

(1893–1972). Dieser errichtete auf dem Gelände zwischen Landwehrkanal und Tiergarten, das durch den Zweiten Weltkrieg total verwüstet worden war, als erstes 1960–63 die Philharmonie. Museumsbauten und weitere Konzertgebäude folgten. Das Kulturzentrum am Südrand des Tiergartens mit Neuer Nationalgalerie, Kunstgewerbemuseum, Kupferstichkabinett, Kunstbibliothek und Gemäldegalerie gilt als Pendant zur Museumsinsel.

### Gemäldegalerie

 *Hier haben die Alten Meister aus Ost und West nach über 50 Jahren der Trennung wieder eine gemeinsame Bleibe gefunden.*

Stauffenbergstraße 40
Eingang: Matthäikirchplatz 4-6
Tel. 030/266 29 51
www.smb.museum
Di–So 10–18, Do 10–22 Uhr
S1, S2, S25 und U2 Potsdamer Platz
Bus M29, M41, M48, 123, 200

Mit der Eröffnung der neuen Gemäldegalerie am Kulturforum wurde im Juni 1998 ein wichtiger Schritt zur *Neuordnung* der Berliner Museen getan. Die aus den Sammlungen des Großen Kurfürsten und Friedrichs des Großen hervorgegangene Gemäldegalerie wurde nach dem Zweiten Weltkrieg auseinander gerissen. In den folgenden Jahrzehnten wurden ihre wertvollen Bestände teils im Westberliner *Museumskomplex Dahlem*, teils im Ostberliner *Bodemuseum* gezeigt. Acht Jahre nach der Wende kam es dann zur Wiedervereinigung der Sammlung, die zu den bedeutendsten in Europa zählt.

Die Galerie präsentiert Gemälde **Alter Meister** in 72 Sälen und Kabinetten, die mittels Oberlichtgalerien durch Tageslicht beleuchtet werden. Allein die Hauptgalerie enthält rund 1000 Meisterwerke, die Studiengalerie weitere 400. Zu sehen sind deutsche, altniederländische und italienische Malerei des 13.–16. Jh., ferner flämische und holländische, französische und englische Malerei des 17./18. Jh.

Zu den *Highlights* gehören Gemälde von Albrecht Dürer, Lucas Cranach d. Ä., Frans Hals, Peter Paul Rubens, Raffael, Tizian, Sandro Botticelli und Jean-Antoine Watteau. Die **Rembrandt-Sammlung** mit 20 Gemälden des großen niederländischen Meisters des 17. Jh. ist eine der bedeutendsten der Welt.

## 82 Kupferstichkabinett und Kunstbibliothek

*Eine der größten grafischen Sammlungen der Welt.*

Matthäikirchplatz 6–8
Tel. 030/266 29 51
www.smb.museum
Di–Fr 10–18, Sa/So 11–18 Uhr;
S1, S2, S25 und U2 Potsdamer Platz;
Bus M29, M41, M48, 123, 200

Das Kupferstichkabinett und die Kunstbibliothek, 1994 fertig gestellt, bergen eine der größten grafischen Sammlungen der Welt. Etwa 100 000 Zeichnungen und 550 000 Druckgrafiken vom Mittelalter bis zur Gegenwart, mehr als 100 illuminierte Handschriften, mehr als 400 Einzelminiaturen des 11.–16. Jh., fast 250 Inkunabeln (Drucke aus der Frühzeit) sowie etwa 1500 illustrierte Bücher aus den 17.–20. Jh. bilden den Bestand. Die umfangreiche fotografische Sammlung der Kunstbibliothek präsentiert das Museum für Fotografie [Nr. 105] am Bahnhof Zoo.

## 83 Kunstgewerbemuseum

*Kunstgewerbe vom Mittelalter bis heute.*

Tiergartenstraße 6, Eingang:
Herbert-von-Karajan-Straße 10
Tel. 030/266 29 51
www.smb.museum
Di–Fr 10–18, Sa/So 11–18 Uhr
S1, S2, S25 und U2 Potsdamer Platz
Bus M29, M41, M48, 123, 200

Im Mai 1985 wurde der Stahlskelettbau mit vorgeblendeter Ziegelfassade nach den Entwürfen von Rolf Gutbrod fertig gestellt. Die Sammlung präsentiert hier (ein weiterer Teil ist in Schloss Köpenick untergebracht, Nr. 58) auf 7000 m² Exponate aus allen Bereichen des europäischen Kunstgewerbes vom Mittelalter bis in die Gegenwart. Hervorzuheben ist der kostbare **Welfenschatz** (11.–15. Jh.) mit Reliquiaren und dem reich verzierten Welfenkreuz aus dem 11. Jh. Sehenswert sind außerdem das *Lüneburger Ratssilber* (15./16.Jh.), der *Verwandlungstisch* von Abraham Roentgen (18. Jh.) sowie im Untergeschoss zeitgenössisches Produktdesign.

## 84 Musikinstrumenten-Museum

*400 Jahre Musikgeschichte im Spiegel ausgewählter Originalinstrumente.*

Tiergartenstraße 1
Tel. 030/25 48 11 78
www.sim.spk-berlin.de
Di–Fr 9–17, Do 9–22, Sa/So 10–17 Uhr
S1, S2, S25 und U2 Potsdamer Platz
Bus M29, M41, M48, 123, 200

In unmittelbarer Nachbarschaft zur Philharmonie steht das von Hans Scharoun geplante, 1984 eingeweihte Musikinstrumenten-Museum. Unter den etwa 2500 Instrumenten des 16.–20. Jh. befinden sich auch Unikate aus Renaissance und Barock sowie die mehrere Etagen hohe *Mighty Wurlitzer-Orgel* von 1929 (Vorführung Sa 12 Uhr nach der Führung um 11 Uhr). Im *Studio* können Besucher historische und moderne Instrumente anspielen. In der *Fachbibliothek* des Museums sind über 40 000 Bände und ein Bildarchiv mit 55 000 Dokumenten untergebracht. Außerdem gibt es einen Konzertsaal und Restaurierungswerkstätten.

## 85 Philharmonie

*Konzertsäle von besonderer ästhetischer und akustischer Brillanz.*

Matthäikirchstraße 1
Tel. 030/25 48 89 99
www.berliner-philharmoniker.de
S1, S2, S25 und U2 Potsdamer Platz
Bus M29, M41, M48, 123, 200

Die in dynamischem Stil gestaltete Philharmonie wurde von Hans Scharoun nach akustischen Kriterien konzipiert: Der Orchesterraum befindet sich fast im Mittelpunkt des **Konzertsaals** und wird von den Zuschauerreihen umringt. Bemerkenswert ist auch die *Dachsilhouette*, die Scharoun als Himmelszelt verstanden wissen wollte. 1963 wurde das Gebäude eingeweiht, 1979 erhielt es seine goldschimmernde *Kunststoffverkleidung*. In Anspielung auf den langjährigen Dirigenten der Berliner Philharmoniker, **Herbert von Karajan** (1908–1989), und wegen der eigenwilligen Bauform wird die Philharmonie ›Zirkus Karajani‹ genannt. Seit 2002 ist **Sir Simon Rattle** Chefdirigent. Nebenan steht der 1984–87 erbaute **Kammermusiksaal**, auch Kleine Philharmonie genannt, mit knapp 1100 Plätzen.

*Kunststücke: Nach den Plänen Mies van der Rohes entstand die Neue Nationalgalerie. Vorne eine Skulptur von Alexander Calder (1965), im Hintergrund die St.-Matthäus-Kirche*

## 86 Staatsbibliothek zu Berlin – Preußischer Kulturbesitz II

*Vereint – und räumlich doch getrennt.*
Potsdamer Straße 33
Tel. 030/26 60
www.staatsbibliothek-berlin.de
Mo–Fr 9–21, Sa 9–19 Uhr
S1, S2, S25 und U2 Potsdamer Platz
Bus M29, M41, M48, 123, 200

Die Bestände der Staatsbibliothek Unter den Linden waren durch die Teilung der Stadt für Westberliner lange Zeit nicht zugänglich. Im Westen entstand daher ein Neubau für die Staatsbibliothek Preußischer Kulturbesitz. Die räumliche Trennung der beiden Sammlungen blieb auch nach der Wiedervereinigung bestehen, sie wurden jedoch im Jahr 1991 unter dem Namen Staatsbibliothek zu Berlin – Preußischer Kulturbesitz vereint [s. S. 25].

Das Bibliotheksgebäude an der Potsdamer Straße – einer der größten modernen Bauten dieser Art in Europa – entstand 1967–78 ebenfalls nach Plänen von Hans Scharoun. Bei einer Länge von 229 m und einer Breite von 152 m beträgt die Gesamtgeschossfläche 81 300 m². Heute sind hier rund 7 Mio. Bücher und Druckschriften aus aller Welt (Schwerpunkt: Literatur nach 1956) versammelt. Allein 430 **Nachlässe** gehören zum Bestand, darunter jene von Fichte, Herder, Hegel und Schopenhauer, Baedecker, Hauptmann, Mendelssohn und Sauerbruch.

## 87 Neue Nationalgalerie

*Griechischer Tempel in modernem Stil zeigt Meisterwerke des 20.Jh.*
Potsdamer Straße 50
Tel. 030/266 29 51
www.smb.museum
Di/Mi 9–18, Do 9–22, Fr–So 9–20 Uhr.
S1, S2, S25 und U2 Potsdamer Platz
Bus M29, M41, M48, 123, 200

1965–68 entstand nach den Plänen von *Ludwig Mies van der Rohe* (1886–1969) dieser quadratische Stahl-Glas-Bau, mit dem der Architekt seine Idee der ›Halle an sich‹ umsetzte.

Im *Untergeschoss* der Neuen Nationalgalerie werden bedeutende Kunstwerke des **20. Jh.** präsentiert. Schwerpunkte der Sammlung sind Arbeiten des Kubismus (Picasso, Léger), Expressionismus (Kirchner, Schmidt-Rottluff, Heckel), Bauhaus (Klee, Kandinsky) und Surrealismus (Dalí, Miro). Zu den *Highlights* zählen Edvard Munchs ›Der Lebensfries‹, George Grosz' ›Stützen der Gesellschaft‹, Max Ernsts ›Capricorne‹ sowie elf Gemälde von Max Beckmann aus der Zeit von 1906 bis 1942, darunter ›Geburt‹ und ›Tod‹. Den Schlusspunkt setzen abstrakte Gemälde der 1960/70er-Jahre von Frank Stella und Elsworth Kelly.

In der Nationalgalerie finden auch renommierte **Wechselausstellungen** statt, während sie vorbereitet werden ist das Haus geschlossen (Tagespresse beachten). Vor dem Gebäude stehen mehrere Plastiken, darunter die *Stahlskulptur* ›Têtes et Queue‹ (1965) von Alexander Calder.

# Kreuzberg – zwischen Istanbul und In-Szene

Die Kreuzberger Mischung macht's: Türkische Bazarstimmung, Altberliner Milieu, Punks und Alternative, Kreative und in den letzten Jahren auch viele Büromenschen findet man in diesem Viertel. Zu Zeiten der Berliner Mauer war Kreuzberg gekennzeichnet durch seine Randlage. Damals war Wohnraum hier billig und es entwickelte sich eine eigene kulturelle Szene. Seit der Wiedervereinigung ist der Stadtteil durch seine Nähe zu Berlin-Mitte ins Rampenlicht gerückt. Investoren bauen auf die zentrale Lage dieses Viertels, und in vielen Straßen hängen übergroß Schilder mit dem Aufdruck ›Büroflächen zu vermieten‹. Wer typische Berliner Kneipenszene erleben möchte, ist in Kreuzberg genau richtig – denn: »Kreuzberger Nächte sind lang« verspricht schon ein bekannter Schlager!

## 88 Viktoria-Park

*Zwischen Wasserfall und Weinberg.*
S1, S2, S25 Yorckstraße, U6 Platz der Luftbrücke, Bus M19, 104, 140

Mit natürlichen Erhebungen kann Berlin nicht gerade prahlen. Der **Kreuzberg**, als höchster Hügel im Innenstadtbereich, misst gerade mal 66 m. Deshalb greifen die Einwohner zu einer List: In Zentimetern rechnend, nennen sie den Kreuzberg liebevoll ihren ›Sechstausender‹. Auf dessen ›Gipfel‹ sieht man das 20 m hohe **Nationaldenkmal**, das an die Befreiungskriege (1813–15) erinnert. Das gusseiserne Monument mit seinem neogotischen Turm wurde vom preußischen Staatsarchitekten Karl Friedrich Schinkel entworfen und 1821 eingeweiht. In den Nischen des Denkmals befinden sich 12 *Statuen* von Heerführern und Angehörigen des Königshauses, die Christian Daniel Rauch, Christian Friedrich Tieck und Ludwig Wichmann gestalteten. Inschriften im kreuzförmigen Sockel erinnern an die wichtigsten Schlachten der Befreiungskriege. Nach dem Eisernen Kreuz auf der Spitze, gestiftet von Friedrich Wilhelm III., wurden der Berg und im Jahr 1920 der Bezirk Kreuzberg benannt.

Der **Viktoria-Park** rund um den Berg entstand erst zu Beginn der 90er-Jahre des 20. Jh. Attraktion ist der künstliche *Wasserfall* zur Kreuzbergstraße, der dem Zackenfall des Riesengebirges nachgebildet ist. 13 000 l Wasser plätschern pro Minute hinab. Am Ende des Wasserfalls glänzt im Brunnen ›*Der seltene Fang*‹, hier hat ein bronzener Fischer eine Nixe in seinem Netz.

Wiederum an die Gründerzeit erinnert die **Tivoli-Brauerei** in der Methfesselstraße unmittelbar am Kreuzberg. Auf dem 1891 von Schultheiss gekauften und 1993 wieder verkauften Brauereigelände entsteht das 5,5 ha große *Viktoria-Quartier*. Neben schicken Penthäusern, Lofts und Büros in den früheren Stallungen und Werkstätten des Schmiedehofs, die bereits fertiggestellt sind, gehören auch neue Eigentumswohnungen und Stadthäuser dazu. Die historische Backsteingebäude der Tivoli-Brauerei soll ebenfalls einer neuen Nutzung zugeführt werden.

Westlich der Methfesselstraße befindet sich das Kreuzberger **Weinanbaugebiet**. Seit 1435 gibt es hier auf dem sogenannten Cöllnischen oder Götzschen Weinberg, übrigens dem nördlichsten Europas, eine Weinlese. Die Ausbeute beträgt jedoch lediglich einige Hektoliter, deshalb wird das Berliner Tröpfchen auch nur zu offiziellen Anlässen im Kreuzberger Rathaus gereicht.

Weiter nördlich, oberhalb der Einmündung der Bergmannstraße, ist seit 2004 das **Schwule Museum** (Mehringdamm 61, Tel. 030/69 59 90 50, www.schwulesmuseum.de, Mi–Fr/So/Mo 14–18, Sa 14–19

**88** Viktoria-Park

*Ein Rosinenbomber schwebt über dem Neubau am Landwehrkanal – das berühmte Exponat des Deutschen Technikmuseums Berlin kann auch per Schiff besichtigt werden*

Uhr) ansässig. Es dokumentiert 200 Jahre Geschichte und Schicksal von Homosexuellen anhand von Biographien, Fotos, Kunstwerken etc. Wechselausstellungen ergänzen die Präsentation.

## 89 Bergmannstraße

*Kreuzberg von seiner schönsten Seite.*

U6, U7 Mehringdamm und
U6 Platz der Luftbrücke
Bus M19, 104, 140, 184, 341

Über die Bergmannstraße schlendern, ab und zu durch Seitenstraßen spazieren, das ersetzt so manches Blättern im Geschichtsbuch. Hier trifft man auf ein altes, gut erhaltenes Wohnviertel, wie es für Berlin bzw. Kreuzberg um das Jahr 1900 typisch war.

Die Fassaden am südlich gelegenen **Chamissoplatz** sind noch stuckverziert. Kopfsteinpflaster, Gaslaternen und Wasserpumpen vervollständigen das gründerzeitliche Flair. In dieser Gegend siedelten sich vor allem Geschäftsleute, Ärzte und Juristen an – meist in der *Beletage*, dem ersten Stock des Vorderhauses. Viele der Gebäude, die den Zweiten Weltkrieg überstanden, sind heute saniert.

In der Bergmannstraße herrscht multikulturelles Flair, hier trifft man auf Trödler und modische Szeneläden, Imbissbuden mit internationalen Spezialitäten, Kneipen und Cafés. Wer das besondere Einkaufserlebnis sucht, geht zum **Marheinekeplatz**. Dort steht eine der vier Markthallen, die von den 14 übrig geblieben sind, die es in Berlin um 1900 gab.

Der Rest der Bergmannstraße ist, im wahrsten Sinne des Wortes, fast unbelebt: Fünf **Friedhöfe** säumen den Straßenzug bis zum Südstern und der ehem. *Garnisonskirche* von 1896.

Ruhig bleibt es auch über den Südstern hinaus, denn hier schließt sich die **Hasenheide** an, der Volkspark der Kreuzberger. Turnvater Jahn legte hier 1810 einen Sportplatz an. Bis heute bietet die Hasenheide vielfache Möglichkeiten der Freizeitgestaltung, es gibt sogar eine Freilichtbühne für Konzerte, Theateraufführungen und Filmnächte.

## 90 Riehmers Hofgarten

*Geschichtsträchtige Architektur: ein prächtiger Park, umgeben von schönen Gründerzeitbauten.*

Yorckstraße 83–86
U6, U7 Mehringdamm, Bus M19, 341

Der Maurermeister und Architekt Riehmers war eine Kämpfernatur. Als sich Berlin um 1900 zu einer riesigen Mietskaserne auswuchs, die Stadtväter um jeden Quadratmeter rangen und Bauspekulanten ihre besten Zeiten hatten, realisierte Riehmers einen ehrgeizigen Plan: Er baute zwischen 1881 und 1892 einen attraktiven Komplex mit rund 20 Wohnhäusern, deren Fassaden nicht nur zur Straßenfront im üppigen Neorenaissance-Stil gestaltet waren. Er ließ die Häuser außerdem um begrünte, sonnenreiche Höfe gruppieren und durch Innenstraßen miteinander verbinden. Zwei *Figuren* am Rundbogenportal an der Yorckstraße, Kopfsteinpflaster und Gaslaternen präsentieren das alte Berlin. Modern dagegen ist die Nutzung der Vorderhäuser, denn hier sind heute Kinos und Cafés ansässig.

92 Deutsches Technikmuseum Berlin

## 91 Friedhöfe Hallesches Tor

*Kulturgeschichte zwischen Efeu, unter Gusseisen und auf Marmor verewigt – Grabmalarchitektur vom Rokoko bis zum Jugendstil.*

Mehringdamm/Zossener Straße
U1, U6 Hallesches Tor, Bus M41

Fünf kleine Begräbnisstätten bilden zusammen die Friedhöfe vor dem Halleschen Tor. Sie sind die ältesten Berlins und rund 80 000 fanden hier ihre letzte Ruhe. Die Gräberfelder wurden ab 1735 angelegt, und zwar auf Wunsch von Friedrich Wilhelm I. noch außerhalb der Berliner Stadtgrenzen. Der erste mit Namen *Jerusalemskirchhof* war bestimmt für die Armen aus der Friedrichsstadt und für die Einwohner der Böhmischen Gemeinde. Innerhalb weniger Jahre kamen andere Kirchhöfe hinzu, fein säuberlich voneinander getrennt durch Mauern, schön geschmückt mit marmornen Statuen. Zu den Armen gesellten sich bald berühmte *Persönlichkeiten*, die Berlin und Preußen im 18. und 19. Jh. prägten. Um nur einige zu nennen: der Architekt Georg Wenzeslaus von Knobelsdorff († 1753), die Dichter Adalbert von Chamisso († 1838) und E. T. A. Hoffmann († 1822), der Komponist Felix Mendelssohn-Bartholdy († 1847), der Schauspieler August Wilhelm Iffland († 1814) sowie der Theaterarchitekt Carl Ferdinand Langhans († 1869).

## 92 Deutsches Technikmuseum Berlin

 *Das Museum präsentiert die Kulturgeschichte der Technik: Oldtimer, Dampfloks, Schiffe und Flugzeuge, eine Fülle alter und neuer Maschinen zum Erleben und Mitmachen.*

Trebbiner Straße 9
Tel. 030/90 25 40
www.dtmb.de
Di–Fr 9–17.30, Sa/So/Fei 10–18 Uhr
U1, U7 Möckernbrücke
U1, U2 Gleisdreieck

Als Verkehrsknotenpunkt von Eisenbahn, U- und S-Bahn, Schifffahrt und Straßenverkehr war das Gebiet Gleisdreieck für

## 92 Deutsches Technikmuseum Berlin

*Wie ein zur Blitzform zerborstener Davidstern – das faszinierende Jüdische Museum Berlin mit dem Garten des Exils* ▷

die Güterversorgung Berlins von größter Bedeutung. Hier befanden sich der *Anhalter Güterbahnhof*, das Bahnbetriebsgelände mit zwei Lokschuppen und die Fabrikgebäude der Gesellschaft für Markt- und Kühlhallen.

Auf diesem Areal mit seinen historischen Gebäuden ist seit 1982 das Deutsche Technikmuseum Berlin zu Hause. Nach dem im Jahre 2005 vollendeten Ausbau gehört es mit einer Ausstellungsfläche von 50 000m² zu den *größten Technikmuseen* der Welt.

Heute präsentieren **17 Abteilungen** ihre Schätze und Raritäten. Der frühere Güterbahnhof ist jetzt Oldtimer-Depot, die Lokschuppen zeigen historische Bahnstationen, dazu eine Dampflok S10 und eine Diesellok V200. Die Abteilung Textiltechnik mit Kofferproduktion ist seit 2003 im Beamtenhaus zwischen den beiden Lokschuppen ansässig. In den beiden unteren Etagen des eindrucksvollen **Neu-**

*Erinnerungen an die Luftbrücke 1948/49 – ein Rosinenbomber über dem Dach des Deutschen Technikmuseums Berlin*

**baus** am Landwehrkanal öffnete 2003 die Abteilung Schifffahrt ihre Pforten. Sie zeigt u. a. einen 33 m langen Kaffenkahn sowie eine reiche Auswahl an Navigationsinstrumenten. Die Abteilung Luft- und Raumfahrt residiert seit April 2005 in den zwei oberen Etagen. Fluggeräte vom Ballon über Lilienthals Gleitflugeräte (Nachbauten) bis zu den Sturzkampfbombern und Fernraketen V2 des Zweiten Weltkriegs vergegenwärtigen die bewegte Geschichte vom Fliegen. Über dem Dach des Neubaus schwebt schließlich ein so genannter Rosinenbomber, eine Douglas C-47, Teil der Luftbrücke der Alliierten während der Blockade Berlins 1948/49.

Überall im Museum finden **Vorführungen** statt und laden Besucher zum Mitmachen ein: Im Eingangsbereich werden die Historische Werkstatt, das Bearbeitungszentrum, der Dieselmotor und der Bandwebstuhl vorgeführt. In der Abteilung Textilarbeit kann man weben und bei der Papierherstellung Papier schöpfen oder Visitenkarten drucken. Die Termine werden in der Eingangshalle angezeigt und per Lautsprecher durchgesagt.

Ein besonderes Highlight ist das **Science Center Spectrum**, in dem über 250 Experimente, z. B. in den Bereichen

Akustik, Optik, Elektrizität und Radioaktivität, naturwissenschaftliche und technische Phänomene verdeutlichen.

Umgeben sind die Gebäude vom **Museumspark**, der einmal zu einem Stadtteilpark erweitert werden soll. Hier finden sich seltene Pflanzen und Tiere, außerdem eine funktionsfähige Bockwind- und eine Holländermühle. Am Mühlenteich wird in einer Schmiede gehämmert und in einer Brauerei erfährt man alles über Brautechnik zu Beginn des 20. Jh.

##  Jüdisches Museum Berlin

*Ein spektakulärer Museumsbau für Sammlungen zur deutsch-jüdischen Geschichte.*

Lindenstraße 9–14
Tel. 030/25 99 33 00
www.juedisches-museum-berlin.de
Mo 10–22, Di–So 10–20 Uhr (geschl. 24. Dez., Rosch Ha-Schana, Jom Kippur, Termine s. Webseite)
U1, U6 Hallesches Tor, Bus M41

Am 9. November 1992, zum 54. Jahrestag der Pogrome von Deutschen gegen jüdische Mitbürger, wurde der Grundstein für den spektakulären Neubau (1993–99) des Jüdischen Museums gelegt. Der US-amerikanische Architekt Daniel Libeskind schuf das metallverkleidete Gebäude mit blitzförmigem Grundriss und zackigen Fensteröffnungen, das schon vor der Eröffnung 2001 ein Publikumsmagnet war.

Der Besucher betritt die Anlage durch das barocke **Kollegienhaus** (einst Sitz des Berlin Museums). Von dessen Untergeschoss führen drei ›Straßen‹ zu drei Zielen im Libeskind-Bau: in den *Garten des Exils*, den *Holocaust-Turm* und in die Ausstellung ›Zwei Jahrtausende Deutsch-Jüdische Geschichte‹. Zahlreiche Dokumente, Kunstwerke, Alltagsgegenstände und multimediale Exponate illustrieren die verschiedenen Facetten deutsch-jüdischer Kultur von den Anfängen über das Mittelalter bis in die Gegenwart. Juden gelangten als Händler mit römischen Legionen in das Gebiet des heutigen Deutschland. Frühestes bekanntes Zeugnis ihrer Anwesenheit ist ein Erlass Kaiser Konstantins aus dem Jahr 321. Ergänzt wird die Dauerausstellung durch Wechselausstellungen, Kunstinstallationen sowie Kabinettpräsentationen. Zum Museum gehören außerdem eine Bibliothek, ein Archiv und das multimediale *Rafael Roth Learning Center*.

*Vivat Siebziger – Edward Kienholz kautzige Skulpturengruppe ›The Art Show‹ (1963–77) verträgt sich gut mit Helmut Middendorfs ›Großstadteingeborene‹ (1979, links) und Rainer Fettings fetzigen Läufern (1979, Mitte)*

## 94 Berlinische Galerie

 *Attraktive und äußerst lebendige Sammlung zu moderner Stadtkunst und Stadtarchitektur.*

Alte Jakobstraße 124–128
Tel. 030/78 90 26 00
www.berlinischegalerie.de
tgl. 10–18 Uhr
U6 Kochstraße, U1, U6 Hallesches Tor
Bus M29, M41

Unweit des Jüdischen Museums fand die Berlinische Galerie, das *Landesmuseum für moderne Kunst, Fotografie und Architektur*, eine neue Heimstatt. Sie war zuvor im Martin-Gropius-Bau untergebracht [s. S. 88 f.]. Der duch den Umbau eines Glaslagers entstandene lichte Neubau präsentiert seit 2004 Kunst aller Sparten von 1870 bis heute, darunter Gemälde von Dix und Baselitz, Grafik von Grosz und Kirchner, Fotos von Zille und Hannah Höch. Die Architektursammlung stellt Berliner Bauprojekte des 20./21. Jh vor. Hinzu kommen aktuelle Wechselausstellungen, es gibt ein Künstlerarchiv, Grafik-Studiensäle, ein Café und eine Atelier für Kinder.

Zwischen Jüdischem Museum und Berlinscher Galerie werden große Skulpturen und Installationen aus den Beständen der Galerie unter dem Motto ›Kunst – Stadt – Raum‹ quasi als Wegweiser inszeniert.

## 95 Zeitungsviertel

*Ein Viertel für den Blätterwald.*

Zwischen Lindenstraße/Axel-Springer-Straße und Kochstraße
U6 Kochstraße, Bus M29

Berlin hatte sich um 1900 als die führende Zeitungsstadt in Deutschland etabliert. Pioniere waren die Verlagshäuser **Mosse**, **Scherl** und **Ullstein**. Die Palette an Tages- und Wochenzeitungen war reichhaltig: Für konservative Leser gab es die ›Kreuz-Zeitung‹, für Linksliberale die ›Vossische Zeitung‹ und das ›Berliner Tagblatt‹, für Sozialdemokraten die Zeitung ›Vorwärts‹. Massenblätter waren damals schon die ›BZ am Mittag‹ (ab 1904) und die ›Berliner Morgenpost‹, die 1930 bereits eine Auflage von 400 000, sonntags von 630 000 Stück erreichte.

Das Zeitungsviertel befand sich im Areal um Kochstraße, Lindenstraße bzw. Axel-Springer-Straße und Schützenstraße. 64 von 120 Berliner Druckereien waren 1925 hier angesiedelt. Mittendrin, an der Alte Jakobstraße, stand auch die Reichsdruckerei (1889–93, Carl Busse), heute **Bundesdruckerei**, wo seit jener Zeit Briefmarken, Geldscheine, Personalausweise und Reisepässe gedruckt werden.

Der Verleger Axel Springer übernahm 1959 die Aktienmehrheit des Ullstein-Verlages und baute 1961 auf dem Grundstück des alten Scherl-Verlages sein Pressehaus, in dem die Redaktionen von ›Bild‹, ›BZ‹, ›Berliner Morgenpost‹ und ›Welt‹ untergebracht sind. 1993 wurde erweitert: 20-geschossig und mit bronzefarbener Spiegelfassade zeigt sich das **Springer-Hochhaus**. Ganz in der Nähe, in der Kochstraße 18, hat die links-alternative Tageszeitung ›taz‹ ihre Redaktionsräume.

Das Verlagshaus Mosse wurde ab 1874 in der Jerusalemer Straße/Schützenstraße errichtet. An der Stelle des alten Verlagshauses entstand zu Beginn der 90er-Jahre des 20. Jh. das **Druckhaus Berlin-Mitte**, das Teile des alten Gebäudekomplexes in den Neubau integrierte. In der Anlage haben sich verschiedene Verlage, Druckereien und Werbeagenturen angesiedelt.

## 96 Checkpoint Charlie

*Erinnerungen an den Kalten Krieg.*

Zimmerstraße/Friedrichstraße
U6 Kochstraße, U2, U6 Stadtmitte
Bus M29

In den Jahren des Kalten Krieges sorgte der Kontrollpunkt Checkpoint Charlie nicht selten für Schlagzeilen. Hier standen sich am 27. Oktober 1961 erstmals Panzer der USA und der UdSSR im Abstand von nur 200 m gegenüber. Zwei Monate zuvor hatte der Bau der Mauer aus der belebten Friedrichstraße eine Sackgasse gemacht. Nur Ausländer, Diplomaten und Militärs der Siegermächte durften bis zum Mauerfall 1989 den streng bewachten Übergang zwischen Ost und West passieren. Am 22. Juni 1990 wurde der Alliierte Kontrollpunkt endgültig abgebaut. Heute erinnern hier nur noch Mauerreste, ein Wachturm und ein letztes Schild ›Achtung! Sie verlassen den amerikanischen Sektor‹ an die Teilung der Stadt. Wie überall in Berlin wurde auch an dieser Stelle in den vergangenen Jahren fleißig gebaut, rund um den Checkpoint entstanden moderne Wohn- und Bürogebäude.

Unweit des Kontrollpunktes dokumentiert in der Friedrichstraße 43–45 das **Mauermuseum Haus am Checkpoint Charlie** (Tel. 030/253 72 50, www.mauermuseum.com, tgl. 9–22 Uhr) die Entstehungsgeschichte der Mauer und das Leben in der geteilten Stadt von 1961 bis 1989. Thema ist darüber hinaus auch der weltweite gewaltfreie Kampf für Menschenrechte.

## 97 Künstlerhaus Bethanien

*Vom Krankenhaus zum international renommierten Künstleratelier und Ausstellungszentrum.*

Mariannenplatz 2
Tel. 030/616 90 30
www.bethanien.de
Ausstellungen Mi–So 14–19 Uhr
U1 Görlitzer Bahnhof, Bus M29

Auf der Nordwestseite des Mariannenplatzes steht die einstige *Diakonissenan-*

### Endstation Sehnsucht

Für die U-Bahnlinie 1 war der 1901 erbaute **Bahnhof Schlesisches Tor** zwischen 1961 und 1995 Endstation. Jahrzehntelang war diese Verkehrsverbindung zwischen Kreuzberg und Friedrichshain unterbrochen. Lediglich Ost-Rentner auf Westbesuch und Westler im Gegenverkehr passierten hier zu Fuß den **Grenzübergang**. Heute überquert die Bahn wieder die **Oberbaumbrücke**, die längste aller Spreebrücken. Bis zum S-Bahnhof Warschauer Straße in Friedrichshain geht die Fahrt. Die Wiedervereinigung verhalf der Oberbaumbrücke zu neuer Blüte in altem Gewand, eine architektonische Synthese von Tradition und Moderne. Die in märkischer

*Sperrzeit: Am Bahnhof Schlesisches Tor war für die U1 jahrzehntelang Endstation*

Backsteingotik von Otto Stahn 1894–96 erbaute Brücke wurde vom Architekten Santiago Calatrava (Entwurf 1992) neu gestaltet.

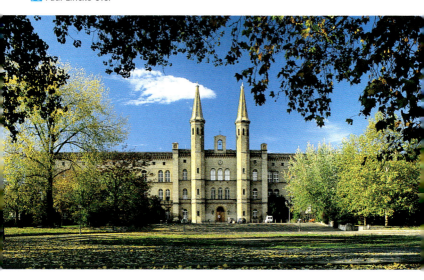

stalt *Bethanien*, die seit 1976 das Künstlerhaus Bethanien beherbergt. König Friedrich Wilhelm IV. finanzierte den Bau der Anlage mit Hospital und Kapelle, die 1845–47 errichtet wurde. *Theodor Fontane* lebte und arbeitete hier 1848/49 als Apotheker, bis er sich gegen den Willen seines Vaters ganz der Schriftstellerei widmete. Die alte *Fontane-Apotheke* ist immer noch zu besichtigen. Das Krankenhaus jedoch wurde 1970 geschlossen. In die Schlagzeilen geriet es 1971, als hunderte von Demonstranten Bethanien besetzten, um den Abriss zu verhindern. Die Aktion hatte Erfolg und der Komplex avancierte als Künstlerhaus zum Kulturzentrum des Viertels. Heute sind im Bethanien 25 Ateliers, drei Ausstellungsstudios und ein Medienlabor untergebracht. Künstler aus aller Welt arbeiten hier, und es werden Kataloge und eine Kunstzeitschrift herausgegeben. Außerdem befinden sich im Gebäude das Bezirkskunstamt und eine Musikschule.

Die benachbarte evangelische **St.-Thomas-Kirche**, von Schinkel-Schüler Friedrich Adler 1864–69 im Stil des Historismus erbaut, ist mit 1500 Plätzen eine der größten Kirchen Berlins.

Der **Mariannenplatz** selbst, eine lang gestreckte Grünanlage, wurde von Peter Joseph Lenné 1853 entworfen. Heute finden hier die meisten Sommerfeste im Kiez statt. Sie sind multikulturell in jeder Hinsicht: Musik und Essen, Kunsthandwerk und politisches Engagement verbinden die verschiedenen sozialen und ethnischen Gruppen.

*Vom Krankenhaus zum Künstlerhaus – Bethanien birgt heute Studios und Ausstellungssäle für Kreative aus aller Welt*

## 98 Paul-Lincke-Ufer

*Gemütliches Ambiente und ein Stück Klein-Istanbul.*

U1, U8 Kottbusser Tor und U8 Schönleinstraße, Bus 140

Idyllisch ist es am Paul-Lincke-Ufer und am gegenüberliegenden Maybachufer des **Landwehrkanals**. Der Wasserweg wurde 1845–50 nach Plänen von Gartenbaudirektor Peter Joseph Lenné angelegt. Damals hatte er neben der stadtgestalterischen Zielsetzung vor allem einen ökonomischen Sinn, denn auf seinen 10,3 km wurde tonnenweise Baumaterial transportiert, da Berlin um diese Zeit, Mitte des 19. Jh., wie rasend zu expandieren begann. Heute schippern hier nur noch *Ausflugsdampfer* entlang (Anlegestelle u. a. Kottbusser Brücke).

Am hübschen Paul-Lincke-Ufer florieren vor allem vielfältige Gastronomie und entspannter Lebenstil in den kleinen Lokalen mit ihren Vorgärten.

Am Maybachufer fühlt man sich dienstags und freitags ab Mittag wie im Orient, denn dann findet der **Türkenmarkt** statt, ein Freiluftbazar mit riesigem Obst- und Gemüseangebot, dazwischen gibt es aber auch Stände mit Ökoprodukten, Käse, Haushaltswaren und Textilien.

# Rund um den Ku'damm – es lebe der Kaufrausch!

Das Geschäfts- und Kulturzentrum Westberlins gehört auch nach der Wende zu den besten Adressen der Stadt. Und der 3,5 km lange Kurfürstendamm, den die Berliner liebevoll Ku'damm nennen, ist noch immer die **Flaniermeile Nr. 1**, auch wenn durch die Friedrichstraße und den Boulevard Unter den Linden ernst zu nehmende Konkurrenz entstanden ist. Zahlreiche Hotels, Restaurants, Cafés, Kinos, Boutiquen und Kaufhäuser bestimmen das Bild rund um den Ku'damm, den auch bemerkenswerte Neubaukomplexe schmücken. Selbst die **Kultur** kommt nicht zu kurz: Galerien, Museen und Auktionshäuser vermitteln Flair.

## 99 Kurfürstendamm

*Vom Reitweg zur Flaniermeile.*

U1, U9 Kurfürstendamm und U1 Uhlandstraße, Bus X10, M19, M29, M46, 100, 109, 110, 200

Die Geschichte des Kurfürstendamms beginnt mit einem Reitweg, der sich im 16. Jh. in Richtung Jagdschloss Grunewald erstreckte. Lange Zeit war der Weg nur den Mitgliedern der kurfürstlichen Familie vorbehalten, und daher bürgerte sich der Name Kurfürstendamm ein.

Zum großstädtischen Boulevard wurde der Kurfürstendamm erst durch den Ausbau, den Otto von Bismarck im Jahr 1883 veranlasste: Der Berliner Westen sollte eine repräsentative **Hauptstraße** für den ›Vergnügungsverkehr‹ zum Grunewald haben. Der Kurfürstendamm ist insgesamt 3,5 km lang und zieht sich durch die Viertel Charlottenburg und Wilmersdorf. Am und um den Boulevard siedelten sich bald wohlhabende Bürger, Geschäftsleute, Spekulanten und Künstler an, während Adel und Regierung den Boulevard Unter den Linden vorzogen.

Seine große **Blüte** erlebte der Kurfürstendamm in den 20er-Jahren des 20. Jh. Damals schossen hier neue Unterhaltungsetablissements – Cabarets, Revuen, Varietés und Kinos – wie Pilze aus dem Boden. Von den ursprünglichen, um 1900 errichteten Prachtbauten haben bedauerlicherweise nur wenige den Bombenhagel des Zweiten Weltkriegs überstanden. Einige Bauten sind jedoch originalgetreu rekonstruiert worden.

In den vergangenen Jahren änderte sich das Flair dieses Berliner Boulevards, es wurden immer mehr Edelboutiquen, exklusive Schmuckgeschäfte sowie Passagen mit Luxusläden eröffnet. Und gebaut wird natürlich auch am Ku'damm so viel wie möglich. Oder spekuliert. Vis à vis der Gedächtniskirche beispielsweise klafft seit dem Abriss der alten Gebäude 1995 eine Baulücke, die nach damaligen Plänen das Hochhaus *Zoofenster Berlin* füllen sollte. Das Projekt wurde jedoch bislang noch nicht umgesetzt.

Große Hotels gehören neben den Kinos und den beiden Boulevardtheatern **Komödie** und **Theater am Kurfürstendamm** [Nr. 206, s. S. 174] traditioneller Weise zum Kurfürstendamm. Eines der bekanntesten ist sicherlich das **Kempinski Hotel Bristol** [Nr. 27, s. S. 181], das 1952 von Paul Schwebes erbaut wurde. In diesem eleganten Haus logiert Prominenz aus aller Welt, und in der Bristol-Bar kann man daher mit etwas Glück richtige VIPs sehen.

Legendär ist das **Café Kranzler**, das 1944 von Unter den Linden [s. S. 22] an den Ku'damm (Ecke Joachimsthaler Straße) zog. Heute ist es mit seiner Rotunde Teil des **Neuen Kranzler Ecks**, einem aus mehreren alten und neuen Bauten bestehenden Quartier, das von einem exzentrischen Hochhaus aus der Feder Helmut

## 99 Kurfürstendamm

Jahns (1998–2000) überragt wird. Um 1900 stand an dieser Straßenkreuzung noch das *Café des Westens* (auch Café Größenwahn genannt), Treffpunkt der Berliner Boheme. Schriftsteller und Schauspieler debattierten hier bei Kaffee und Kuchen. Gegenüber vom Kranzler, am **Ku'damm Eck**, steht heute ein 44 m hoher Rundbau von 2001 mit der Luxusherberge *Swissôtel Berlin* (Tel. 030/22 01 00, http://berlin.swissotel.com).

Viele Geschichten sind auch mit Gebäuden auf dem Charlottenburger Teil des Kurfürstendamms (zwischen Breitscheidplatz und Adenauerplatz) verbunden: In **Nr. 234**, lange Jahre ein Café, verkehrten vor dem Ersten Weltkrieg viele Offiziersgattinnen, die hier ihre Töchter unter die Haube bringen wollten. Haus **Nr. 218** wurde 1902 vom Chinesischen Reich erworben. Bis 1979 gehörte es der Volksrepublik China und war als Botschaftsgelände exterritoriales Gebiet. Haus **Nr. 217** war in den 1920er-Jahren ein Revuetheater, hier trat 1926 *Josephine Baker* in ihrem legendären Bananenkostüm auf. Bis 2002 fungierte es als *Kino Astor*, heute spielt Tommy Hilfiger hier die Hauptrolle. Der Gebäudekomplex **Nr. 193** sollte 1912 als Apartmenthaus nach amerikanischem Vorbild eröffnet werden, machte jedoch sofort pleite und beherbergt mittlerweile die *Oberfinanzdirektion Berlin*.

Ein Bummel lohnt sich auch durch die Seitenstraßen des Ku'damms zwischen Joachimstaler Straße und Leibnizstraße. Hier sowie rund um den **Savignyplatz** findet man zahlreiche Boutiquen, Fachgeschäfte, Cafés und (Szene-)Restaurants. Kein Wunder, dass diese Straßen zu den bevorzugten Wohngegenden Berlins gehören.

**Oben:** *Auf den Spuren der Großstadtindianer – Panorama mit Breitscheidplatz, Gedächtniskirche und Europa-Center*
**Links:** *Generationenkonflikt? Wie Alt und Jung zueinander finden, zeigt das Neue Kranzler Eck mit dem rundlichen Café Kranzler und dem kratzigen Glashaus aus der Feder von Helmut Jahn*

## 100 Kaiser-Wilhelm-Gedächtniskirche

*Eines der Wahrzeichen Berlins ist der zerstörte Turm der Kaiser-Wilhelm-Gedächtniskirche.*

Breitscheidplatz
S5, S7, S75, S9 und U2, U9
Zoologischer Garten
Bus X9, X10, X34, M45, M46, 100, 109, 149, 200, 204, 245, 249

Gleich nach seiner Thronbesteigung gab Kaiser Wilhelm II. den Auftrag: Er wollte eine repräsentative Kirche, die vor allem im Innenraum die Einheit von Thron und Altar in Preußen demonstrieren und dem Andenken an Kaiser Wilhelm I. gewidmet sein sollte. Franz Heinrich Schwechten erbaute sie im neoromanischen Stil mit einem hohen **Westturm** sowie vier Ecktürmen. Allerdings, eine große Rolle im kirchlichen Leben spielte die Kaiser-Wilhelm-Gedächtniskirche in den folgenden Jahrzehnten nicht, auch wenn hier 1921 der damalige Stummfilmstar Henny Porten ganz in Weiß heiratete. Am Totensonntag im November 1943 zerstörten die Bomben der Alliierten das Gotteshaus, stehen blieb nur der Westturm.

## 100 Kaiser-Wilhelm-Gedächtniskirche

*Monarch und Monarchin in Mosaikform – Kaiser Wilhelm II. und Gemahlin in der Gedächtniskirche am Breitscheidplatz*

1957 wollte man die Ruine abreißen, doch die Berliner protestierten vehement. Man einigte sich auf einen Kompromiss: Der Turm, mittlerweile ›hohler Zahn‹ genannt, blieb stehen und wurde nach einem Entwurf von Egon Eiermann mit einem flach gedeckten Oktogon aus verglasten Betonplatten umkleidet. Zusätzlich wurden eine Sakristei, ein Foyer mit Bibliothek und ein weiterer Turm (53 m) errichtet. Am 17. Dezember 1961 weihte man das neue Gotteshaus ein. Das Ensemble nennen die Berliner recht salopp ›Puderdose und Lippenstift‹.

Eine *Gedenkhalle* im Turm mahnt zu Frieden und Versöhnung. Auf dem *Fürstenfries* sind die Hohenzollernherrscher von Kurfürst Friedrich I. (1415–40) bis zum letzten Kronprinzen Friedrich Wilhelm abgebildet. Zu jeder vollen Stunde ertönt das *Glockenspiel* im alten Turm – eine Melodie von Prinz Louis Ferdinand, dem Urenkel des letzten Kaisers.

## 101 Europa-Center

*Vom Künstlertreffpunkt zum Touristenzentrum.*

Breitscheidplatz
S5, S7, S75, S9 und U2, U9
Zoologischer Garten
U1, U2, U3 Wittenberplatz
Bus X9, X10, X34, M19, M29, M45, M46, M49, 100, 106, 109, 200, 204, 245, 249

Dort, wo sich heute das Europa-Center erhebt, befand sich in den 20er-Jahren des 20. Jh. das legendäre *Romanische*

### Legendäre Parade der Liebe

Jedes Jahr wurde aufs Neue gebangt: Findet sie statt oder nicht? Die Rede ist von der **Loveparade**, die Hunderttausende junger Menschen in die Stadt lockte. Und doch war sie bis 2003 eine feste Institution der Berliner Szene. Angefangen hatte alles wie ein Scherz. ›Friede, Freude, Eierkuchen‹, so lautete das Motto, unter DJ Dr. Motte die **Techno-Szene** 1989 aus den dunklen Kellerclubs ans Tageslicht holte. Damals zogen 150 Leute auf einem bunt geschmückten Wagen über den **Ku'-damm** und tanzten zu dröhnender Techno-Musik. Welchen Aufschwung die Loveparade nehmen sollte, ahnte damals niemand. Im Jahr 2003 z. B. kamen 750 000 Techno-Fans nach Berlin. Immer wieder rief die längst legendäre Liebesparade Kopfschütteln hervor: Was sollte dieser schrille Musik- und Tanztaumel? War es eine wilde Demonstration für ein entfesseltes Leben oder einfach ein Festzug für Frieden über die Straße des 17. Juni? Fest stand: Loveparade hieß 48 Stunden tanzen, ein Triumphzug der Szene, gerahmt von heißen Club-Feten. Dann scheiterte alles am Geld. Nach Aberkennung des Demonstrationsstatus waren enorme Kosten zu bewältigen, 2004 und 2005 mangelte es an Sponsorengeldern. Aber am 15. Juli 2006 soll die Loveparade nun (www.loveparade.net) mit abgeändertem Konzept wieder stattfinden.

*Berlin, die Weltmetropole – Ähnlichkeiten mit London z. B. sind in Detailansichten wie dieser Szene am Kurfürstendamm manchmal nicht von der Hand zu weisen*

## 102 Käthe-Kollwitz-Museum

*Expressionismus und Erinnerung.*
Fasanenstraße 24
Tel. 030/882 52 10
www.kaethe-kollwitz.de
Mi–Mo 11–18 Uhr
U1 Uhlandstraße
Bus M19, M29, 109, 110

*Café*, ein Treff der Berliner Kunst- und Kulturszene. Berühmtheiten wie Max Reinhardt, Alfred Döblin, Gustaf Gründgens, Richard Tauber und Egon Erwin Kisch saßen im speziell für sie reservierten Raum ›Bassin der Schwimmer‹. Junge Talente tranken ihren Kaffee im ›Bassin der Nichtschwimmer‹. Doch im November 1943 war Schluss mit Kaffeeklatsch. Britische Bomben zerstörten das Gebäude. 1963–65 errichtete man auf dem Areal das 22-geschossige **Europa-Center** (Hentrich/Petschnigg, Düttmann/Eiermann), in dem Geschäfte, Restaurants, eine Infostelle des *Berlin Tourismus Marketing*, das Kabarett ›Die Stachelschweine‹ und die Spielbank angesiedelt sind.

Beliebter Treffpunkt für Berliner, Besucher, Straßenkünstler und Skateboarder ist der 1983 als Fußgängerzone gestaltete **Breitscheidplatz** vor dem Europa-Center. Seinen Namen erhielt er nach dem SPD-Politiker Rudolf Breitscheid (1874–1944), der im KZ Buchenwald umkam. Zentrum des Platzes ist der vom Bildhauer Joachim Schmettau entworfene **Weltkugelbrunnen**, wegen seiner Form auch ›Wasserklops‹ genannt.

Eine der architektonisch schönsten und vornehmsten Seitenstraßen des Kurfürstendamms ist die **Fasanenstraße** mit ihren repräsentativen Villen aus dem 19. Jh. und den gediegenen Wohnhäusern aus dem frühen 20. Jh.

In einem 1897 im spätklassizistischen Stil umgebauten Palais an der Fasanenstraße 24 zeigt das **Käthe-Kollwitz-Museum** einen Großteil des Lebenswerks der expressionistischen Künstlerin Käthe Kollwitz (1867–1945). Der Berliner Maler und Kunsthändler Prof. Hans Pels-Leusden stiftete dem Museum seine Sammlung von 100 Druckgrafiken, 70 Zeichnungen und Originalplakaten, die von der sozial engagierten Künstlerin stammen.

Das Auktionshaus des Kunsthändlers befindet sich im Nachbarhaus Nr. 25, der **Villa Grisebach** (1891–95). Das Haus **Nr. 26**, um 1900 erbaut, gehörte dem Kaufmann Salomon Wertheim, dem Begründer des gleichnamigen Konzerns. Sein

## 102 Käthe-Kollwitz-Museum

*Erinnerungen: Das Portal der ersten Synagoge Berlins hat man in das Gebäude der Jüdischen Gemeinde einbezogen*

Haus war zu Beginn des 20. Jh. ein gesellschaftlicher Treffpunkt.

Die nahe Gründerzeitvilla eines Korvettenkapitäns (Nr. 23) wird als **Literaturhaus** genutzt, Garten und Wintergarten dienen als Café. Im Haus befindet sich außerdem eine Buchhandlung und ein *Kurt-Tucholsky-Zimmer* mit Möbeln aus dessen Domizil im schwedischen Hindas.

Tucholsky (1890–1935) hatte übrigens 1912 am Ku'damm 12 eine Bücherbar eröffnet, in der nicht nur Literatur, sondern auch Hochprozentiges angeboten wurde.

In diesem Abschnitt der Fasanenstraße wie auch in anderen Straßen, die vom Kurfürstendamm abzweigen, befinden sich noch zahlreiche Altberliner **Pensionen**. Vor allem Kriegerwitwen des Ersten Weltkrieges, die ihr Budget aufbessern mussten, vermieteten ihre oft bis zu 600 m² großen Wohnungen. Diese waren in den 20er- und 30er-Jahren des 20. Jh. beliebte Domizile von Schauspielern, Künstlern und anderen Prominenten. So wohnten hier u. a. Stummfilmstar Asta Nielsen, Fliegerass Erich Udet und der Dichter Franz Kafka.

## 103 Jüdische Gemeinde

*Kulturelles Zentrum der größten Jüdischen Gemeinde Deutschlands.*

Fasanenstraße 79–80
Tel. 030/88 02 80
S5, S7, S75, S9 und U2, U9 Zoologischer Garten, U1, U9 Kurfürstendamm, U1 Uhlandstraße
Bus X9, X10, X34, M19, M29, M45, M46, M49, 100, 109, 110, 200, 204, 245, 249

In der Fasanenstraße wurde am 26. August 1912 die erste Synagoge im Berliner Westen eröffnet. In dem prunkvollen Gebäude, das Ehrenfried Hessel im byzantinischen Stil entworfen hatte, fanden 1700

*Ideale und Idylle: An der Fasanenstraße kommt man im Literaturhaus zum Gedankenaustausch bei Schokolade und Kuchen im bibliophilen Café Wintergarten zusammen*

*Hier regieren Operette und Musical: Im Theater des Westens an der Kantstraße hat man sich mit Entertainment einen guten Namen gemacht*

Gläubige Platz. Doch die Synagoge wurde in der Pogromnacht 1938 fast völlig zerstört, ihre Ruine schließlich 1958 gesprengt. Die Architekten Dieter Knoblauch und Heinz Heise errichteten 1957–59 ein neues Gemeindehaus und integrierten das alte Portal als Haupteingang. Ein Säulenpaar von der Fassade des ersten Baus dient als *Mahnmal*. Eine Wand im hinteren Säulenhof fungiert als *Gedenkstätte* für die von den Nazis ermordeten Berliner Juden. Im Gemeindehaus befindet sich auch das koschere Restaurant *Gabriel's* (Tel. 030/882 61 38).

In unmittelbarer Nachbarschaft erhebt sich das **Kantdreieck** (1994). Auf dem Dach des Bürohochhauses von Josef Paul Kleihues prangt eine gigantische silberne Wetterfahne. Gegenüber steht das ›Gürteltier‹ genannte **Ludwig-Erhard-Haus** (1998) vom Londoner Architekten Nicholas Grimshaw, das von der Industrie- und Handelskammer und von der Berliner Börse genutzt wird.

## 104 Theater des Westens

 *Modernes Entertainment hinter alten Mauern: Berlins Operetten- und Musicalbühne.*

Kantstraße 12
Tel. 018 05/44 44
www.stage-entertainment.de
S5, S7, S75, S9 und U2, U9 Zoologischer Garten
Bus X9, X10, X34, M45, M46, M49, 100, 109, 200, 204, 245, 249

Im pompösen Stil des wilhelminischen Historismus 1895/96 von Bernhard Sehring erbaut, bot das Theater des Westens zunächst den geeigneten Rahmen für die Aufführung klassischer *Operetten*. In der Nachkriegszeit war es dann Spielstätte der *Deutschen Oper*, bis sie in den Neubau an der Bismarckstraße umzog. 1978 wurde das Haus restauriert. Unter der künstlerischen Leitung Helmut Baumanns erwarb sich das Theater nun einen guten Ruf als Spielstätte des modernen **Musicals**. Seit 2003 wird es von der Hamburger Stage Entertainment betrieben. Aufgeführt werden die angesagten Bühnenshows des 21. Jh., 2006 z. B. Elton Johns und Tim Rices Musical ›Aida‹.

Nebenan steht der **Delphi-Filmpalast**, (Tel. 030/312 10 26) einst das größte Kino Berlins und Uraufführungsstätte. Hier feierte 2005 Martin Sorceses ›Aviator‹ Premiere. Es gibt eine hübsche Caféterrasse und im Keller bietet der alteingesessene und international renommierte Club *Quasimodo* (Tel. 030/312 80 86) Live-Jazz.

## 105 Museum für Fotografie – Helmut Newton Stiftung

*Zeitgenössische Fotokunst und lauter schöne Newton-Menschen in romantischer Architekturkulisse.*

Jebensstaße 2
Tel. 030/266 36 66
www.smb.museum
Di/Mi/Fr–So 10–18, Do 10–22 Uhr
S5, S7, S75, S9 und U2, U9 Zoologischer Garten
Bus X9, X10, X34, M46, 100, 109, 145, 149, 200, 204, 245, 249

Das Image des einst ziemlich berüchtigten **Bahnhofs Zoologischer Garten**, wie es in dem Film ›Wir Kinder vom Bahnhof Zoo‹ (1994) verewigt wurde, hat sich in den letzten Jahren gewandelt, auch dank Modernisierung. Eine Wandelhalle mit Reisezentrum, mit Läden und Imbissständen geben dem Bahnhof nun ein wenig mehr Flair. Ein Verkehrsknotenpunkt, der einer Metropole würdig wäre, ist er jedoch nicht. Die 1934–36 von Fritz Hane errichtete Anlage war lange Zeit Ausgangspunkt für Züge in westliche Richtung. Seit der Eröffnung des neuen Berliner Hauptbahnhofs im Mai 2006 ist er vom Fernverkehr abgekoppelt.

Gleich gegenüber vom Bahnhof Zoo öffnete im Juni 2004 das Museum für Fotografie – Helmut Newton Stiftung seine Pforten. Das Fotomuseum macht seine Bestände in Sonderausstellungen zugänglich. Angegliedert ist die Stiftung des US-amerikanischen Starfotografen *Helmut Newton* (1920–2004). Der gebürtige Berliner, der 1938 emigriert war, hatte die Sammlung noch zu Lebzeiten als Dauerleihgabe seiner Heimatstadt übergeben. Seine Arbeiten werden in mehrmonatigen Wechselausstellungen präsentiert. Ab Juni 2006 werden die Projekte ›Yellow Press‹ und ›Playboy Projections‹ präsentiert. Newton sammelte regelmäßig Bilder aus der Presse, die ihn inspirierten – u.a. bei seinen Aufnahmen für den ›Playboy‹ seit den 1970er-Jahren.

Das neoklassizistische Museumsgebäude wurde 1908/09 nach Plänen von Heino Schmieden und Julius Boethke als Kasino des Offizierscorps der Landwehr-Inspektion Berlin errichtet. Die Innenausstattung der Säle und Zimmerfluchten war prächtig: größtenteils bunt und üppig, entsprechend dem Geschmack der Wilhelminischen Zeit, jedoch auch mit Jugendstilornamenten und schon mit indirekter Beleuchtung. Schmuckstück war der 665 m² große, tonnenüberwölbte und 11 m hohe *Kaisersaal* im zweiten Stock,

*Treppenhaus mit Nackten – wo vor hundert Jahren noch Offiziere in Uniform umherstolzierten, stehen heute Helmut Newtons makellose Aktmodelle stramm*

*Geduldige Dickhäuter – das Elefantentor an der Budapester Straße stimmt die Besucher auf die Tiere des Zoologischen Gartens ein*

der heute als eindrucksvolle Ruine bis zu seiner musealen Wiederherstellung die Kulisse für wechselnde Ausstellungen zeitgenössischer Fotografie bietet. Mit dem Einzug des Museums für Fotografie in das Gebäude schließt sich übrigens ein Kreis, denn dessen Stammhaus, die Kunstbibliothek [Nr. 82], war hier von 1954 bis zu ihrem Wechsel auf das Kulturforum 1993 beheimatet.

## 106 Zoologischer Garten

*Ältester und meistbesuchter Tierpark Deutschlands.*

Eingänge: Hardenbergplatz 8 (Löwentor), Budapester Straße 34 (Elefantentor)
Tel. 030/25 40 10
www.zoo-berlin.de
15. März–14. Okt. tgl. 9–18.30 Uhr,
15. Okt.–14. März tgl. 9–17 Uhr
S5, S7, S75, S9 und U2, U9 Zoologischer Garten
Bus X9, X10, X34, M45, M46, M49, 100, 109, 200, 204, 245, 249

Schon das prächtige Tor mit den beiden steinernen Elefanten, die ein Pagodendach tragen, beeindruckt am Eingang Budapester Straße. Allerdings handelt es sich bei diesem Portal um eine Kopie des 1899 errichteten und im Krieg zerstörten Originals. Eröffnet wurde der Zoo bereits 1844, Gründerväter dieses ersten Tierparks Deutschlands waren der Naturwissenschaftler Martin Lichtenstein, Alexander von Humboldt und der Gartenarchitekt Peter Joseph Lenné. Der Grundstock des Zoos wurde durch die *Königliche Tiersammlung* gelegt, die Friedrich Wilhelm IV. den Berlinern schenkte. 1943 wurde ein großer Teil der Anlage innerhalb von 15 Minuten zerstört, nur 91 von 10 000 Tieren überlebten.

Auf dem 35 ha großen Gelände leben heute 14 249 Tiere aus insgesamt mehr als 1500 Arten. Das *Vogelhaus* ist mit über 3300 m$^2$ eines der größten der Welt.

Nicht weit vom Elefantentor steht in der Budapester Straße 32 das **Zoo Aquarium** (www.aquarium-berlin.de, Tel. 030/25 40 10, tgl. 9–18 Uhr), von dem Zoologen

*Präsentation der französischen Confiserie Gaston Lenôtre – Auch wer nur zum Schauen kommt, wird die Lebensmittelabteilung des KaDeWe in vollen Zügen genießen können*

Alfred Brehm Mitte des 19. Jh. gegründet und 1913 an dieser Stelle errichtet. Auf drei Stockwerken sind nach den Elementen Wasser (Aquarium), Erde (Terrarium) und Luft (Insektarium) geordnet Tausende von Tieren untergebracht – darunter Reptilien, Amphibien, Fische und Insekten. Eine besondere Attraktion ist die Krokodilhalle.

## 107 KaDeWe

*Kaufrausch ohne Grenzen im größten Warenhaus auf dem europäischen Kontinent.*

Tauentzienstraße 21–24/
Wittenbergplatz
U1, U2, U3 Wittenbergplatz
Bus M19, M29, M46, 100, 200

Ein Einkaufsparadies par excellence ist das **Kaufhaus des Westens** am Wittenbergplatz, kurz KaDeWe genannt, mit rund 60 000 m² Verkaufsfläche das größte Kaufhaus des Kontinents.

1906/07 wurde das Gebäude im Auftrag des Unternehmers Adolf Jandorf von Johann Emil Schaudt errichtet. In dem Viertel, das sich damals um die Gedächtniskirche entwickelte, sollte ein Warenhaus für gehobene Ansprüche entstehen. Mit der Übernahme des Hauses durch Hermann Tietz (Hertie) 1927 erlebte das Warenhaus seine erste große Blüte. Im KaDeWe gibt es (fast) nichts, was es nicht gibt: Vom Abendkleid bis zur Zahnbürste hält das Kaufhaus eine schier unglaubliche Warenpalette bereit. Der ›Hit‹ des KaDeWe ist jedoch die **Lebensmittelabteilung** im 6. Stock: Dort hat man die Qual der Wahl zwischen rund 1300 Käsesorten, 1200 Sorten Wurst, 400 verschiedenen Brotarten und 2400 Weinen aus allen Teilen der Welt. Und es gibt natürlich auch Souvenirs wie den *Berliner Bär* aus Marzipan, Plüsch oder Porzellan. Zahlreiche kulinarische Genüsse und eine Super-Aussicht über die Stadt bietet das **Kaufhausrestaurant** (7. Stock) mit seiner eindrucksvollen Glaskuppel!

Die vom Wittenbergplatz abgehende **Tauentzienstraße** lockt mit weiteren Warenhäusern, Boutiquen, Buch- und Schuhgeschäften. Südöstlich vom Wittenbergplatz trifft man dann auf den **Nollendorfplatz** mit dem einstigen *Neuen Schauspielhaus*. Dieses 1906 erbaute Theater wurde durch Erwin Piscator berühmt, der hier am 3. September 1927 mit Ernst Tollers Stück ›Hoppla, wir leben!‹ das Kapitel ›Piscator-Bühne‹ eröffnete. Lange Jahre fungierte das Theater dann unter dem Namen *Metropol* als Diskothek. Im November 2005 eröffnete hier mit Restaurant, Cocktailbar und Tanzlokal der exclusive Nachtclub *Goya*, in dem man sich per Aktienpaket als Clubmitglied, als Goyaner, einkaufen konnte. Doch nach dessen Insolvenz ist nicht sicher, wie das Gebäude zukünftig genutzt werden wird.

# Rund um das Charlottenburger Schloss – hier sind Kunstliebhaber richtig

Das Viertel rund um das Schloss Charlottenburg ist ein Hort der Kunst. Das Schloss, die Museen in seinem Innern und in der Umgebung bieten Meisterwerke von der Vor- und Frühgeschichte über den Jugendstil bis zur Moderne. Der Stadtteil Charlottenburg hieß früher Lietzow und war vor der Eingemeindung nach Berlin Anfang des 20. Jh. die zweitreichste Stadt Preußens, was sich noch heute an repräsentativen Bauwerken und vornehmen Wohnhäusern ablesen lässt, letztere z. B. zwischen Kaiserdamm und Neuer Kantstraße am Lietzensee.

### 108 Schloss Charlottenburg

*Größtes und glanzvollstes der Berliner Hohenzollernschlösser.*

Spandauer Damm/Luisenplatz
Tel. 030/32 09 14 40
www.spsg.de
Altes Schloss Di–So 9–17 Uhr
Neuer Flügel Di–So 10–17 Uhr
Aktuelle Öffnungszeiten unbedingt vorab telefonisch erfragen
U7 Richard-Wagner-Platz
U2 Sophie-Charlotte-Platz
Bus 145, 309

Der kurfürstlich-brandenburgische Oberbaudirektor Johann Arnold Nering errichtete ab 1695 in ländlicher und bewaldeter Umgebung Schloss Lietzenburg, benannt nach dem nahe gelegenen Dorf Lietzow. Friedrich III. schenkte es als **Sommerresidenz** seiner Frau Sophie Charlotte, die das Schloss bald zum geistigen Zentrum Berlins machte. Einer ihrer engsten Freunde war der Philosoph Johann Gottfried Leibniz, Gründer der Berliner Akademie der Wissenschaften.

Als sich Kurfürst Friedrich III. im Jahr 1701 selbst zum ›König in Preußen‹ krönte

*Schmiedeeiserne Spielereien und Goldgefunkel – die kunstvollen Verzierungen stimmen perfekt auf die prachtvolle Innenausstattung von Schloss Charlottenburg ein*

## 108 Schloss Charlottenburg

*Versailles war Vorbild: Schloss Charlottenburg, benannt nach Königin Sophie Charlotte, gilt als glanzvollstes Beispiel barocker Baukunst des Hauses Hohenzollern*

und sich als solcher nun Friedrich I. nannte, genügte das Sommerschlösschen den Repräsentationsbedürfnissen natürlich nicht mehr. Deshalb wurde es weiter ausgebaut, bis es als glanzvollstes Beispiel barocker Baukunst des Hauses Hohenzollern galt. Schließlich dauerte es fast 100 Jahre, bis das Prunkschloss, das heutige **Alte Schloss**, seine endgültige Ausdehnung und Gestalt erhielt.

Den Anfang machte der schwedische Architekt Johann Friedrich Eosander von Göthe, der die Anlage an beiden Seiten erweiterte. Schloss Lietzenburg erhielt nach dem Tod der Königin Sophie Charlotte den Namen Schloss Charlottenburg. Bis 1713 wurde es in Anlehnung an *Versailles* mit dem 48 m hohen Kuppelturm über dem Mittelbau ergänzt. Den Abschluss bildet eine vergoldete ›Fortuna‹, die als Wetterfahne dient. Erweitert wurden die Bauten in dieser Zeit auch durch die an den westlichen Flügel anschließende **Orangerie**, in der heute Kunstausstellungen stattfinden.

1740–47 ließ Friedrich der Große als Pendant zur Orangerie von Georg Wenzeslaus Knobelsdorff im Osten den **Neuen Flügel** errichten. Unter Friedrich Wilhelm II. wurde die Anlage 1788–91 mit dem von Langhans erbauten **Schlosstheater** auf insgesamt 505 m verlängert.

Nach der Revolution von 1918/19 ging das Schloss in den Staatsbesitz der Weimarer Republik über und wurde als Museum genutzt. Im Zweiten Weltkrieg wurde es fast völlig zerstört. Jahrzehntelang dauerten Wiederaufbau und Restaurierung, doch der ursprüngliche Zustand konnte weitgehend wieder hergestellt werden.

### Denkmal des Großen Kurfürsten

Im *Ehrenhof*, vor dem Mittelbau des Schlosses, steht seit 1952 das Reiterdenkmal des Großen Kurfürsten, das 1696/97 von *Andreas Schlüter* modelliert und 1700 in einem Stück gegossen wurde. Das Bronzewerk, das den Regenten als Schlachtensieger zeigt, gilt als das bedeutendste barocke Reiterstandbild und war ab 1703 in der Nähe des Berliner Stadtschlosses aufgestellt. Während des Zweiten Weltkriegs sollte es in Sicherheit gebracht werden, versank aber bei einer Havarie im Tegeler Hafen und konnte erst 1950 geborgen werden.

### Historische Räume

Die historischen Räume im Mitteltrakt sowie im rechten Seitenflügel von Charlottenburg wurden in den 50er-Jahren des 20. Jh. wieder hergestellt und können fast alle besichtigt werden. Im Erdgeschoss des Mittelbaus sind die *Eichengalerie* und das **Porzellankabinett** sehenswert. Letzteres präsentiert kostbares chinesisches und japanisches Porzellan aus dem 17. und 18. Jh. Um die Wirkung der herrlichen Geschirr-Kreationen zu erhöhen, ließ Friedrich I. die Sammlung durch großzügige Spiegelflächen an den Wänden optisch vervielfältigen.

Im Obergeschoss des *Neuen Flügels* befinden sich die prunkvollen Gemächer Friedrichs des Großen und der *Weiße Saal*, der dem Alten Fritz als Speise- und Thronsaal diente. Ein weiterer ›Augenschmaus‹ ist die 42 m lange *Goldene Galerie* mit ihren kunstvollen Dekorationen aus vergoldetem Stuck.

Friedrichs Vorliebe für die Malerei des französischen Rokoko ist es zu verdanken, dass in seinen Räumen acht bedeutende Gemälde von *Jean-Antoine Watteau* zu sehen sind. Optische Leckerbis-

## 108 Schloss Charlottenburg

sen bietet auch die berühmte Tabakdosensammlung Friedrichs.

Im früheren *Schlosstheater* ist heute das **Museum für Vor- und Frühgeschichte** (Tel. 030/32 67 48 40, www.smb.museum Di–Fr 9–17, Sa/So 10–17 Uhr) untergebracht, das auf die Kunst- und Altertumssammlungen der Hohenzollern zurück-

*So viel Gold macht glücklich: Eine der Attraktionen ist die 42 m lange Goldene Galerie im Neuen Flügel – fantasievolle Raumerfindung des deutschen Rokoko*

## Schloss Charlottenburg

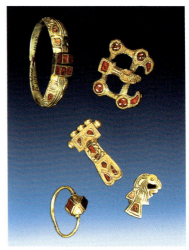

Kostbare Exponate des Museums für Vor- und Frühgeschichte im Schloss Charlottenburg: Spitze – der Berliner Goldkegel stammt ursprünglich aus Süddeutschland. Auch während der Völkerwanderung (5./6. Jh.) schön geschmückt

geht. Es zählte lange zu den drei größten Sammlungen dieser Art in der Welt, wurde aber durch die Zweiten Weltkrieg dezimiert. Gleichwohl dokumentiert das Museum auch heute noch umfassend die prähistorischen Kulturen Europas und Vorderasiens. Exponate aus der römischen Antike und dem Mittelalter vervollständigen das Bild. Sehenswert ist hier nicht zuletzt die Sammlung *Heinrich Schliemanns* (1822–1890) mit Grabungsfunden aus dem antiken Troja.

Vor dem Neuen Flügel steht die Nachbildung eines seit dem Zweiten Weltkrieg verschollenen Werkes von Andreas Schlüter. Das Denkmal zeigt den Kurfürsten Friedrich III.

## 109 Schlosspark Charlottenburg

**TOP TIPP** *Juwel europäischer Gartenbaukunst.*

Spandauer Damm/Luisenplatz
U7 Richard-Wagner-Platz und
U2 Sophie-Charlotte-Platz
Bus 145, 309

Zu den beliebtesten Stadtparks Berlins gehört der Charlottenburger Schlosspark. 1687 wurde er als erster französischer Barockgarten Deutschlands von Simeon Godeau angelegt und im 18. Jh. von Peter Joseph Lenné um einen englischen Landschaftsgarten erweitert. Noch heute gilt er als ein Paradebeispiel für exzellente europäische Gartenbaukunst.

Von der Straße aus lässt sich die Pracht nicht gleich erahnen, da sich die Anlage vor allem hinter dem Schloss ausdehnt. Der östlich von der Spree begrenzte *Barockgarten* ist symmetrisch angelegt: Großflächige, reich gemusterte Broderien erstrecken sich bis zu einem *Karpfenteich*. Die Mittelpartie ist von vierreihigen Alleen eingeschlossen. Im Zentrum befindet sich ein achteckiger Brunnen mit Fontäne.

Im nördlichen Teil des Parks, im *Englischen Landschaftsgarten*, steht das von Carl Gotthard Langhans 1788 erbaute barocke **Belvedere** (Tel. 030/32 09 14 45, www.spsg.de, April–Okt. Di–Fr 12–17, Sa/So/Fei 10–17, Nov.–März Di–So 12–16 Uhr), ein hübsches dreistöckiges Teehaus. Hier werden heute Porzellan und Dekor der *Königlichen Porzellan Manufaktur* (KPM) aus dem 18. und 19. Jh. präsentiert.

Am Ende einer Tannenallee im Westteil des Parks steht ein kleiner dorischer Tempel, das **Mausoleum** (Tel. 030/32 09 14 46, www.spsg.de, März–Okt. Di–So 10–17 Uhr), das von Heinrich Gentz 1812 im Auf-

*Von allen Seiten ein Genuss: Schloss Charlottenburg. Links wird der Garten von der Spree begrenzt, an das Parterre schließt sich der Karpfenteich an*

### 109 Schloss Charlottenburg

trag von König Friedrich Wilhelm III. erbaut wurde. Es dient als letzte Ruhestätte für die früh verstorbene Königin Luise (1776–1810). Der sehenswerte *Marmorsarkophag* der Königin, ein Hauptwerk der deutschen Skulptur des 19. Jh., wurde von Christian Daniel Rauch 1811–14 in Italien gefertigt. Rauch war Kammerdiener der Königin und wurde von ihr für das Bildhauerstudium freigestellt. Zum Gedenken an die überaus beliebte Regentin legen auch heute noch viele Berliner an ihrem Todestag Blumen zu Füßen des Sarkophags nieder.

Auch andere bedeutende Mitglieder des Königshauses sind hier beigesetzt: Luises Gemahl Friedrich Wilhelm III. († 1840), seine zweite Gemahlin Fürstin Liegnitz († 1873) und Prinz Albrecht († 1872). Das Herz von König Friedrich Wilhelm IV. († 1861) ist in einer Steinkapsel zwischen den Grabstätten seiner beiden Eltern beigesetzt. Die Marmorsarkophage von Kaiser Wilhelm I. († 1888) und Kaiserin Augusta († 1890) sind Werke von Erdmann Encke.

Am Osteingang des Parks fügt sich der **Neue Pavillon** (Tel. 030/32 09 14 43, www.spsg.de, Di–So 10–17), auch Schinkel-Pavillon genannt, harmonisch ins Landschaftsbild ein. Das Sommerhaus wurde auf Veranlassung Friedrich Wilhelms III. von Schinkel geplant und von Albert Dietrich Schadow 1824/25 ausgeführt. Vorbild war der *Palazzo di Chiatamone* in Neapel, den der König im Jahr 1822 bewohnt hatte. Im Neuen Pavillon pflegten der Regent und seine zweite Frau die Sommermonate zu verbirngen. Das *Innere* wurde ebenfalls größtenteils nach den Plänen des großen Architekten Schinkel gestaltet. Zwar sind die Räume in Form und Grundriss relativ einheitlich, doch wird der individuelle Charakter durch die unterschiedliche *Farbgebung* betont. In den Gemächern sind heute Möbel, Gemälde und Skulpturen aus der Schinkel-Zeit ausgestellt.

### 110 Museum Berggruen

*Bedeutende Privatsammlung der Klassischen Moderne.*

Schlossstraße 1/Spandauer Damm
Tel. 030/326 95 80
www.smb.museum
Di–So 10–18 Uhr
U7 Richard-Wagner-Platz
U2 Sophie-Charlotte-Platz
Bus 145, 309

Im Oktober 2004 wurde der Kunstsammler und Mäzen Heinz Berggruen zum Berliner Ehrenbürger ernannt. Teil seines Verdienstes um die Stadt ist die Überlassung

*Von Kopf bis Fuß auf Milljöh eingestellt: Bronzedenkmal für Heinrich Zille (1965, Heinrich Drake) im Koellnischen Park*

### Milljöh-Maler

Auf beiden Seiten der Schlossstraße breitet sich ein typisches Berliner Viertel aus. Es erinnert an die Zeit des Malers **Heinrich Zille** (1858–1929). 37 Jahre lang lebte und arbeitete Zille in der **Sophie-Charlotten-Straße 88**. Der ›Rinnsteinmaler‹ wurde berühmt durch seine Zeichnungen aus dem Berliner Proletariat, seine humorvollen Bildunterschriften und seine Fotografien, die er u. a. in den ›Lustigen Blättern‹ und im ›Simplicissimus‹ veröffentlichte. 1931 brachte man an seinem Wohnhaus eine Gedenktafel an, die später von den Nazis entfernt wurde. Einem Arbeiter, der die Tafel anschließend versteckte, ist es zu verdanken, dass man sie zum 20. Todestag Zilles wieder restaurieren und am Eingang des **Zille Ecks** in der Zillestraße anbringen konnte. So wird man noch heute dort an den Zeichner des ›**Berliner Milljöhs**‹ erinnert.

*Mit ›Matador und Akt‹ (1970, Museum Berggruen) inszeniert Picasso sein großes Thema Maler und Modell – in der Stierkampfarena und zugleich als schalkhaftes Selbstbildnis*

seiner bedeutenden Kunstsammlung an die Stiftung Preußischer Kulturbesitz, die seit 1997 im westlichen Stülerbau gegenüber vom Schloss Charlottenburg zu sehen ist.

Im Mittelpunkt der heute 165 Werke umfassenden Sammlung steht **Pablo Picasso** mit allein 100 Arbeiten, darunter Gemälde, Skulpturen und Grafik. Zu sehen sind z. B. die Bronzeskulptur ›Fernande‹, das Bildnis des Dichters Jaime Sabarté sowie der ›Sitzende Harlekin‹. Paul Klee ist mit 60 poetischen Kabinettstücken aus den Jahren 1917–40 vertreten. Unter den über 20 Werken von Henri Matisse sind auch sechs seiner berühmten Scherenschnitte. Abgerundet wird die Sammlung durch Skulpturen von Alberto Giacometti und Plastiken aus Afrika.

## 111 Bröhan-Museum

*Jugendstil in alter Kaserne.*

Schlossstraße 1a/Spandauer Damm
Tel. 030/32 69 06 00
www.broehan-museum.de
Di–So 10–18 Uhr
U7 Richard-Wagner-Platz
U2 Sophie-Charlotte-Platz
Bus 145, 309

Das Bröhan-Museum, auch *Landesmuseum für Jugendstil, Art Déco und Funktionalismus (1899–1939)*, ist in einer 1893 erbauten früheren Infanteriekaserne untergebracht. Die qualitätvolle Sammlung ist ein Geschenk von Prof. Karl H. Bröhan (1921–2000) an das Land Berlin. Zwischen 1966 und 1975 hatte Bröhan Kunsthandwerk, Porzellan, Gemälde, Möbel, Gläser und industrielle Entwürfe aus den so bedeutenden europäischen Stilrichtungen wie Art Déco, Jugendstil und Funktionalismus zusammengetragen. 1983 konnte das Museum eröffnet werden. Die Abteilung mit Gemälden, Pastellen, Zeichnungen und Druckgrafik präsentiert die Künstler der *Berliner Secession*. Eine andere Sektion stellt das Werk des großen belgischen Jugendstilkünstlers *Henry van de Velde* vor.

*Heinz Bergguen im Kreise seiner Lieben – hier Liebespaar und Seilspringerin von Matisse*

## 112 Rathaus Charlottenburg

*Geglückte Mischung aus Barock, Klassizismus und Jugendstil.*
Otto-Suhr-Allee 96–102
U7 Richard-Wagner-Platz
Bus 145

Charlottenburg war um 1900 eine der reichsten Gemeinden des Kaiserreichs. Dies zeigt auch das 1899 erbaute Rathaus der Architekten Heinrich Reinhardt und Georg Süßenguth, das bereits 1911–15 durch Heinrich Seeling erweitert werden musste. Schon von weitem sieht man den 88 m hohen Turm, der mit Kupferplatten verkleidet ist. Die *Fassade* der Frontseite ist mit Personifikationen der verschiedenen Handwerkszünfte geschmückt. Ebenfalls repräsentativ sind im Innern das Treppenhaus und die Festsäle.

Gegenüber, in der Otto-Suhr-Allee 89, steht das älteste, um 1820 erbaute Haus der Straße. Die Inschrift ›*Privilegierte Hof-Apotheke Anno 1799*‹ soll an die früher neben dem Rathaus gelegene Hofapotheke erinnern.

Weiter in nordwestlicher Richtung gelangt man zur **Luisenkirche** (1716) am Gierkeplatz, der einstigen Pfarrkirche von Charlottenburg. Das von Schinkel 1823–26 umgestaltete Gotteshaus wurde im Krieg schwer beschädigt. Beim Wiederaufbau erhielt der Turm dann ein niedriges Pyramidendach.

*Beim Bau des Rathauses Charlottenburg bediente man sich nicht der damals beliebten neogotischen Formen. Das repräsentative Gebäude wurde in abgewandeltem Jugendstil errichtet und zitiert zudem ältere Stilrichtungen*

# Das Westend – gute Aussicht inbegriffen

Um die Wende vom 19. zum 20. Jh. war das Westend eine neue feine Adresse außerhalb der City. Den heutigen Besuchern der Stadt ist dieses Viertel vor allem bekannt durch das **Messegelände**, auf dem die großen Berliner Fachausstellungen stattfinden. Ein Spaziergang durch den Bezirk Westend gestaltet sich aber auch für denjenigen abwechslungsreich, der das Olympiagelände mit dem modernisierten **Olympiastadion** und der Waldbühne sehen will oder sich für Kunst und Architektur des 20. Jh. interessiert. In jedem Fall aber sollte man einen Besuch des **Funkturms**, den die Berliner den ›Langen Lulatsch‹ nennen, einplanen!

## 113 Internationales Congress Centrum (ICC)

*Mit rund 400 Kongressen pro Jahr ist das ICC eine der führenden Kongressstätten der Welt.*

Messegelände
S5, S75 Messe Süd, S41, S42, S46, U2 Messe Nord, U2 Kaiserdamm
Bus X34, X49, M49, 139

Lange Jahre war das ganz in Aluminium gehüllte Internationale Congress Centrum (ICC), 1973–79 nach Plänen von Ralf Schüler errichtet, als architektonisches Monster verschrien, heute wird es von den Berlinern im Wesentlichen akzeptiert. Die Stadtautobahn, die unmittelbar am ICC vorbeiführt, war bestimmend für die lang gestreckte, schiffsähnliche Form des Baus von 320 m Länge, 80 m Breite und 40 m Höhe. Symptomatisch für die eigenwillige Architektur des ICC ist auch die vor dem Haupteingang aufragende **Plastik** ›Ein Mensch baut seine Stadt‹ (1980) von Jean Ipoustéguy.

Im **Innern** des Gebäudes werden die Besucher über ein elektronisches Leitsystem zu den jeweiligen Veranstaltungsorten geführt. Die eigens für das Haus entwickelte Mechanik der Geräusch- und Schwingungsdämpfung lassen mehrere Veranstaltungen unter einem Dach zu. In den mehr als 80 Räumen und Sälen finden nicht nur Kongresse und Pressekonferenzen statt, sondern auch kulturelle Veranstaltungen, Bankette und Feste. Zudem wird das ICC für große Messen wie die Internationale Tourismusbörse, die Internationale Funkausstellung und die Intenationale Grüne Woche genutzt. Der größte Saal (Saal 1) bietet Raum für rund 5000 Personen und verfügt über die zweitgrößte, mit moderner Technik ausgestattete Bühne Europas.

Eine dreistöckige Brücke verbindet das ICC mit den Ausstellungshallen des Messegeländes.

## 114 Messegelände

*Internationale Fachmessen mit Rekordbesucherzahlen.*

Hammarskjöldplatz
S5, S75 Messe Süd, S41, S42, S46, U2 Messe Nord, U2 Kaiserdamm
Bus X34, X49, M49, 139

Die Zahlen können sich sehen lassen: Fast ½ Mio. Besucher kommt jedes Jahr Ende Januar zur *Internationalen Grünen Woche*, der größten Nahrungs-, Landwirtschafts- und Gartenbauausstellung Europas. Und ebenso viele Besucher hat alle zwei Jahre Ende August die *Internationale Funkausstellung* – eine Medienshow der Superlative.

Schon vor dem Ersten Weltkrieg standen an dieser Stelle Ausstellungshallen. Nach einem Brand im Jahr 1935 gab Richard Ermisch dem Messegelände mit

den neuen Bauten sein heutiges Gepräge. Allerdings wurde auch diese Anlage während des Krieges stark beschädigt. Nach 1950 wurde sie durch neue Hallen erweitert, und auch Ende des 20. Jh. hat man die Raumkapazität noch einmal vergrößert. Das gesamte Areal misst 188 887 m², davon sind rund 160 000 m² überdachte Ausstellungsfläche.

Der 40 000 m² große **Sommergarten** wurde bereits 1930 von Hans Poelzig im Zentrum des Messegeländes als Blumenanlage konzipiert.

## 115 Funkturm

*Vom ›Langen Lulatsch‹ hat man einen herrlichen Blick über die Stadt.*

Messedamm 11
S5, S75 Messe Süd, S41, S42, S46, U2 Messe Nord, U2 Kaiserdamm
Bus X34, X49, M49, 139

Der ›Lange Lulatsch‹, wie der – inklusive Antennenmast – 150 m hohe Funkturm von den Berlinern scherzhaft genannt wird, wurde 1924–26 anlässlich der 3. Deutschen Funkausstellung nach einem Entwurf von Heinrich Straumer am nordöstlichen Rand des Messegeländes errichtet. Er sollte als Antennenträger, Signalturm für den Flugverkehr und Aussichtskanzel mit Restaurant dienen.

1945 zerstörte eine Granate eine der Hauptstreben des Funkturms, der sich jedoch mithilfe von 800 kg schweren Schrauben auch auf drei Beinen wacker hielt. Übrigens: Seine Eckpfeiler ruhen auf Porzellan der KPM (Königliche Porzellanmanufaktur) und tragen ein Gesamtgewicht von 600 t. Vom Berliner Funkturm wurde 1929 das *erste Fernsehbild der Welt* ausgestrahlt. Bis 1962 war der ›Lange Lulatsch‹ außerdem Sendemast der Berliner Rundfunkanstalten. Vom zweigeschossigen **Restaurant** (Tel. 030/30 38 29 96, Mo. geschl.) in 55 m Höhe und von der Aussichtsplattform in 125 m Höhe hat man einen fantastischen Blick auf die Stadt.

Berlin war auch die Wiege des deutschen Radios, von hier ging am 29. Oktober 1923 die erste Ansage der ersten Rundfunkanstalt des Landes über den Äther. 1967 wurde am Fuß des Turms das *Deutsche Rundfunk Museum* (www.drm-berlin.de) eröffnet. Es ist inzwischen in das *Deutsche Rundfunkarchiv Babelsberg* (Marlene-Dietrich-Allee 20, Potsdam-Babelsberg, Tel. 03 31/58120, www.dra.de) umgezogen, ist aber leider derzeit nicht öffentlich zugänglich.

**117** Friedhof Heerstraße

## **116** Haus des Rundfunks

*Deutschlands erstes Funkhaus.*

Masurenallee 8–14
U2 Theodor-Heuss-Platz,
Bus X34, X49, M49, 104

Das 1929–31 von Hans Poelzig erbaute Funkhaus galt seinerzeit dank seiner technischen Ausstattung als modernstes in Europa. Der Klinkerbau ähnelt in seinem Grundriss einem Satellitenschirm. Hier traten Erich Kästner und Alfred Döblin in Hörspielen auf, hier inszenierte Brecht Shakespeares ›Hamlet‹ für den Funk. 1945–56 besetzte die Sowjetische Militäradministration das Gebäude und richtete den ›Berliner Rundfunk‹ ein.

Seit 1957 sind hier die Hörfunkabteilungen des Senders Freies Berlin (SFB) untergebracht, der am 1. Mai 2003 mit dem Ostdeutschen Rundfunk Brandenburg (ORB) zum **Rundfunk Berlin-Brandenburg** (RBB) fusionierte.

**Oben:** *Lange Zeit war es als architektonisches Alu-Monster verschrien – heute weiß man die Qualitäten des Internationalen Congress Centrums (ICC) durchaus zu schätzen*

**Unten:** *Körper in Harmonie: Im Georg-Kolbe-Museum in der Nähe des Friedhofes Heerstraße sind fast 200 Bronzen sowie mehr als 100 Gipsmodelle und Skizzen des Künstlers zu besichtigen*

## **117** Friedhof Heerstraße

*Einer der landschaftlich schönsten Friedhöfe Berlins und Ruhestätte berühmter Künstler.*

Trakehner Allee 1
S75, S9 und U2 Olympiastadion

Terrassenförmig liegen die Gräber rund um den **Sausuhlensee**. Hier fanden ihre letzte Ruhestätte der Kunsthändler Paul Cassirer († 1926), der Dichter Joachim Rin-

**117** Friedhof Heerstraße

*Farbenfrohes Fassadengewand: Der weltberühmte Architekt Le Corbusier entwarf dieses Gebäude an der Reichssportfeldstraße Ende der 50er-Jahre des 20. Jh.*

gelnatz († 1934), die Schauspieler Tilla Durieux († 1971), Grete Weiser († 1970) und Victor de Kowa († 1973), der Bühnenschriftsteller Curt Goetz († 1960), der Maler George Grosz († 1959) sowie der Bildhauer Georg Kolbe († 1947).

Südlich vom Friedhof ist das **Georg-Kolbe-Museum** (Sensburger Allee 25, Tel. 030/304 21 44, www.georg-kolbe-museum.de, Di–So 10–17 Uhr, S75 Heerstraße, Bus M49) im einstigen Wohnhaus und Atelier des Bildhauers Kolbe (1877–1947) ansässig. In der angrenzenden Grünanlage, dem *Georg-Kolbe-Hain*, sind fünf überlebensgroße Bronzen, Erstgüsse nach Gipsmodellen des Künstlers, aufgestellt: ›Große Kniende‹ (1942/43), ›Ruhende‹ (1939–41), ›Dionysos‹ (1932), ›Großer Stürzender‹ (1939–45) und ›Mars und Venus I‹ (1940).

## 118 Le-Corbusier-Haus

*Moderner Wohnungsbau von einem der einflussreichsten und bedeutendsten Architekten des 20. Jh.*

Flatowallee 16
www.corbusierhaus-berlin.de
S75, S9 Olympiastadion
Bus X34, X49, M49, 218

Nach dem Bau seiner Häuser in Marseille und Nantes verwirklichte der Architekt Le Corbusier (1887–1965) am Heilsberger Dreieck die dritte Version seiner ›Wohneinheit angemessener Größe‹. Das 17-stöckige Gebäude aus Stahlbeton wurde 1956–58 anlässlich der Internationalen Bauaustellung errichtet. Die 557 Wohnungen verschiedener Größe und Anordnung sind für 1500 Bewohner gedacht. Sie leben in einer kleinen Stadt für sich, angeschlossen sind ein Kraftwerk, ein Postamt und eine Einkaufsstraße. Man kann im Le-Corbusier-Haus heutzutage übrigens auch logieren.

Charakteristisch für den ›plastischen Stil‹ Le Corbusiers sind die Gliederung der *Fassade* durch die kräftige farbige Gestaltung der abstrakten Friese und der Balkonbrüstungen. Der Architekt distanzierte sich allerdings nach der Fertigstellung von dem Gebäude, da seine Pläne nachträglich ohne seine Zustimmung geändert worden waren.

## 119 Olympiastadion

*Das größte Sportstadion Deutschlands.*

Olympischer Platz
Tel. 030/25 00 23 22
www.olympiastadion-berlin.de
tgl. 10–19, Nov.–März bis 16 Uhr (Mai–Juli 2006 wegen Fussball-WM geschl.)
S75, S9 und U2 Olympiastadion

Anlässlich der Olympischen Spiele 1936 wurde das Stadion als Mittelpunkt des

## 119 Olympiastadion

*Reichssportfeldes* nach Plänen von Werner March (überarbeitet von Albert Speer) erbaut. 15 Mio. Reichsmark und 2600 Bauarbeiter, Ingenieure und Helfer waren nötig, um den Bau in zwei Jahren aus dem Boden zu stampfen. Am 1. August 1936 eröffnete Adolf Hitler hier vor 120 000 Zuschauern die XI. Olympischen Spiele. Die Nazis gaben sich damals weltoffen, alle judenfeindlichen Parolen waren aus dem Stadtbild verschwunden, und eine Jüdin durfte sogar Mitglied der deutschen Olympiamannschaft werden. In den folgenden Jahren veranstalteten die NS-Machthaber im Olympiastadion Mai- und Sonnenwendfeiern, und hier jubelten die Massen Benito Mussolini zu.

Seit den 60er-Jahren des 20. Jh. wird das Stadion wieder regelmäßig für Sportveranstaltungen wie Leichtathletik-Wettkämpfe und Fußball-Länderspiele genutzt. Vier Jahre lang, 2000–2004, wurde die Anlage für ca. 240 Mio. Euro umgebaut. Das Stadion ist nun überdacht und die Sitzplatzkapazität wurde von 75 000 auf 76 000 erweitert.

Beeindruckend ist die geringe Außenhöhe des Stadions mit nur 16,50 m. Dafür musste das *Spielfeld* 12 m unter das Bodenniveau abgesenkt werden, nach dem Umbau liegt es noch einmal 2,65 m tiefer. Zwei hohe Pfeiler markieren das **Olympische Tor** im Osten. Im Westen befindet sich das **Marathontor** mit der Schale des Olympischen Feuers. An den Wänden des Tores sind Tafeln mit den Namen der Olympia-Sieger von 1936 angebracht.

Hinter dem Westtor liegt das **Maifeld**, das seinen Namen während der Nazizeit erhielt: Dort trat die ›Deutsche Arbeiterfront‹ am 1. Mai an. Der 77 m hohe *Glockenturm* – unter den Nazis als Führerturm bezeichnet – wurde wegen Kriegsschäden 1962 gesprengt und später wieder aufgebaut. Er bietet einen herrlichen Rundblick. Nach dem Zweiten Weltkrieg unterstand das Maifeld bis 1990 den britischen Streitkräften, die hier alljährlich zum Geburtstag der Queen Paraden abhielten. Jetzt ist es z. B. Treffpunkt für die Aktion ›Jugend trainiert für Olympia‹.

Nördlich des Olympiastadions schließt sich das **Schwimmstadion** (7600 Plätze) an, das zuletzt anlässlich der Weltmeisterschaften 1978 umgebaut wurde.

Ebenfalls 1936 wurde westlich vom Maifeld in einer Senke der Murellenberge die **Waldbühne** errichtet. Sie ist mit 20 000 Plätzen eines der größten Freilichttheater Europas. Werner March gestaltete die NS-Kult- und Feierstätte nach dem Vorbild antiker Theater. Heute finden hier Klassik-, Jazz- und Popkonzerte sowie Kinoabende statt.

*Schicke Kombination von Alt und Neu – das Olympiastadion präsentiert sich seit 2004 in coolem Outfit als Austragungsort der Fussball-WM 2006 und Leichtathletik–WM 2009*

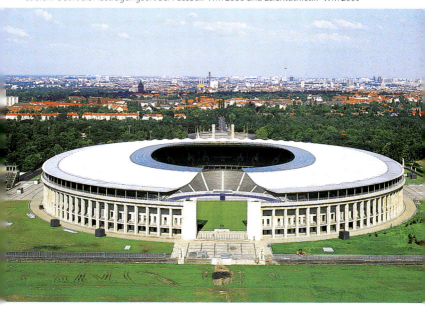

# Grunewald und Wannsee – Wald, Wiesen, Wasser

Das Naherholungsgebiet der Berliner war und ist der 32 km² große Grunewald mit den Havelseen Wannsee, Grunewaldsee, Schlachtensee und Krumme Lanke. Hier findet man nicht nur schöne Waldwanderwege, vornehme Villenviertel und romantische Schlösschen, sondern auch hübsche Badestrände und angenehme Ausflugslokale. Bis zum 19. Jh. trug die Wald- und Sumpfregion östlich der Havel den Namen *Spandauer Forst*. Der natürlich gewachsene Mischwald war als Jagdrevier im Besitz des preußischen Herrscherhauses.

## 120 Villenkolonie Grunewald     *Plan Seite 138*

*Noble Wohnsitze mit Seeblick.*
S7 Grunewald, Bus M19, 186

1877 entstand an den reizvollen Seen Hundekehlesee, Dianasee und Königssee eine vornehme Villenkolonie: Geschäftsleute, darunter einige jüdische Fabrikanten, und Künstler zogen hierher. Für den Verkehrsanschluss an die City sorgte ab 1890 die S-Bahn. Der dazugehörige Bahnhof wurde im Stil eines englischen Landhauses errichtet.

Im Dritten Reich wurden die jüdischen Hausbesitzer enteignet. In die noblen Villen zogen nun Leute wie Hermann Göring und Joseph Goebbels ein (Königsallee 68 und 70). Vom Güterbahnhof Grunewald deportierte man indes Berliner Juden in die Konzentrationslager.

## 121 Teufelsberg     *Plan Seite 138*

*Ein Berg aus Trümmerschutt.*
Am Nordrand des Grunewalds
S7 Grunewald, dann etwa
20-minütiger Fußmarsch

Im Norden des Grunewalds liegt der 115 m hohe Teufelsberg. Dem höchsten Berg des Großraums Berlin sieht man heute nicht mehr an, dass er aus 25 Mio. Kubikmeter *Trümmerschutt* besteht. Doch ganz gleich ob künstlich angelegt oder echt, der Berliner weiß jede kleinste Erhöhung zu nutzen. Zur kalten Jahreszeit sieht man hier Rodler oder Skifahrer, im Sommer und Herbst lässt man Drachen steigen. Im Winter 1986 fand am Teufelsberg sogar ein Skiweltcup im Slalom statt. Wichtig für Spaziergänger aber ist vor allem der bezaubernde **Ausblick**: In südwestlicher Richtung sieht man weit über das Grün des Grunewalds hinweg bis hin zur Havel. Am Fuß des Berges schließlich liegt der *Teufelssee*, der tiefste der Berliner Seen.

*Ahoi, Seebär! Segelfreuden auf der Havel – und über allem der Grunewaldturm*

*Weidmannsheil! Landschaftserlebnis am Grunewaldsee und inmitten dieser Idylle liegt Jagdschloss Grunewald*

## 122 Jagdschloss Grunewald  *Plan Seite 138*

*Das älteste Schloss Berlins.*

Hüttenweg 100 (Südostufer des Grunewaldsees)
Tel. 030/813 35 97
www.spsg.de
15. Mai – 15. Okt. Di–So 10–17 Uhr, sonst Sa/So/Fei nur mit Führung um 11, 13 und 15 Uhr
Bus X83, 115, 183, dann etwa 20-minütiger Fußmarsch

Das Jagdschloss Grunewald ist einer der ältesten erhaltenen Profanbauten Berlins. Das idyllisch gelegene Schlösschen, 1542 von Caspar Theyss errichtet, gehörte im 16. Jh. Kurfürst Joachim II. Wegen seiner Lage trug es den Namen ›Zum grünen Wald‹, aus dem später der Name Grunewald entstand. Der schlichte Renaissancebau wurde Anfang des 18. Jh. im barocken Stil umgestaltet und durch angrenzende Wirtschaftsgebäude erweitert. In ihrer ursprünglichen Form erhalten blieben damals nur die Vorhalle und der Treppenturm. Heute beherbergt das Jagdschloss eine **Gemäldesammlung** mit rund 200 Werken deutscher und niederländischer Meister des 15. bis 19. Jh., darunter Bloemaert, Bruyn, Jordaens, Cranach und Rubens.

*Wer ist schöner, Natur oder Nymphe? ›Die Quellnymphe‹ (um 1515) von Lucas Cranach d. Ä. in der Galerie des Jagdschlosses*

Großer Wannsee

#  Großer Wannsee  *Plan Seite 138*

**TOP TIPP** *Noch heute gilt der Schlager aus den 1950ern: Pack' die Badehose ein!*

S1, S7 Nikolassee und Wannsee
Bus 112, 114, 118, 218, 316, 318, 620

Manch' einer, der der sommerlichen Hitze der Stadt entflieht und sich auf den Weg zum Strandbad Wannsee macht, trällert noch den alten Schlager »Pack' die Badehose ein...« vor sich hin. Das **Strandbad**, erstmals 1907, dann 1929–30 nach den Entwürfen von Richard Ermisch im Stil der Neuen Sachlichkeit erbaut, ist immer noch das beliebteste Freibad Berlins. Die großzügig angelegte Badeanstalt mit ihren Terrassen und dem 1,3 km langen und 80 m breiten *Sandstrand* ist die größte ihrer Art in Europa.

Wer nicht nur faul am Wasser liegen möchte, spaziert nach Norden zur 25 ha großen Halbinsel **Schwanenwerder**, auf der Ende des 19. Jh. ein **Villenviertel** entstand. In den 30er-Jahren des 20. Jh. zog die Nazi-Prominenz hierher. Nach Kriegsende kam Dwight Eisenhower als Militärgouverneur, später zog das Aspen-Institut auf das frühere Goebbels-Grundstück an der Inselstraße 10–14, und der Verleger Axel Springer ließ sich auf dem Grundstück Nr. 24–26 eine Villa bauen.

*Sommertrubel am Großen Wannsee mit Strandkorbkolonie und Beachvolleyball der Damen*

*Auftritt im Strandbad am Großen Wannsee – so manche Sonnenanbeterin weiß Bademode mit damenhafter Eleganz zu inszenieren*

## 124 Villenviertel Alsen

Plan Seite 138

*Sommerresidenzen der feinen Gesellschaft und die Gedenkstätte Haus der Wannseekonferenz.*

S1, S7 Wannsee, Bus 114

Der nur dünn besiedelte Wald um den Wannsee war jahrhundertelang *Jagdgebiet* der preußischen Könige. Es gab nur einige Bauern-, Fischer und Gasthäuser, z. B. Stimmings Krug an der heutigen Wannseebrücke (Königstraße 4). Hier verbrachte der Dichter *Heinrich von Kleist* die letzte Nacht, bevor er seine Gefährtin Henriette Vogel und sich am 21. November 1811 erschoss. Sein efeuüberwuchertes Grab liegt an der Bismarckstraße 3.

Den Gasthof Stimmings Krug ließ der Bankier Wilhelm Conrad 1863 abreißen, um sich eine Villa zu bauen. Der einflussreiche Geschäftsmann plante auf seinem 70 ha großen Grundstück am südöstlichen Ufer des Großen Wannsees eine Villenkolonie und regte einige Freunde dazu an, auch dort zu bauen. Nachdem Conrad 1874 den Bau der *Wannseebahn* (heute S1) durchgesetzt hatte, entstanden hier tatsächlich zahlreiche Sommerresidenzen der feinen Gesellschaft Berlins. Mit der landschaftlichen Umgestaltung des Wald- und Sumpfgebiets wurde der Lenné-Schüler Gustav Meyer beauftragt.

Diese erste Villenkolonie außerhalb Berlins nannte Wilhelm Conrad nach der im Krieg von 1864 eroberten dänischen Insel *Alsen*.

Auch der Maler *Max Liebermann* (1847–1935) zog sich gerne an den Wannsee zurück. Die **Liebermann-Villa** (Colomierstraße 3, www.max-liebermann.de, April–Okt. Mi–Mo 11–18, Do bis 20, sonst Mi–Mo 11–17 Uhr) ist seit Mai 2006 als Museum zu Leben und Werk des deutschen Impressionisten, der als Jude von den Nazis verfemt wurde, für Besucher zugänglich.

Geschichtliche Bedeutung erlangte die *Villa Minoux* (Am Großen Wannsee 56–58): Am 20. Januar 1942 traf sich hier SS-Obergruppenführer Reinhard Heydrich mit SS-Obersturmbannführer Adolf Eichmann und hohen Beamten aus dem Reichsinnenministerium und Auswärtigem Amt, um über die Vernichtung von 11 Mio. Juden zu entscheiden. Die menschenverachtenden Versammlung ging als Wannseekonferenz in die Geschichte ein. Zu deren 50. Jahrestag wurde die Villa als **Gedenkstätte Haus der Wannseekonferenz** (Tel. 030/805 00 10, www.ghwk.de, tgl. 10–18, Bibliothek/Mediothek Mo–Fr 10–18 Uhr) und Mahnmal gegen Rassismus eingerichtet. 2006 eröffnete die neu konzipierte Dauerausstellung ›*Die Wannsee-Konferenz und der Völkermord an den europäischen Juden*‹.

# Berlin – Westliche Außenbezirke

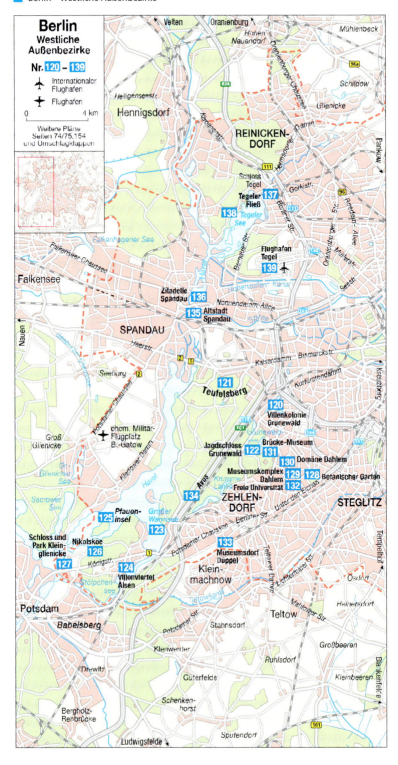

#  125 Pfaueninsel

*Die Perle im Havelmeer ist ein Meisterwerk deutscher Gartenbaukunst.*

Tel. 030/80 58 68 30
www.spsg.de
Schloss: April–Okt. Di–So 10–17 Uhr
Meierei: Nov.–März Sa/So/Fei 11–15 Uhr (nur mit Führung)
Fähre: Mai–Aug. tgl. 8–21 Uhr, März/April, Sept./Okt. tgl. 9–18 Uhr, Nov.–Febr. tgl. 10–16 Uhr
S1, S7 Wannsee, Bus 218, 316

Nur mit einer kleinen **Fähre** ist die idyllische Pfaueninsel im südlichen Arm der Havel zu erreichen. Autos und Fahrräder müssen am *Nikolskoer Weg* geparkt werden, Hunde dürfen ebenfalls nicht mit.

Die Pfaueninsel wird nicht von ungefähr auch ›Perle im Havelmeer‹ genannt, ist sie doch das Musterbeispiel eines ›Sentimentalen Landschaftsgartens‹ im Sinne der Romantik mit künstlichen Ruinen und klassizistischer Architektur. Im 19. Jh. strömten die Berliner zu Tausenden hierher, um exotische Tiere inmitten einer Art Märchenlandschaft zu bestaunen. Heute ist die Pfaueninsel mit ihrem jahrhundertealten *Baumbestand* und der artenreichen *Vogelwelt* das schönste Naturschutzgebiet Berlins.

Zur Zeit des Großen Kurfürsten (1640–88) wurden auf der etwa 1,5 km langen und 500 m breiten Havelinsel Kaninchen zur Jagd ausgesetzt. An der Ostseite ließ der Kurfürst eine *Glashütte* errichten, in der der Chemiker Johann Kunckel von Löwenstein das überaus geschätzte Rubinglas herstellte.

## Lustschloss

Im 18. Jh. diente die Insel nur noch der Rinder- und Schafzucht, bis sich hier 1794 Friedrich Wilhelm II. ein Liebesnest für sich und seine Geliebte, Gräfin Lichtenau, bauen ließ: Es entstand ein Lustschloss im Ruinenstil mit zwei durch eine Brücke verbundenen Türmen. Doch der ›dicke Wilhelm‹ kam nicht mehr in den Genuss seines Bauwerks. Er starb 1797, im Jahr der Fertigstellung. Später jedoch avancierte das Schlösschen zur bevorzugten Sommerresidenz seines Sohnes Friedrich Wilhelm III. und dessen Gemahlin Königin Luise. Die *Ausstattung* des Schlosses ist vollständig im Original erhalten, ein vorzügliches Beispiel für den klassizistischen Stil der Zeit Friedrich Wilhelms II.: reiche

*Liebesnest ohne Turteltauben: Friedrich Wilhelm II. ließ für sich und seine Geliebte auf der Pfaueninsel ein Schloss erbauen. Doch im Jahr der Fertigstellung starb der ›dicke Wilhelm‹*

Stuckaturen, Wand- und Deckengemälde sowie Fußböden aus Edelhölzern.

## Landschaftspark

Für die landschaftliche Gestaltung der Insel sorgte kein Geringerer als Peter Joseph Lenné. Im Jahr 1822 legte er auch eine *Menagerie* an, die 1842 den Grundstock des Zoologischen Gartens in Berlin bilden sollte. Gleichzeitig verwandelte er den größten Teil der Pfaueninsel in einen englischen Landschaftsgarten. Er pflanzte exotische Bäume und Sträucher an, darunter Palmen, für die Albert Dietrich Schadow 1829–31 ein Palmenhaus errichtete. Dieses brannte jedoch 1880 ab.

In der Mitte der Insel steht das **Kavalierhaus**, das Karl Friedrich Schinkel 1824 entwarf. In den *Südturm* ließ der Baumeister Teile der spätgotischen Fassade eines in Danzig abgebrannten Patriziergebäudes aus dem 15. Jh. einfügen. Ein weiteres Schinkel-Werk ist das **Schweizerhaus**, das für die Hofangestellten bestimmt war. Südlich vom Kavalierhaus findet sich ein Überbleibsel der Menagerie – die von zahlreichen Vogelarten bewohnte *Voliere* von 1824. Nicht weit davon steht auch das Winterhaus (1828) für exotische Vögel. Die Stars der Insel sind zweifellos die zahlreichen frei in den Gärten herumstolzierenden Pfaue.

Die **Meierei** am nördlichen Ende wurde, wie das Schloss, um 1795 als künstli-

## 125 Pfaueninsel

*Er hat die Eitelkeit erfunden: In voller Pracht entfaltet sich der Pfau, welcher der Insel im Havelland ihren Namen gab. Noch viele der exotischen Vögel leben dort*

che Ruine in gotischen Formen errichtet. Südlich davon steht der **Gedächtnistempel** für Königin Luise, ein kleiner Hallenbau von 1829.

## 126 Nikolskoe   *Plan Seite 138*

*Ein Stück Russland im Grunewald.*

Nikolskoer Weg
Bus 316

Gegenüber der Pfaueninsel, auf einem von Lenné Anfang des 19. Jh. angelegten kleinen Aussichtsplateau, steht das Blockhaus Nikolskoe. König Friedrich Wilhelm III. ließ es 1819 für seine Tochter Charlotte und ihren Mann, den späteren Zaren Nikolaus I., im russischen Stil errichten. Und so heißt das Gebäude auch Nikolskoe, ›Nikolaus zu eigen‹. Das Haus bewohnte früher der Leibkutscher des Zaren, der dort – illegal – eine Schankwirtschaft betrieb. Nach einer Brandstiftung wurde das **Blockhaus Nikolskoe** (www.blockhaus-nikolskoe.de, Tel. 030/805 29 14) wieder aufgebaut und bewirtschaftet. Die Terrasse des Lokals bietet einen schönen Blick auf Havel und Pfaueninsel.

> **TOP TIPP**

Östlich des Blockhauses steht die von Stüler erbaute Kirche **St. Peter und Paul** (1834–37), ein einschiffiger Bau mit halbrunder Altarnische und einem russischen Zwiebelturm. Die beiden römischen *Mosaikmedaillons* mit den Namenspatronen der Kirche an der hohen Kanzel sind ein Geschenk von Papst Clemens XIII. an Friedrich den Großen.

Auf einem Spazierweg entlang der Havel in südwestlicher Richtung gelangt man zum Ausflugslokal **Moorlake** (Moorlaker Weg, Tel. 030/805 58 09) mit Garten.

## 127 Schloss und Park Kleinglienicke   *Plan Seite 138*

*Architektonisches und landschaftliches Gesamtkunstwerk.*

Nördlich der Königstraße
Tel. 030/ 805 30 41
www.spsg.de,
Mitte Mai–Mitte Okt. Sa/So/Fei 10–17, sonst Sa/So/Fei nur mit Führung um 11, 13 und 15 Uhr
S1, S7 Wannsee, dann Bus 316

An der **Glienicker Brücke**, die über die Havel nach Potsdam führt, steht die

*Na Strowije! Das im russischen Stil errichtete Blockhaus Nikolskoe mit Ausflugslokal. Die Aussicht von dort ist überwältigend*

## 127 Schloss und Park Kleinglienicke

*Gut gebrüllt, Goldlöwen! Die Könige der Tiere stimmen ein auf das königliche Gesamtkunstwerk Schloss Kleinglienicke – einst Sommerresidenz von Prinz Karl von Preußen*

**Große Neugierde**, ein von Schinkel 1835 entworfener, von korinthischen Säulen getragener Rundtempel. Nach dem Zweiten Weltkrieg gewann die Glienicker Brücke weltweite Bedeutung: Hier traf sich die internationale Presse, um den Austausch von *Spionen* zwischen Ost und West zu beobachten. Doch die Zeit des Kalten Krieges ist vorbei, und heutzutage kommt man vor allem wegen der Naturschönheiten und wegen der Schlossanlage Kleinglienicke hierher.

Zunächst gab es hier nur ein kleines Landhaus, das der Staatskanzler Fürst Karl August von Hardenberg 1814 erworben hatte. Initiator des neuen architektonischen und landschaftlichen Gesamtkunstwerks war der dritte Sohn von König Friedrich Wilhelm III., Prinz Karl von Preußen: Er erwählte sich 1824 das Landhaus als Sommersitz und beauftragte Karl Friedrich Schinkel, die vorhandenen Gebäude zum **Schloss Kleinglienicke** umzubauen und die Anlage durch vielfältige Nebengebäude zu ergänzen.

Neben Schinkel waren auch dessen Schüler Ludwig Persius und Ferdinand von Arnim am Ausbau beteiligt. Schinkel erweiterte das Lustschloss 1825–28 um einen Nordost-Trakt zu einer schlichten Dreiflügelanlage und fügte dem Kavalierhaus einen Turm an. Das Innere mit seinen verschiedenfarbigen Räumen wirkt elegant und harmonisch.

Von seinen zahlreichen Reisen – u. a. nach Pompeji und Karthago – hatte Prinz Karl von Preußen antike und neuzeitliche Skulpturen und Architekturfragmente mitgebracht, die hier als Schmuckelemente Verwendung fanden.

Die Gestaltung des 116 ha großen **Parks** übernahm Peter Joseph Lenné, der schon 1816 für Hardenberg den *Pleasure Ground* nach englischem Vorbild angelegt hatte.

Die vergoldete **Löwenfontäne** als festlicher Auftakt vor dem Mittelbau des Schlosses geht auf ein Vorbild in der *Villa Medici* in Rom zurück. Der **Brunnen** im inneren Gartenhof ist der antiken *Ildefonso-Gruppe* (›Schlaf und Tod‹) nachgebildet, die im Prado in Madrid steht. In die rückwärtige Schlossfassade sind antike Baufragmente eingelassen.

Westlich der Löwenfontäne, direkt an der Königstraße, steht die von Schinkel im Jahr 1825 gebaute **Kleine Neugierde**. Der Teepavillon wurde mit Sarkophagreliefs sowie mit pompejanischen Mosaik- und Freskenfragmenten ausgestattet.

An der Uferstraße des Jungfernsees sieht man das **Casino** mit seinen lang gestreckten Pergolen. Es wurde 1824 von Schinkel durch den Ausbau eines früheren Billardhauses geschaffen.

Den **Jägerhof** im Norden des Parks, der mit seinen Zinnen und Tudorbögen Stilformen der englischen Gotik zitiert, errichtete der Baumeister 1828.

# Dahlem und Zehlendorf – ein Stück Dorfleben in der Großstadt

Zehlendorf und das eingemeindete Angerdorf Dahlem, einst kleine Bauernsiedlungen vor den Toren der Stadt, gehören heute zu den bevorzugten Wohngegenden Berlins. Allerdings sind hier Miet- und Grundstückspreise überaus hoch, und so haben sich in dieser Gegend fast ausschließlich Begüterte angesiedelt. Der Reiz dieser Stadtteile kommt nicht von ungefähr: Ein großer Teil Zehlendorfs besteht aus Wald, Wasserflächen, Park- und Gartenanlagen, 173 ha werden sogar noch landwirtschaftlich genutzt. Dahlem hat einen ganz eigenen Charakter, mit seinem historischen *Dorfkern* um den ›Alten Krug‹, mit seinen bedeutenden Museen, den Forschungs- und Universitätsinstituten sowie den Villenvierteln, in denen Prominenz aus Kultur, Politik und Wirtschaft wohnt.

## 128 Botanischer Garten *Plan Seite 138*

*Europas größter Botanischer Garten.*

Königin-Luise-Straße 6–8
Tel. 030/83 85 00 27
www.botanischer-garten-berlin.de
Mai–Juli tgl. 9–21, April/Aug. tgl. 9–20,
Sept. tgl. 9–19, März/Okt. tgl. 9–18,
Febr. tgl. 9–17, Nov.–Jan. tgl. 9–16 Uhr
S1 Botanischer Garten, Bus 385

Der Botanische Garten ist mit seinen mehr als 18 000 Pflanzenarten der größte in Europa. Er wurde 1897–1903 unter der Leitung von Adolf Engler angelegt. In den Jahrhunderten zuvor wurden seltene Exemplare der Pflanzenwelt noch im Lustgarten vor dem Berliner Stadtschloss gehütet. Einen ersten Botanischen Garten gab es auch von 1679 bis 1897 in Schöneberg am jetzigen Kleist-Park – bis heute ist dort noch der alte Baumbestand erhalten.

Auf der rund 42 ha großen Fläche des gegenwärtigen Botanischen Gartens sind die Pflanzen nach unterschiedlichen wissenschaftlichen Gesichtspunkten zusammengestellt: Es gibt eine pflanzengeographische Abteilung, ein Areal mit Nutz- und Arzneipflanzen, einen Duft- und Tastgarten, einen Baumgarten (Arboretum) sowie einen Kurfürstlichen Garten mit Pflanzen aus dem 17. Jh. Kommt man durch den Südeingang an der Straße Unter den Eichen, spaziert man zunächst durch den Baumgarten mit seinen etwa 1800 Baum- und Straucharten, den Wiesen und Teichen. Eine Attraktion sind

auch die 16 Gewächshäuser mit tropischen und subtropischen Pflanzen. Das Große Tropenhaus etwa ist 60 m lang, 30 m breit und 25 m hoch. Bei hoher Luftfeuchtigkeit und Temperaturen zwischen 24 und 30 °C kann hier der Riesenbambus 10–30 cm pro Tag wachsen. Ebenso können ausgefallene Exemplare der Orchideen, Fleisch fressenden Pflanzen, Kakteen und Seerosen ihre Pracht entfalten.

Das **Botanische Museum** (tgl. 10–18 Uhr) am Nordeingang schließlich enthält eine interessante Sammlung von präparierten Pflanzen, Modellen, Dioramen und die interaktive Video-Installation *Botanic Channel*. Angeschlossen ist eine Bibliothek.

## 129 Museumskomplex Dahlem  *Plan Seite 138*

*Vier Museen präsentieren eine der bedeutendsten und reichsten völkerkundlichen Sammlungen Europas.*

Lansstraße 8/Arnimallee 23–27
www.smb.museum
U3 Dahlem Dorf, Bus X11, X83

Der älteste Bau des Dahlemer Museumskomplexes wurde 1914–23 auf Betreiben Wilhelm von Bodes, des Generaldirektors der Berliner Museen, nach Entwürfen von Bruno Paul errichtet und beherbergte anfänglich das Asiatische Museum. Vor dem Eingang Arnimallee steht eine bronzene *Kentaurengruppe* von Reinhold Begas (1881), an der Ecke zur Fabeckstraße sieht man die Bronzeskulptur ›Herkules mit dem Nemeischen Löwen‹ von Max Klein (1897). In den 60er-Jahren des 20. Jh. kamen dann Erweiterungsbauten von Wils Ebert und Fritz Bornemann hinzu, um Platz zu schaffen für die durch die Teilung der Stadt heimatlos gewordenen Museen. Nach der Wiedervereinigung wurde folgerichtig eine Zusammenführung dieser Kollektionen mit denen der Museumsinsel beschlossen.

Dahlem bereits verlassen haben die Gemäldegalerie (heute am Kulturforum, s. Nr. 80), die Skulpturensammlung, das Museum für Byzantinische Kunst (beide ab 2006 im Bodemuseum, s. S. 40) und das Museum für Islamische Kunst (heute im Pergamonmuseum, s. S. 41).

*Dschungel in Berlin – im Tropenhaus des Botanischen Gartens kann man die ausgefallensten exotischen Pflanzen live erleben*

*Einladung zur japanischen Teezeremonie – das Dahlemer Museum für Ostasiatische Kunst vermittelt ein stimmungsvolles Bild von der Alltagskultur ferner Länder*

## Ethnologisches Museum
Eingang: Lansstraße 8
Tel. 030/830 14 38
Di–Fr 13–18, Sa/So 11–18 Uhr

Eines der interessantesten und größten Institute seiner Art ist das Ethnologische Museum. Es entstand 1873, geht aber zurück auf das 17. Jh., auf das berühmte *Kunst- und Raritätenkabinett* des Großen Kurfürsten. Heute besitzt es mehr als 500 000 Ethnographica, hinzu kommen zahlreiche musikethnologische Tonaufnahmen, über 140 000 Fotodokumente und 1000 völkerkundliche Filme.

Das Museum gliedert sich in die Abteilungen Afrika, Amerikanische Archäologie, Amerikanische Ethnologie, Islamischer Orient, Ost- und Nordasien, Süd- und Südostasien, Südsee und Australien sowie Musikethnologie. Im August 2005 wurde die Dauerausstellung ›Kunst aus Afrika‹ mit 180 Meisterwerken eröffnet, die einen Zeitraum von 800 Jahren umspannen und 70 Völker des Kontinents repräsentieren. Themenbereiche sind Kunstgeschichte, figurale Plastik, Performance und Design. Ferner gibt es eine musikethnologische und ein Juniormuseum,

*Wuzhiqi, der Schutzgeist der Flüsse Huai und Guo (VR China, Song-Dynastie, Anfang 12. Jh.), ist eines der geheimnisvollen Wesen, die das Museum für Ostasiatische Kunst bevölkern*

das unter dem Titel ›Ab durch die Wüste‹ zum Mitmachen einlädt. Die Europa-Sammlung ist seit Jahren Bestandteil des Museums Europäischer Kulturen im gleichen Komplex.

## Museum für Indische Kunst
Eingang: Lansstraße 8
Tel. 030/830 14 38
Di–Fr 10–18, Sa/So 11–18 Uhr

Das 1963 gegründete Museum ist das jüngste der Staatlichen Museen Preußischer Kulturbesitz. Es entstand durch die Übernahme der Sammlungsschwerpunkte Indien, Indonesien und Zentralasien des Ethnologischen Museums. 1945 wurde ein großer Teil der Sammlung von den Sowjets abtransportiert. Übrig blieben immerhin rund 15 000 äußerst sehenswerte Objekte. Besonders interessant sind die Exponate der *Turfan-Sammlung* (2.–12. Jh.) aus buddhistischen Höhlenklöstern und Tempeln in Ost-Turkestan, z.B. Wandmalereien und Stoffbilder, Lehm- und Holzfiguren, die *Gandhara-Bildwerke* aus dem 1.–5. Jh. und die älteste bekannte Bronze des Gottes Vishnu aus Pakistan (7. Jh.).

## Museum für Ostasiatische Kunst
Eingang: Lansstraße 8
Tel. 030/830 14 38
Di–Fr 10–18, Sa/So 11–18 Uhr

Das Museum für Ostasiatische Kunst geht zurück auf die 1907 gegründete *Ostasiatische Kunstsammlung*. Der größte Teil dieser Kollektion wurde 1945 in die UdSSR gebracht und befindet sich noch heute in der Eremitage in St. Petersburg. Doch das Dahlemer Museum kann sich immer noch sehen lassen, es zeigt exquisite Exponate aus *China*, *Japan* und *Korea* von der Jungsteinzeit bis zur Gegenwart. Zu den Highlights zählen chinesische und japanische Malerei und Grafik, erlesene japanische Teekeramik sowie 150 kostbare Bronzen aus dem Ordosgebiet, einer Wüstenregion im Norden Chinas (5. Jh. v. Chr.–3. Jh. n. Chr.).

## Museum Europäischer Kulturen
Eingang: Arnimallee 25
Tel. 030/830 14 38
Di–Fr 10–18, Sa/So 11–18 Uhr

Der Arzt und Anthropologe Rudolf Virchow gilt als Vater des *Museums für Volkstrachten und Erzeugnisse des Hausgewerbes*, das 1889 im Palais Creutz in der Klosterstraße 36 eröffnet wurde. Zu dieser Sammlung kamen 1893 die volkstümlichen Exponate, die für die Weltausstellung in Chicago zusammengetragen worden waren. 1904 wurde die Kollektion dann als *Königliche Sammlung für Deutsche Volkskunde* den Königlichen Museen unterstellt. Während des Zweiten Weltkrieges gingen jedoch 80 % der rund 45 000 Exponate verloren. 1970–76 wurde für die verbliebenen Exponate der wieder aufgebaute Magazintrakt des Geheimen Staatsarchivs Preußischer Kulturbesitz (Im Winkel 6–8) bereitgestellt. 1999 wurde die Sammlung als Museum Europäischer Kulturen neu gegründet. Sie übernahm damals auch die europäische Abteilung des Museums für Ethnologie sowie einige Objekte aus dem Pergamonmuseum.

Seit Mai 2005 ist das Museum Europäischer Kulturen im Museumskomplex Dahlem ansässig. Gezeigt wird europäische Alltagskultur des 18.–21. Jh. Ausgestellt sind Schmuck, Votivbilder, Textilien, Haus-

*Magische Götterwelten – Terrakottareliefs im Museum für Indische Kunst*

## 129 Museumskomplex Dahlem

*Die Pfaffnähmaschine und das ›Überleben 1945‹ im Museum Europäischer Kulturen*

haltsgeräte, Spielzeug und Keramik, darunter der Winterthurer Kachelofen von 1665. Zum Programm gehören neben Wechselausstellungen auch länderspezifische Kulturtage sowie der europäische Weihnachts- und Ostermarkt.

*Brücke-Museum: ›Otto Mueller mit Pfeife‹ von Ernst Ludwig Kirchner (1913)*

## 130 Domäne Dahlem
Plan Seite 138

*Bäuerliches Leben pur.*
Königin-Luise-Straße 49
Tel. 030/666 30 00
www.domaene-dahlem.de
Mi–Mo 10–18 Uhr
U3 Dahlem Dorf, Bus X11, X83

Im historischen Zentrum von Dahlem, dem einstigen Dorf, lädt das Freilichtmuseum Domäne Dahlem zum Besuch: Auf dem Grundstück eines mittelalterlichen *Lehn- und Rittergutes* wurde 1680 das Gutshaus Dahlem errichtet. Besitzer war Kreiskommissar Cuno Hans von Willmerstorff. Im barocken Herrenhaus ist heute eine Lehr- und Ausbildungsstätte des *Instituts für Veterinärmedizin* der FU untergebracht. Zum Hof gehören jede Menge Tiere, ein Gemüse- und Blumengarten, Felder und verschiedene Handwerksbetriebe. Ein **Museum** informiert über die Geschichte der Domäne, über (ökologische) Landwirtschaft und Ernährung. Beliebt sind der *Ökomarkt* (Mi 12–17, Sa 8–13 Uhr), die Kinderaktionen und Marktfeste.

Mitten im Ort steht die *Dahlemer Dorfkirche*, auch St.-Annen-Kirche genannt. Der Backsteinbau aus der Zeit um 1220 erhielt im 15. Jh. einen spätgotischen Chorraum, die Barockkanzel und die Empore kamen 1679 hinzu. Beachtlich ist auch der der hl. Anna geweihte Schnitzaltar.

Sehenswert sind in Dahlem außerdem der *U-Bahnhof Dahlem Dorf*, 1913 als niedersächsisches Fachwerkhaus mit Strohdach errichtet, und der *Dorfanger*, auf dem ein kleiner Hügel das Gewölbe eines Eiskellers von 1709 birgt.

## 131 Brücke-Museum
Plan Seite 138

*Exzellente Schau expressionistischer Meisterwerke.*
Bussardsteig 9
Tel. 030/831 20 29
www.bruecke-museum.de
Mi–Mo 11–17 Uhr
Bus 115

Das Museumsgebäude in *Zehlendorf* wurde 1967 nach Plänen von Werner Düttmann auf Anregung des Malers Karl Schmidt-Rottluff (1884–1976) erbaut: Er wollte sich und seinen Künstlerfreunden, mit denen er 1905 in Dresden die expressionistische Künstlergemeinschaft ›**Die Brücke**‹ (bis 1913) gegründet hatte, ein Denkmal setzen. Schmidt-Rottluff und

*Sir Norman Fosters spektakulärer Bibliotheksneubau (2005) für die Freie Universität Berlin erhielt den Spitznamen ›Berlin Brain‹.*

Erich Heckel beteiligten sich auch an den Baukosten. Es entstand ein bungalowähnlicher Flachbau am Grunewald mit viel Glas und schimmernden Sichtbetonwänden am Eingang. Die vier hellen, um einen Innenhof gruppierten Ausstellungsräume zeigen eine Sammlung von 400 Gemälden, ferner Zeichnungen, Aquarelle und Druckgrafik der Brücke-Künstler. Zu sehen sind farb- und ausdrucksstarke Werke von Schmidt-Rottluff, Erich Heckel, Ernst Ludwig Kirchner, Otto Müller, Emil Nolde und Max Pechstein. Thematische Wechselausstellungen vertiefen den Einblick in ihr Kunstschaffen.

Hinter dem Museum steht ein riesiges Atelier, in dem früher der Bildhauer Arno Breker seine vom NS-Regime so geliebten monumentalen Heldenfiguren schuf. Heute sitzt hier die Bernhard-Heiliger-Stiftung (Käuzchensteig 8, Tel. 030/831 20 12, bernhard-heiliger-stiftung.de) in einem schönen Skulpturengarten. Heiliger (1915–1996) war Schüler Brekers, wandte sich aber der abstrakten Formensprache zu.

akademischen Freiheit an den Universitäten in der sowjetischen Besatzungszone beraubt fühlten. Im amerikanischen Sektor, genauer gesagt in mehreren Dahlemer Villen, hielten die Professoren ihre Vorlesungen ab. Erst 1952 konnte man mit Mitteln der Ford Foundation das Hauptgebäude, den **Henry-Ford-Bau**, und 1954 die Universitätsbibliothek errichten. 1967–72 schließlich wurde die **Rostlaube**, ein Komplex pavillonartiger Institutsbauten für die Geisteswissenschaften, von den Pariser Architekten Candilis, Josic und Woods erbaut. Ihren ungewöhnlichen Namen erhielt sie wegen der braunen Stahlfassade. 1972–79 kam ein mit Aluminium verkleideter Bau hinzu, die **Silberlaube**. Nahe der Rostlaube, die bis 2007 umfassend renoviert wird, wurde 2005 die neue **Philologische Bibliothek** von Sir Norman Foster eingeweiht. Das Gebäude mit Platz für ca. 700 000 Bücher wird wegen seiner runden, schädelartigen Form ›the Berlin brain - das Berliner Hirn‹ genannt. An der FU sind etwa 35 500 Studenten in zwölf Fachbereichen immatrikuliert.

## 132 Freie Universität Berlin  *Plan Seite 138*

*Die erste Nachkriegsuniversität Deutschlands setzt neue Akzente mit Sir Norman Fosters Bibliothek.*

Boltzmannstraße/Garystraße
www.fu-berlin.de
U3 Thielplatz, Bus M11, 110

1948 wurde unter dem Vorsitz des damaligen Regierenden Bürgermeisters Ernst Reuter die Freie Universität (FU) in Westberlin gegründet – aus Protest von Professoren und Studenten, die sich ihrer

## 133 Museumsdorf Düppel  *Plan Seite 138*

*Rekonstruktion einer mittelalterlichen Siedlung am Rande der Großstadt.*

Clauertstraße 11
Tel. 030/802 66 71
www.dueppel.de
April–Sept. Do 15–19, So 10–17 Uhr
S1 Zehlendorf
Bus X10, 101, 112, 115, 285, 623

Auch das gibt es in der Metropole Berlin: eine mittelalterliche Siedlung mit Wohn-

**133** Museumsdorf Düppel

*Tempolimit inbegriffen: Quer durch den Grunewald führt die erste Rennstrecke Deutschlands – die Avus (oben rechts). Links das Internationale Congress Centrum (ICC)*

häusern, Vorratsschuppen und Werkstätten. Das Freilichtmuseum Museumsdorf Düppel stellt eine Rekonstruktion der ursprünglichen Anlage am Ausgrabungsort dar, im südlichen Zehlendorf am Machnower Krummen Fenn. Archäologen legte dort 1967 ein Dorf aus dem 12. Jh. frei. Die Bewohner verließen die Siedlung vermutlich um 1220, weil der lehmhaltige Boden im neu gegründeten Zehlendorf bessere Erträge versprach.

Im Sommer werden im Museumsdorf Düppel regelmäßig *Vorführungen* traditioneller Handwerksarten geboten, z. B. Schmieden, Töpfern, Weben und Schnitzen, aber auch Brotbacken. Außerdem gibt es Veranstaltungen zu bäuerlichen und historischen Themen.

**134** Avus  *Plan Seite 138*

*Die erste Autorennstrecke Deutschlands.*

S7 Grunewald

Der Grunewald, der zu einem großen Teil zu Zehlendorf gehört, wird zwischen Messegelände und Nikolassee von der Avus (Automobil-, Verkehrs- und Übungsstraße) durchschnitten. 1921 eröffnet, war sie die erste Autorennstrecke Deutschlands und Schauplatz einst Aufsehen erregender *Geschwindigkeitsrekorde*. Den Rundenrekord stellte 1937 Bernd Rosemeyer mit 276 km/h auf. Auf der Geraden erreichte Rudolf Caracciola eine Spitzengeschwindigkeit von fast 400 km/h. Die 8 km lange Avus ist heute Teil des Stadtautobahnnetzes – und das Tempolimit liegt bei 100 km/h!

### Idyllische Ruhe

Wer mit dem Auto unterwegs ist, sollte von Zehlendorf aus einen Abstecher zum **Südwestfriedhof** der Berliner Stadtsynode in **Stahnsdorf** unternehmen. Auf dem überaus reizvollen Gelände befinden sich die Grabstätten des Industriellen Werner von Siemens († 1892), des Verlegers Gustav Langenscheidt († 1895), des Filmregisseurs Friedrich Wilhelm Murnau († 1931), des Malers Lovis Corinth († 1925) und des Komponisten Engelbert Humperdinck († 1921). Auch der Maler Heinrich Zille liegt hier begraben – mehr als 2000 Menschen begleiteten ihn 1929 auf seinem letzten Weg nach Stahnsdorf.

# Spandau und Reinickendorf – die westlichen Außenbezirke

Spandau war schon immer etwas Besonderes: Die einstige Festungsstadt ist älter als Berlin: Die erste Besiedlung erfolgte bereits im 8. Jh. durch die Slawen, und Spandau erhielt 1232 auch vor Berlin das Stadtrecht. Doch 1920 war Schluss mit der Selbstständigkeit: Spandau und seine umliegenden Gemeinden Gatow, Kladow, Pichelsdorf, Staaken, Tiefwerder, Spandau-Zitadelle und Pichelswerder wurden nach Groß-Berlin eingemeindet. Nicht ohne bissige Kommentare der Spandauer: »Mög' schützen uns des Kaisers Hand vor Groß-Berlin und Zweckverband.« Reinickendorf (1375 erstmals urkundlich erwähnt) wurde vor allem bekannt durch den **Flughafen Tegel** (1974 eingeweiht) und das **Märkische Viertel** (1963–74), eine umstrittene Trabantensiedlung, die Wohnraum für 50 000 Menschen bietet. Von besonderem landschaftlichen Reiz aber sind der Tegeler See und seine Umgebung.

## 135 Altstadt Spandau *Plan Seite 138*

*Mittelalterliches kleinstädtisches Flair am Westufer der Havel.*

U7 Altstadt Spandau
S75, S9 und U7 Rathaus Spandau
Bus X33, M32, M37, M45, 130, 131, 134, 135, 136, 236, 237, 337, 638, 639, 671

Die Spandauer Altstadt wurde durch die Bombardierungen im Zweiten Weltkrieg stark zerstört. Zudem setzte man bis in die 70er-Jahre des 20. Jh. den Abrissbagger ausgiebig ein. Erst 1978 besannen sich die Stadtväter eines Besseren und man begann, die Reste der Altstadt zu sanieren. Heute sind der **Reformationsplatz** und der nahe gelegene **Marktplatz** Zentren eines historischen Ensembles von Straßen und Gassen der Spandauer Altstadt, in denen die Vergangenheit noch höchst lebendig zu sein scheint.

Die **St.-Nikolai-Kirche** auf dem Reformationsplatz mit ihrem steilen Satteldach und dem mächtigen *Westturm* stammt aus der ersten Hälfte des 15. Jh. und ist ein bedeutendes Beispiel märkischer Backsteingotik. Das Gotteshaus

*Spandauer Sensation: Die Altstadt mit der St.-Nikolai-Kirche ist älter als Berlin* ▷

## 135 Altstadt Spandau

*Ritters Zeiten leben auf beim Anblick der Zitadelle Spandau*

wurde über einem Sakralbau aus dem 13. Jh. errichtet. Es brannte 1944 aus, wurde aber 1988 endgültig wieder hergestellt. In der dreischiffigen Halle fällt vor allem der 8 m hohe *Renaissancealtar* aus farbig gefasstem Kalkstein und Tuff ins Auge. Er wurde 1581 von Rochus Graf zu Lynar gestiftet. Dessen Familiengruft befindet sich unter dem Altar. Die barocke *Kanzel* (um 1700), eine Stiftung Friedrich Wilhelms I. für die Kapelle des Stadtschlosses in Potsdam, wurde 1904 hier aufgestellt. Die *Kreuzigungsgruppe* am Eingang der Nordkapelle wird auf die erste Hälfte des 16. Jh. datiert.

Vor dem Westportal steht das von Erdmann Encke 1889 geschaffene **Denkmal des Kurfürsten Joachim II.**, der offiziell die Reformation in Brandenburg einleitete. Das Ehrenmal für die Gefallenen der Freiheitskriege entwarf Schinkel 1816.

Viele der umliegenden Häuser sind restauriert und stehen unter Denkmalschutz. Darunter der **Gasthof zum Stern** (Carl-Schurz-Straße 41) aus dem frühen 18. Jh. und in der Breiten Straße 20 ein Haus mit klassizistischer Fassade (um 1800) aus der Schule David Gillys. An der Havel steht das **Heinemann-Haus** (Behnitz 5), ein Fachwerkbau mit spätbarocken Elementen von 1795. In der Straße Kolk fallen die **Alte Kolkschänke** (Kolk 3) von 1750 und die katholische **Marienkirche** auf. Sie wurde 1848 als schlichte, dreischiffige Basilika errichtet. Das im Krieg zerstörte Bauwerk wurde 1964 wieder hergestellt.

An der *Charlottenbrücke* befindet sich die Anlegestelle für Dampferfahrten zum Wannsee.

## 136 Zitadelle Spandau *Plan Seite 138*

*Eines der bedeutendsten erhaltenen Festungswerke des 16. Jh. in Deutschland.*

Zitadellenbrücke
Tel. 030/354 94 42 00
www.zitadelle-berlin.de
Di–Fr 9–17, Sa/So/Fei 10–17 Uhr
U7 Zitadelle, Bus X33

Die Zitadelle Spandau ist einer der ältesten monumentalen Profanbauten Berlins und eine der bedeutendsten Festungsanlagen des 16. Jh. in Deutschland. In strategisch günstiger Lage, allseits von Wasser umgeben, wurde die 1197 erstmals erwähnte Zitadelle vermutlich um 1160 unter Markgraf Albrecht dem Bären als Burg angelegt.

Das älteste erhaltene Gebäude des Komplexes ist der Anfang des 14. Jh. erbaute Bergfried mit dem Namen **Juliusturm**. Der Zinnenkranz des Turms (mit Aussichtsplattform) wurde 1838 nach Schinkels Entwurf erneuert. Auch der **Palas**, das Wohnhaus der Burg, ist mittelalterlichen Ursprungs. Im Sockel des um 1350 errichteten Gebäudes wurden jüdische Grabsteine des 13./14. Jh. gefunden. Sie stammen wahrscheinlich von dem um 1510 verwüsteten Spandauer Judenfriedhof und wurden beim Umbau des Palas' als Baumaterial genutzt.

Die Gestalt eines Festungswerkes nach italienischem Vorbild erhielt die Zitadelle durch den Ausbau ab 1560 unter Joachim II. Vollendet wurde die Anlage 1578–94 von Rochus Graf zu Lynar.

Die Zitadelle war nicht nur militärischer Stützpunkt, sondern diente bis 1876 auch als *Gefängnis* und wurde zudem als eine Art *Tresor* genutzt: Im Verlies des Juliusturmes ließ Reichskanzler Otto von Bismarck 1874 einen Teil des Kriegsschatzes (120 Mio. Goldmark) lagern, der aus den französischen Entschädigungszahlungen des Krieges 1870/71 stammte.

Ab 1935 richteten die Nationalsozialisten in der Zitadelle ein *Laboratorium* ein und ließen hier chemische Kampfstoffe entwickeln und testen. Bei Kriegsende warfen sie Kampfstoffreste in den Brunnen des Zitadellenhofes – ein wenig erfreuliches Erbe.

Der Kern der Festung bildet ein Quadrat von 200 m Seitenlänge mit je einer spitzwinkligen Bastion an den vier Ecken. Die **Bastionen** werden König (SW), Königin (SO), Kronprinz (NW) und Brandenburg (NO) genannt. Sie sind durch die Kurtinen, die Außenmauern, miteinander verbunden. Der Zugang zur Zitadelle erfolgt von Süden über einen Damm und eine Brücke durch das **Torhaus** oder Kommandantenhaus (16. Jh.). Im Obergeschoss lag einst die Kommandantenwohnung. Die Fassade des Torgebäudes wurde 1839 komplett erneuert.

Heute ist die Zitadelle kulturelles Zentrum Spandaus und bietet Konzertveranstaltungen und Ausstellungen. Im Neuen Zeughaus (1856-58) ist das **Stadtgeschichtliche Museum Spandau** untergebracht. Es zeigt Funde aus der Geschichte des Ortes von der Frühzeit bis heute, darunter Reste eines Mammutskeletts.

## 137 Tegeler Fließ  *Plan Seite 138*

*Idylle vor den Toren der Stadt.*
U6 Alt-Tegel, Bus 124, 125, 133, 222

Von landschaftlich besonderem Reiz ist die Umgebung des Tegeler Fließes, das den Bezirk Reinickendorf von Lübars bis zum Tegeler See durchfließt. Es ist das letzte frei mäandernde Gewässer Berlins und wurde wegen seiner Schönheit 1955 unter Naturschutz gestellt. Wer am Tegeler Fließ entlangwandern möchte, sollte in **Lübars**, einem märkischen Dorf, das mittlerweile unter Denkmalschutz steht, starten. Im Jahre 1247 erstmals urkundlich ewähnt, hat Lübars seinen ländlichen Charakter mit Dorfanger und Kopfsteinpflaster, Dorfkirche (1793), Freiwilliger Feuerwehr und Dorfschule bewahrt.

## 138 Tegeler See  *Plan Seite 138*

*Hübsche Wasserlandschaft mit Schloss, Parks und Villen.*
U6 Alt-Tegel, Bus 124, 125, 133, 222

Das Tegeler Fließ geht im Tegeler See auf, dem größten und schönsten der Havelseen. Hier steht ein weiteres Meisterwerk Schinkels, das auch Humboldt Schloss genannte **Schloss Tegel** (Adelheid-Allee 19–21, Tel. 030/434 31 56, voraussichtlich bis Mai 2007 geschl.). Das Gebäude diente Kurfürst Joachim II. um 1550 als Landsitz. Danach wechselten die Besitzer mehrfach, bis es 1765 die Familie von Humboldt kaufte. Die Brüder *Wilhelm* und *Alexander von Humboldt* wuchsen hier auf. Wilhelm, Gründer der Berliner Universität, und seine Frau Karoline ließen das Schloss 1820–24 von Karl Friedrich Schinkel im klassizistischen Stil umbauen: Die *Hauptfassade* erhielt durch dorische Pilaster und betonte Gesimse den gewünschten antikisierenden Charakter. In den Nischen wurden Marmorkopien berühmter antiker Statuen untergebracht. Die vier *Ecktürme* des Landschlosses entwarf Christian Daniel Rauch, der sie mit Reliefs von acht Windgöttern versah.

Im *Inneren* finden sich neben den ursprünglichen Einrichtungsgegenständen Originale und Repliken antiker *Skulpturen*, die Wilhelm von Humboldt als Gesandter Preußens in Rom gesammelt hatte. Schinkels dekorative Ausstattung des Schlosses lässt sich noch gut im Vestibül, in der Bibliothek, im Blauen Salon und im Antikensaal studieren. Im Atrium befindet sich der marmorne ›Brunnen des hl. Calixtus‹, ein römisches Original aus dem 3. Jh. n. Chr.

Im **Schlosspark** führt eine 1792 angelegte prachtvolle Lindenallee an der 400-jährigen Alexander-von-Humboldt-Eiche vorüber zur *Grabstätte* der Familie von Humboldt. Schinkel entwarf sie nach dem Tod von Karoline († 1829). In der Mitte des Grabes steht eine Granitsäule mit einer Nachbildung der Statue ›Hoffnung‹ des dänischen Bildhauers Bertel Thorvaldsen.

Sehenswert am **Tegeler Hafen** sind die Bauten zeitgenössischer Architekten, die im Rahmen der Internationalen Bauausstellung (IBA) 1987 entstanden, eine fast maritim anmutende Stadtlandschaft mit farbig gestalteten Villen und Reihenhäusern. Das auffälligste Bauensemble dieses Wettbewerbs ist das **Kultur- und Freizeitforum** von Charles Moore. Auf der künstlich angelegten Insel im Hafenbecken sollen in Zukunft weitere Anlagen geschaffen werden.

Am Nordende des Sees, an der *Greenwichpromenade*, befindet sich eine Anlegestelle für Dampfer nach Spandau und zum Wannsee. Von hier aus führt die Hafen-Brücke zum **Freizeitpark Tegel**, wo sich die Berliner am Wochenende zum Grillen und Bootfahren versammeln. Von der Hafen-Brücke aus kommt man zum traditionsreichen Restaurant **Tegeler Seeterrassen** (Wilkestraße 1, Tel. 030/433 80 01) am Westufer des Tegeler Sees. Von den Gartenterrassen des Gasthauses hat man einen herrlichen Blick übers Wasser.

Ebenfalls lohnend ist ein Spaziergang auf dem Uferweg in Richtung Süden: Auf der kleinen Halbinsel Reiherwerder steht die sehenswerte **Villa Borsig** (1911–13), ein schlossartiges Landhaus von neobarocker Pracht. Wo einst die Fabrikanten Friedrich-Ernst und Konrad Borsig in der Nähe ihrer Fabriken lebten, ist heute das Ausbildungszentrum und Gästehaus des *Auswärtigen Amtes* untergebracht.

*Die Freuden des Wassersports genießen viele Berliner auch am Tegeler See, dank seiner landschaftlichen Reize einer der schönsten Havelseen*

## 139 Flughafen Tegel

*Take off: Bedeutendster Flughafen der Hauptstadt ist Tegel im Westen der Metropole. Hier landete schon Graf Zeppelin mit seinem Luftschiff*

### 139 Flughafen Tegel
*Plan Seite 138*

*Der wichtigste Flughafen Berlins.*
Bus TXL, X9, 109, 128

Die spätere Bestimmung des Geländes als Flughafen wurde bereits 1909 festgelegt: Hier, inmitten der Jungfernheide, landete *Graf Zeppelin* mit seinem Luftschiff Z3 und wurde feierlich vom Kaiser empfangen. Auch nutzte man das Gelände als Übungsplatz des Berliner Luftschiffbataillons und als *Raketenversuchsgebiet*: Hermann Oberth und Wernher von Braun unternahmen hier 1931 ihre ersten Versuche. Während der Berlin-Blockade 1948/49 erhielt Tegel erste Bedeutung als Flughafen: Die 2400 m lange Lande- und Startbahn war damals die längste Europas. Danach diente Tegel als französischer Militärflugplatz und wurde schließlich 1960 für die zivile Luftfahrt freigegeben.

Zwischen 1969 und 1974 baute man nicht nur die Start- und Landebahn aus, sondern errichtete das *Terminal der kurzen Wege*, ein sechseckiges Abfertigungsgebäude nach den preisgekrönten Plänen von Meinhard von Gerkan, Volkwin Marg und Klaus Nickels. Seit 1988 trägt der Flughafen den Namen des Flugpioniers **Otto Lilienthal** – in der Haupthalle findet sich eine originalgetreue Nachbildung eines seiner Fluggeräte.

Tegel ist mit seinen rund 430 Starts und Landungen pro Tag und 11,5 Mio. Passagieren pro Jahr (2005) immer noch der *Hauptflughafen* Berlins. Von hier gehen die meisten innerdeutschen und interkontinentalen Flüge aus.

# Potsdam und Babelsberg – Glanz, Gloria und jede Menge Action

Potsdam erlangte erstmals Bedeutung durch den Großen Kurfürsten *Friedrich Wilhelm* (1640–1688), der die Stadt zur **zweiten Residenz** der Hohenzollern machte. Das heutige Stadtbild prägen jedoch zwei andere Preußenkönige. *Friedrich Wilhelm I.*, der Soldatenkönig, ließ Potsdam im 18. Jh. zur Garnisonsstadt ausbauen. Zum Inbegriff von preußischer Macht und königlichem Reichtum wurde Potsdam aber erst durch den Sohn des Soldatenkönigs, *Friedrich den Großen*. Im Gegensatz zu seinem nüchtern und praktisch denkenden Vater brachte er höfisches Leben und Kultur in die Stadt. Mit **Schloss Sanssouci** schuf sich Friedrich der Große sein Versailles vor den Toren Berlins.

## 140 Altstadt Potsdam

*Auf den Spuren des Soldatenkönigs.*

S7 Potsdam Hbf
Bus 148, 200, 248

Das historische Zentrum Potsdams wurde 1945 durch Bomben zerstört, und die sozialistische Abrissbirne tat ein Übriges. Heute ist es eine Mischung aus prachtvollen historischen Bauten und schlichter DDR-Architektur. In den nächsten Jahren sollen auch das Stadtschloss und die Garnisonskirche wieder aufgebaut werden.

Bereits 1990 erhob die UNESCO große Teile der Innenstadt in den Rang des Weltkulturerbes, und weitere 14 Denkmalgruppen in Stadt und Umgebung kamen 1999 hinzu.

Die Altstadt wird von der riesigen Kuppel der **Nikolaikirche** (Di–Sa 10–17, So 11.30–17, Mo 14–17Uhr) am Alten Markt

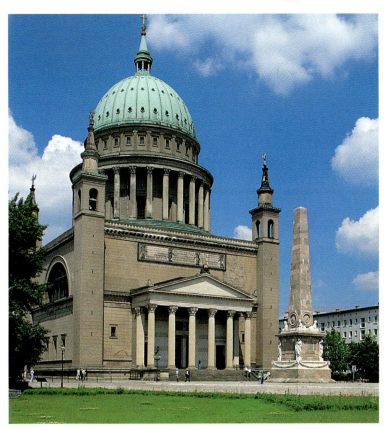

*Wahrzeichen von Potsdam: Die klassizistische Nicolaikirche mit ihrer gigantischen Kuppel stammt von keinem Geringeren als Karl Friedrich Schinkel*

überragt. Die von Karl Friedrich Schinkel entworfene klassizistische Kirche (ab 1830) wurde wegen ihrer Größe und Pracht zum Wahrzeichen der Stadt.

Neben ihr wirkt das **Alte Rathaus** (Tel. 03 31/289 63 39), ebenfalls am Alten Markt, geradezu zierlich. Glanzpunkt des von Johann Boumann errichteten Gebäudes ist die vergoldete *Atlasfigur* auf dem Kuppeldach. Kurz nach der Fertigstellung 1776 stürzte das aus Blei gegossene Werk ab. Ein Jahr später wurde eine identische Figur, diesmal aus Kupfer, aufgestellt. Diese überstand sogar die Bombardierung von 1945, während das Rathaus selbst zerstört und später erneuert wurde. Heute ist hier das *Potsdam Forum* für Veranstaltungen aller Art beheimatet, eine Dauerausstellung informiert über die Baugeschichte. Zum Forum gehört auch das nach seinem Architekten benannte **Knobelsdorff-Haus** (1750) nebenan, gleichfalls ein Wiederaufbau nach dem Krieg.

Das imposanteste Bauwerk am Alten Markt war das unter dem Großen Kurfürsten Friedrich Wilhelm 1662 errichtete **Stadtschloss**. Von ihm blieb nach dem Krieg nur eine Ruine, die in den 60er-Jahren des 20. Jh. abgerissen wurde. Das hübsche *Fortuna Portal* jedoch wurde 2002 rekonstruiert. Zum Stadtschloss gehörte auch der **Marstall**, der Ende des 17. Jh. als Orangerie errichtet und vom Soldatenkönig 1714 in einen Reitstall umgewandelt wurde. Seine heutige Form geht auf Umbaumaßnahmen unter der Leitung Georg Wenzeslaus von Knobelsdorffs im Jahr 1746 zurück. In den Räumen des Marstalls ist heute das **Filmmuseum Potsdam** (Breite Straße 1 a, Tel. 03 31/27 18 10, www.filmmuseum-potsdam.de, tgl. 10–18 Uhr) untergebracht. Neben der Sammlung zur Filmgeschichte der UFA und DEFA werden interessante Wechselausstellungen zum Thema Kino gezeigt.

**140** Altstadt Potsdam

*Verkalkuliert: Um holländische Handwerker an seinen Hof zu binden, ließ Friedrich Wilhelm I. holländische Häuschen errichten – doch die wenigsten Gäste blieben*

Einzigartig in ganz Deutschland ist das **Holländische Viertel**. Es erstreckt sich zwischen Friedrich-Ebert-, Gutenberg-, Hebbel- und Kurfürstenstraße. Um holländische Handwerker an seinen Hof zu binden, ließ der Soldatenkönig 1734–40 unter Leitung von Johann Boumann vier Karrees mit 134 Wohnhäusern im holländischen Stil erbauen. Sein Plan ging nicht auf, lediglich 22 holländische Familien blieben in Potsdam. Die holländische Siedlung wurde zur *Künstlerkolonie*. 128 Häuser sind heute noch erhalten.

## 141 Schloss Sanssouci     *Plan Seite 154*

*Bedeutendste deutsche Schlossanlage.*

Schopenhauerstraße/Maulbeerallee
www.spsg.de
Tel. 03 31/969 42 02
April–Okt. Di–So 9–17 Uhr,
Nov.–März Di–So 9–16 Uhr
Besichtigung nur im Rahmen einer Führung möglich
aktuelle Öffnungszeiten tel. erfragen
S7, Bus 148, 200, 248 Potsdam Hbf, dann Bus 695 oder Tram 96, 98

Viele historische Häuser, die zum Teil noch aus den Jahren 1733–39 stammen, säumen die Hauptgeschäftsstraße Potsdams, die *Brandenburger Straße*. An ihrem westlichen Ende steht das **Brandenburger Tor**. Es entstand bereits 1770, also 21 Jahre vor dem gleichnamigen Tor in Berlin, nach Entwürfen von Karl von Gontard und Georg Christian Unger.

Ohne Frage ist Schloss Sanssouci die touristische Hauptattraktion Potsdams. Es wurde von Friedrich dem Großen als Sommerresidenz vor den Toren der Stadt geplant, und im Laufe von zwei Jahrhunderten entstand eines der schönsten Schlossensembles Deutschlands.

*Mit der sprichwörtlichen preußischen Disziplin und alle um Hauptesläge überragend: Aufmarsch der ›Langen Kerls‹ – im Gardemaß des Soldatenkönigs – in Potsdam*

## Schloss Sanssouci

Unmittelbar nach seiner Thronbesteigung 1740 begann Friedrich II., den kärglichen königlichen Küchengarten seines Vaters umzugestalten. An die Stelle von Kohlköpfen und Obstbäumen ließ er 1744 sechs **Weinbergterrassen** als ungewöhnliche Kulisse für das bereits bestehende Sommerschlösschen anlegen. Mit dem Neubau selbst wurde dann ein Jahr später begonnen. Fernab vom höfischen Zeremoniell und den Regierungsgeschäften wollte Friedrich der Große hier ›Sans Souci‹, ›Ohne Sorge‹, leben. Die im Rokokostil errichtete Anlage, an deren Gestaltung wiederum Friedrichs genialer Hofarchitekt Knobelsdorff beteiligt war, wurde schließlich zu seiner *Hauptresidenz*. Was nicht erstaunt, denn obwohl sie von außen eher schlicht wirkt und nur 12 Räume birgt, waren diese doch mit allem Pomp und Prunk ausgestattet. Prominentester Gast im Schloss war übrigens der französische Philosoph Voltaire, der ab 1750 drei Jahre hier lebte.

Nach und nach ließ Friedrich der Große Sanssouci erweitern und die Umgebung in eine **Parkanlage** nach Versailler Vorbild verwandeln. Hinzu kam z.B. der *Ruinenberg* (1748): Die antike Ruine diente lediglich als Blickfang für das Wasserreservoir der *Fontäne* vor dem Schloss. Übrigens scheiterten zu Friedrichs Zeiten alle Bemühungen, die Fontäne in Gang zu setzen. Erst Friedrich Wilhelm IV. sollte dies knapp 100 Jahre später durch den Bau des **Dampfmaschinenhauses** (Breite Straße 28, Mai–Okt. Sa/So 10–17 Uhr) mit Pumpwerk an der Havel gelingen, das einer Moschee nachgebildet wurde.

Da die Räume des Schlosses nicht für die Präsentation seiner Gemäldesammlung ausreichten, ließ Friedrich 1753 an dessen Ostseite die **Bildergalerie** (Mai–Okt. Di–So 10–17 Uhr) errichten. In diesem ersten fürstlichen Museumsbau Deutschlands können auch heute noch Gemälde z.B. von Caravaggio, Rubens, van Dyck und Tintoretto bewundert werden.

Gemäß der damaligen Chinamode ließ der König von Johann Gottfried Büring 1754 das **Chinesische Haus** (Mai–Okt. Di–So 10–17 Uhr) für den Park entwerfen, in dem heute Meißner und ostasiatisches Porzellan gezeigt wird.

Das etwas abseits gelegene, ebenfalls fernöstlich inspirierte **Drachenhaus** (1770) von Karl von Gontard diente einst als Winzerhäuschen und fungiert heute als Café.

Unmittelbar nach dem Siebenjährigen Krieg (1756–63) wurde Friedrichs größtes

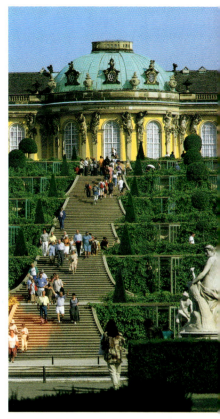

*Pilgerstätte Potsdam oder Eine Reise zu Pomp und Prunk: Schloss Sanssouci zieht Touristen aus aller Welt an*

Projekt in Angriff genommen: Der Bau des **Neuen Palais** (April–Okt. Sa–Do 9–17, sonst bis 16 Uhr) im Westteil des weitläufigen Gartens. Eine ›Fanfaronade‹, eine Prahlerei, wie Friedrich das Gebäude nannte. Es sollte demonstrieren, dass Preußen trotz der Kriegsfolgen noch nicht am Ende war. Das wuchtige Palais birgt nicht nur rund 400 Säle und Galerien, sondern auch das *Schlosstheater*.

Der Wunsch Friedrichs des Großen († 1786), in Sanssouci auch seine letzte Ruhestätte zu finden, ging erst im Jahr 1991 in Erfüllung. Seine sterblichen Überreste wurden von der Burg Hohenzollern in die **Gruft** an der Ostseite des Schlosses Sanssouci überführt. Unter einer schlichten *Grabplatte* ruht er nun neben seinen Hunden, den geliebten Windspielen.

Die zweite große Bauperiode in Sanssouci geht auf das Engagement Friedrich Wilhelms IV., des Großneffen Friedrichs

*Preußische Prahlerei: Um (vermeintlichen) Reichtum und Macht zu demonstrieren, ließ der Alte Fritz das gigantische Neue Palais errichten*

des Großen, zurück. Noch in seiner Kronprinzenzeit ließ er von Karl Friedrich Schinkel und Ludwig Persius das klassizistische **Schloss Charlottenhof** (1826–29, Mai–Okt. Di–So 10–17 Uhr) bauen und harmonisch in den vom Gartenarchitekten Peter Joseph Lenné gestalteten Park eingliedern. Die versteckte Lage des Charlottenhofes am südwestlichen Ende der Gärten ist es wohl zu verdanken, dass das *Interieur* noch fast vollständig im Original erhalten ist. Deutlich zeigt die Anlage das Faible Friedrich Wilhelms IV. für romantisch-verträumte Stimmungen und tatsächlich nutzte er das Schlösschen zur Entspannung.

Die nahe gelegenen **Römischen Bäder** (1829–40, Mai–Okt. Di–So 10–17 Uhr)

*Kabinettstückchen: Im Musikzimmer von Schloss Sanssouci spielte der kunstsinnige Friedrich II. die Flöte, begleitet von einem Ensemble*

wurden ganz im Stil italienischer Landhäuser mit Lauben, Pergola und antiken Plastiken geschmückt.

Ebenfalls nach mediterranem Vorbild wurden die aus der alten Orangerie (1748) hervorgegangenen **Neuen Kammern** (1771–74, Mai–Okt. Di–So 10–17 Uhr) als Gästehaus mit prächtigen Festräumen gestaltet.

Der Renaissance verpflichtet ist Persius' herrliche **Neue Orangerie** (1851–64, Mai–Okt. Di–So 10–17 Uhr), von deren Westturm man den Blick auf Schloss und Stadt genießen kann. Im Raffaelsaal sind Kopien seiner berühmten Gemälde versammelt.

Die **Friedenskirche** (1845–54) von Ludwig Persius und Friedrich August Stüler mit Campanile und Mosaik des 12. Jh. im Chor erinnert wiederum an Roms frühchristliche Kirchen.

Außerhalb der Gärten steht die 1993 originalgetreu wieder aufgebaute **Historische Mühle** (Maulbergallee 5, April–Okt. Di–So 10–18, Nov./Jan.–März Sa/So 10–16 Uhr). Der 1787–91 nach holländischem Vorbild errichtete Bau bietet neben herrlicher Aussicht eine Kunstgalerie und eine mühlentechnische Ausstellung.

## 142 Kolonie Alexandrowka

Plan Seite 154

*Ein Stück Russland im märkischen Sand.*

Puschkinallee, Am Schragen, Nedlitzer Straße, Kapellenberg
S7, Bus 148, 200, 248 Potsdam Hbf, dann Tram 92

Die russische Kolonie Alexandrowka im Norden Potsdams ist eine Kuriosität. Friedrich Wilhelm III. ließ diese Siedlung 1826 als Geschenk für zwölf Sänger des russischen Soldatenchors erbauen. Sie waren ehem. Kriegsgefangene und in Potsdam geblieben. Die Siedlung besteht aus 13 kleinen **Blockhäusern**, die reich mit Holzschnitzereien im russischen Stil verziert sind. Das zentral gelegene Gebäude war der Aufseher zugeteilt. Aber nicht alle Sänger des Chors durften die neu gebauten Häuser beziehen: Bedingung waren eine gute Gesundheit und der Nachweis einer Eheschließung, vorzugsweise mit einer preußischen Frau. Auch das Erbrecht in Bezug auf die Häuser wurde streng preußisch geregelt. Nur bei Geburt eines Sohnes blieb das Nutzungsrecht der Familie bestehen. Um Kindertausch zu verhindern, war stets ein offizieller Beobachter bei der Entbindung anwesend. Die an den Gebäuden angebrachten *Namensschilder* lassen die Genealogie der Familien erkennen. In den nahezu unverändert gebliebenen Häusern leben noch immer Nachfahren der russischen Sänger.

Nördlich der Siedlung, auf dem Kapellenberg, steht die russisch-orthodoxe *Kirche des hl. Alexander Newski*.

Auf dem benachbarten **Pfingstberg** wurde ab 1988 die bedeutende historische Bebauung wieder hergestellt, so der *Pomona Tempel,* Schinkels erstes Werk von 1801. Im April 2001 konnte auch das 1847–63 von Persius, Hesse und Stüler errichtete **Belvedere** (Tel. 03 31/270 19 72, Juni–Aug. tgl. 10–20, Sept./April/Mai tgl. 10–18, Okt. tgl. 10–16, Nov./März Sa/So 10–16 Uhr) wieder eröffnet werden, eine prächtige Anlage mit Kolonnaden und Türmen im Stil der italienischen Renaissance. Vom Westturm mit seinem schönen Römischen Kabinett bietet sich eine herrliche Aussicht.

Gen Westen blickt man auf den anlässlich der Bundesgartenschau 2001 angelegten **Volkspark**, dessen Haupteingang unweit des Pfingstberges liegt. Auf dem Gelände wurde im September 2003 die **Biosphäre Potsdam** (Georg-Hermann-Allee 99, Tel. 03 31/55 07 40, www.biosphaere-potsdam.de, Mo–Fr 9–18, Sa/So/Fei 10–19 Uhr, ) eröffnet, ein Glashausbiotop, das auf 5500 m² Fläche einen Tropengar-

*Ein Stück Heimat: Blockhaus in der Kolonie Alexandrowka. Friedrich Wilhelm III. ließ die Siedlung für russische Sänger bauen*

ten mit rund 20 000 Pflanzen beherbergt. Man kann die Anlage zu Lande, zu Wasser oder aus der Luft erforschen, es gibt eine Unterwasserstation ebenso wie einen Dschungelpfad und einen Höhenweg.

## 143 Neuer Garten   Plan Seite 154

*Idyllisch gelegene Park- und Schlossanlage, Ort der Potsdamer Konferenz.*

Am Neuen Garten
S7, Bus 148, 200, 248 Potsdam Hbf, dann Bus 692 oder Tram 92

Vom Pfingstberg aus kommt man auch zum Neuen Garten. Beachtlich an diesem Park ist neben der Lennéschen Gestaltung vor allem seine außerordentlich romantische Lage am **Heiligen See**. Direkt am Wasser ließ Friedrich Wilhelm II. sein Lust- und Sommerschloss errichten: Das **Marmorpalais** (Tel. 03 31/969 42 46, April–Okt. Di–So 10–17, sonst Sa/So 10–16 Uhr) wurde im frühklassizistischen Stil von Karl von Gontard 1787 entworfen. Zu DDR-Zeiten war in seinen Räumen ein Armeemuseum untergebracht. Das dazugehörige *Küchengebäude* (1788, Gontard) wurde der damaligen Mode folgenden im Stil einer Ruine erbaut. Südlich erhebt sich der 1997 wieder hergestellte Pavillon der **Gotischen Bibliothek** (1792–94), die die Bücherkollektion des Königs enthielt.

Die **Pyramide** im Norden fungierte einst als eine Art Kühlschrank. Vorräte wurden hier auf Eis gelegt, das im Winter aus dem See geschlagen wurde.

Am nördlichen Ende des idyllischen Parks liegt **Schloss Cecilienhof** (Tel. 03 31/969 42 44, April–Okt. Di–So 9–17, sonst bis 16 Uhr). Während des Ersten Weltkriegs wurde dieser letzte Schlossbau der Hohenzollern im englischen Landhausstil errichtet (1913–17, Schultze-Naumburg). Hier lebte Kronprinz Wilhelm, jedoch nur für ein Jahr bis zur Revolution 1918, dann floh er nach Holland, während seine Frau Cecilie mit den Kindern zurückblieb.

Berühmtheit erlangte der Cecilienhof durch die **Potsdamer Konferenz** im August 1945, denn hier besiegelten Stalin, Truman und Churchill bzw. sein Nachfolger Attlee das Potsdamer Abkommen mit Beschlüssen über das weitere Vorgehen der Besatzungsmächte in Deutschland. Die Konferenzräume sind heute als Museum eingerichtet.

## 144 Babelsberg   Plan Seite 154

*Kaiserliche Sommerresidenz und Filmhauptstadt im Potsdamer Ortsteil Babelsberg.*

S7 Babelsberg und Griebnitzsee
Tram 94, 95, Bus 601, 602, 603, 618, 619, 690, 693, 694, 696, 699, 750

Der Potsdamer Ortsteil Babelsberg ist untrennbar verbunden mit dem Film: Seit 1912 werden auf dem Studiogelände an der August-Bebel-Straße Filme gedreht. Erst war hier der Bioscop-Film beheimatet, dann die UFA, zu DDR-Zeiten die

*Hereinspaziert in die Traumwelt! Die einst größte Filmstadt Europas in Babelsberg soll an alte Glanzzeiten anknüpfen. Dreharbeiten zum Film ›Sonnenallee‹ (1999, Leander Haussmann)*

# Babelsberg

*Burgfräulein wohnen hier zwar keine, aber dafür lohnt sich die Eroberung der Vergangenheit: In Schloss Babelsberg kann man Privaträume von Wilhelm I. besichtigen*

DEFA. Heute gehört das Gelände dem französischen Konzern Vivendi, als Leiter fungiert Gerhard Bergfried.

Wer Studioatmosphäre und Filmgeschichte hautnah erleben möchte, sollte die Studiotour im **Filmpark Babelsberg** mitmachen (August-Bebel-Straße 26–53, Tel. 03 31/721 27 55, www.filmpark.de, April–Okt. tgl. 10–18 Uhr, aktuelle Öffnungszeiten tel. erfragen, S7 Babelsberg, dann Bus 690, von Potsdam Hbf Bus 601, 619). Außerdem locken z. B. das Metropolis 4 D Actionkino, die Adventure Simulation, die Filmtier- und die Stuntshow. Im Restaurant *Prinz Eisenherz* kann man Requisiten des gleichnamigen Films von 1996 bewundern und zünftig speisen.

Die *UFA-Filmstudios*, in denen epochale Filme wie ›Metropolis‹, ›Der blaue Engel‹ und Komödien wie ›Die Drei von der Tankstelle‹ gedreht wurden, galten vor dem Krieg als größte Filmstadt Europas. Die Stars von damals wohnten in unmittelbarer Nachbarschaft der Studios: Heinrich George in Kohlhasenbrück, Johannes Heesters am Stölpchensee und viele andere Darsteller im **Villenviertel Neu-Babelsbergs** am Ufer des Griebnitzsees. Zahlreiche Häuser der UFA-Schauspieler – manche gehörten vor der Machtübernahme der Nazis vermögenden jüdischen Industriellen – wurden restauriert.

In der Nähe des Villenviertels findet sich eine weitere Sehenswürdigkeit. **Schloss Babelsberg** (Tel. 03 31/969 42 50, zzt. wegen Restaurierung geschl.) ließ sich Prinz Wilhelm, der spätere Kaiser Wilhelm I., 1833 als *Sommerresidenz* auf den Höhen des Babelsberges anlegen. Schinkel entwarf nach den Anregungen der Hobby-Architektin Prinzessin Augusta einen Schlossbau im englisch-neogotischen Stil, Persius und Strack vergrößerten das Gebäude bis 1859. Der Kaiser liebte dieses Schloss, in dem er sich bis zu seinem Tod 1888 oft aufhielt. Gern gesehener Gast war Otto von Bismarck. Die Privatgemächer des Kaisers, die Bibliothek und der von Persius gestaltete *Tanzsaal*, ein achteckiger Turmbau in Weiß und Gold, werden nach der Restaurierung wieder zugänglich sein.

Die Gestaltung des **Parks** von Schloss Babelsberg übernahm anfangs Lenné, ab 1843 dann Fürst von Pückler-Muskau. In den fantasievollen Gartenanlagen trifft man auf das **Kleine Schloss** (1841/42, Persius), in dem der Thronfolger und seine Erzieher lebten, heute dient es als stimmungsvolles *Restaurant*.

Ferner gibt es im Schlosspark den als Wahrzeichen geltenden *Flatowturm* (1853–56, Aussicht), das Matrosenhaus (1842), den Marstall und das Dampfmaschinenhaus (1843) zu besichtigen. Auch eine Gerichtslaube aus dem 13. Jh., die sich bis 1871 am Berliner Roten Rathaus befand, steht versteckt mitten im Grünen.

# STEIGENBERGER
## HOTELS AND RESORTS

## Was für ein gutes Gefühl:
## Berlin und Potsdam mit Best-Price-Guarantee.

Entdecken Sie die schönsten Seiten Berlins und Potsdams und entscheiden Sie selbst, welche von beiden Städten die Schönere ist. Am besten fällen Sie Ihre Entscheidung ganz komfortabel bei Steigenberger. Denn außergewöhnliche Städte erlebt man am besten in außergewöhnlichen Domizilen.

Das Schönste an Berlin und Potsdam aber ist die Best-Price-Guarantee, die Sie bei Steigenberger ganz selbstverständlich erhalten. Buchen Sie Ihren Aufenthalt unter dem Stichwort „ADAC", bekommen Sie in beiden Hotels eine Flasche Wasser gratis auf Ihr Zimmer (gültig bis 31.12.2008).

Willkommen da, wo es am schönsten ist.

Steigenberger Hotel Berlin
Los-Angeles-Platz 1 · 10789 Berlin
Telefon +49 30 2127-0 · Fax +49 30 2127-117

**www.berlin.steigenberger.de**

Steigenberger Hotel Sanssouci
Allee nach Sanssouci 1 · 14471 Potsdam
Telefon +49 331 9091-0 · Fax +49 331 9091-909

**www.potsdam.steigenberger.de**

a step into excellence

# Berlin aktuell A bis Z

## ■ Vor Reiseantritt

**ADAC Info-Service**,
Tel. 018 05/10 11 12, Fax 018 05/30 29 28
(0,12 €/Min.)

**ADAC im Internet:**
www.adac.de
www.adac.de/reisefuehrer

**Berlin im Internet:**
www.berlin.de
www.berlinonline.de

**BTM**, Berlin Tourismus Marketing
GmbH, Tel. 030/25 00 25,
Fax 030/25 00 24 24,
www.berlin-tourist-information.de
aus dem Ausland:
Tel. 0049/30/25 00 23 55
Allgemeine Informationen, Hotels,
Tickets etc. (kein Publikumsverkehr).

**Berlin WelcomeCard** und **City TourCard**, s. S. 183

## ■ Allgemeine Informationen

### Tourismusbüros

**BTM**, Brandenburger Tor, Südflügel,
Pariser Platz (Mitte), tgl. 10–18 Uhr
**BTM**, Europa-Center, Budapester Straße
45 (Charlottenburg), tgl. 10–18 Uhr
**BTM**, Fernsehturm, Alexanderplatz
(Mitte), tgl. 10–18 Uhr
**BTM**, Neues Kranzler Eck, Passage
Kurfürstendamm 21 (Charlottenburg),
tgl. 10–18 Uhr
**BTM**, Hauptbahnhof, Ebene 0/Eingang
Nord, Europa Platz 1 (Mitte), tgl. 8–22 Uhr
**BTM**, Pavillon am Reichstag (Mitte),
tgl. 10–18 Uhr

Hinweise zu aktuellen Veranstaltungen in
der Tagespresse und den Stadtmagazinen
›Zitty‹ (www.zitty.de), ›Tip‹ (www.berlin
online.de/tip), ›030‹ (www.berlin030.de)
oder ›Prinz‹ www.prinz.de.

### Notruf- und nützliche Nummern

**Polizei:** Tel. 110

**Feuerwehr und Notarzt:** Tel. 112

**ADAC-Pannendienst:** Tel. 018 02/22 22 22
(0,06 €/Anruf), Mobil-Tel. 22 22 22

**ADAC Rettungshubschrauber:**
Tel. 110 oder 112

**ADAC CoPilot:** O$_2$, T-Mobile, Vodafone
Tel. 224 11, E-Plus Tel. 114 11 (1,10 €/Min.
plus Verbindungskosten)

**ADAC Stau-Info:** Mobil-Tel. 224 99
(0,51 €/Anruf plus Verbindungskosten)

◁ *Berliner Augen-Blicke: eine Stadt voller Leben
und voller großer architektonischer Gesten*

**ADAC-Geschäftsstellen:**
Bundesallee 29–30 (Wilmersdorf),
Tel. 030/868 60; Taubenstr. 20–22 (Mitte),
Tel. 030/20 39 37 0

*Österreichischer Automobil Motorrad
und Touring Club*
**ÖAMTC Schutzbrief-Nothilfe:**
Tel. 00 43/(0)1/2 51 20 00

*Touring Club Schweiz*
**TCS Zentrale Hilfsstelle:**
Tel. 00 41/(0)2 24 17 22 20

### Ärztliche Versorgung

**Ärztlicher Notdienst:** Tel. 030/31 00 31

**Zahnärztlicher Notdienst:**
Tel. 030/89 00 43 33

**Giftnotrufzentrale:** Tel. 030/192 40

### Fundbüros

**Zentrales Fundbüro**, Platz der Luftbrücke 6 (Tempelhof), Tel. 030/756 00

**Fundbüro der Deutschen Bahn**,
Tel. 018 05/99 05 99

**BVG Fundbüro**, Potsdamer Str. 182
(Schöneberg), Tel. 030/25 62 30 40

## ■ Anreise

### Auto

Nach Berlin gelangt man von *Westen*
über die **A 2**, von *Süden* aus Richtung Hof
über die **A 9** oder aus Richtung Dres-
den/Cottbus über die **A 13**, von *Osten* aus
Richtung Frankfurt/Oder über die **A 12**,
von *Norden* aus Richtung Szczecin (Stet-
tin) über die **A 11**, aus Richtung Hamburg
über die **A 24**.

# Anreise – Bank und Post

*Informations- und Kartenmaterial* erhalten Mitglieder des ADAC kostenlos unter Tel. 01805/10 11 12 (0,12 €/Min.). Im ADAC Verlag sind außerdem erschienen ADAC Reisemagazin *Berlin*, Stadtplan *Berlin* (1:25 000), CityPlan *Berlin* (1:20 000), Stadtatlas *Berlin/Potsdam* (1:15 000), Freizeitatlas *Brandenburg/Berlin*, Länderkarte *Berlin/Brandenburg* (1:300 000), Freizeitkarte *Berlin, Märkische Schweiz, Spreewald* (1:100 000) sowie der Reiseführer *Brandenburg* (www.adac.de/karten, www.adac/reisemagazin).

## Bahn

Im Mai 2006 eröffnete der neue, zentrale Berliner Hauptbahnhof – Lehrter Bahnhof. Fernbahnhöfe bleiben Ostbahnhof und Lichtenberg, zusätzliche Fern- und Regionalverkehrshalte gibt es an den Bahnhöfen Südkreuz und Gesundbrunnen. Der Bahnhof Zoo ist Regionalbahnhof.

### Fahrplanauskunft

*Deutschland*
**Deutsche Bahn**, Tel. 118 61 (gebührenpflichtig), Tel. 08 00/1 50 70 90 (sprachgesteuert), www.bahn.de

*Österreich*
**Österreichische Bundesbahn**, Tel. 05 17 17, www.oebb.at

*Schweiz*
**Schweizerische Bundesbahnen**, Tel. 09 00 30 03 00, www.sbb.ch

Für die Reise über Nacht empfiehlt sich die CityNightLine:
**CityNightLine**, Tel. 018 05/21 34 21 (gebührenpflichtig), www.citynightline.ch

### Bus

**ZOB**, Zentraler Omnibusbahnhof am Funkturm, Masurenallee 4–6, Tel. 030/302 53 61. Anschluss in die Innenstadt mit U2 ab Kaiserdamm oder mit Bus M49.
**BerlinLinienBus**, Mannheimer Str. 33/34, Tel. 030/86 09 60, www.berlinlinienbus.de.

### Flugzeug

In Berlin gib es drei Flughäfen: Tegel (ca. 8 km vom Zentrum), Tempelhof (zentrumsnah) und Berlin-Schönefeld (ca. 22 km außerhalb).

**Flugauskunft:** Tel. 01 80/500 01 86, www.berlin-airport.de
**Tegel:** Bus TXL, X9, 109, 128
**Tempelhof:** U6 Platz der Luftbrücke
**Schönefeld:** S45, S9, Bus 162, 171

## Bank und Post

### Bank

**Öffnungszeiten:** Mo–Fr 9–13 und 14.30–16, Do bis 18 Uhr

## Post

**Öffnungszeiten:** Mo–Fr 8–18, Sa 8–12 bzw. 20 Uhr

## ■ Einkaufen

### Antiquariate

**Antiquariat Düwal**, Schlüterstr. 17 (Charlottenburg), Tel. 030/313 3030. Wertvolle Bücher aller Sparten.

**Antiquariatsbuchhandlung Knut Ahnert**, Sybelstr. 58 (Charlottenburg), Tel. 030/324 09 07. Reiche Auswahl an Berlinbänden und illustrierten Büchern.

### Antiquitäten

**Art 1900**, Kurfürstendamm 53 (Charlottenburg), Tel. 030/881 56 27. Jugendstil und Art déco.

**Radio Art**, Zossener Str. 2 (Kreuzberg), Tel. 030/693 94 35. Historische Rundfunktechnik, Verkauf und Reparatur.

### Auktionshäuser

**Auktionshaus Altus**, Kalckreuthstr. 4–5 (Schöneberg), Tel. 030/218 18 18. Alte und neue Kunst, auch Beratung.

**Auktionshaus – Kunsthandel Prinz-Dunst**, Schlüterstr. 16 (Charlottenburg), Tel. 030/313 59 65. Antiquitäten, Möbel, Porzellan. Sieben Auktionen jährlich.

**Christie's**, Giesebrechtstr. 10 (Charlottenburg), Tel. 030/885 69 50. Filiale des berühmten englischen Auktionshauses.

**Kunsthaus Lempertz**, Poststr. 22 (Mitte), Tel. 030/208 42 44. Alte und zeitgenössische Kunst, Kunstgewerbe.

**Villa Grisebach Auktionen**, Fasanenstr. 25 (Charlottenburg), Tel. 030/885 91 50. Klassische Moderne.

### Extras und Accessoires

**Ampelmann Galerie Shop**, Hof V Hackesche Höfe, DomAquarée, am Berliner Dom (Mitte), Potsdamer Platz Arkaden (Tiergarten), Tel. 030/44 04 88 09. Ostalgie und Ampelmännchen.

**Grober Unfug**, Zossener Str. 32–33 (Kreuzberg), Tel. 030/69 40 14 90. Comic-Wunderland.

**HanfHaus**, Oranienstr. 192 (Kreuzberg), Tel. 030/614 81 02. Alle Hanfprodukte: Cremes, Kleidung und mehr.

**Hautnah**, Uhlandstr. 170 (nähe Ku'damm), Tel. 030/882 34 34. Extravagante Mode aus Leder, Lack und Latex, Abendgarderobe. Weingeschäft.

 **KPM Königliche Porzellan Manufaktur**, Kurfürstendamm 27 (Charlottenburg) und Unter den Linden 35 (Mitte), Tel. 030/39 00 90, www.kpm-berlin.de. Exklusive Kostbarkeiten aus Porzellan. Für den kleineren Geldbeutel gibt es den Manufakturverkauf im Berlin-Pavillon, Straße des 17. Juni Nr. 100.

**Scenario**, Else-Ury-Bogen 602 (S-Bahnbogen, Charlottenburg), Tel. 030/312 91 99. Nette Accessoires zu erschwinglichen Preisen.

**Spielbrett**, Körtestr. 27 (Kreuzberg), Tel. 030/692 42 50. Spiele jeder Art, auch sehr schöne Holzspiele.

**Zauberkönig**, Hermannstr. 84 (Neukölln), Tel. 030/621 40 82. Traditionsgeschäft für Scherzartikel und magische Utensilien.

### Feinkost

**Confiserie Mélanie**, Goethestr. 4 (Charlottenburg), Tel. 030/313 83 30. Exquisite Feinkost. Den hausgemachten Pralinen kann man nur sehr schwer widerstehen.

**KaDeWe**, 6. Stock, Tauentzienstr. 21 (Schöneberg), Tel. 030/212 10. Diese wahre Pilgerstätte für Gourmets bietet zahllose Spezialitäten aus aller Welt.

### Kaufhäuser

Große Kaufhäuser findet man am Kurfürstendamm, in der Tauentzienstraße und Friedrichstraße, der Schlossstraße in Steglitz und der Wilmersdorfer Straße in Charlottenburg. Zum Beispiel:

**Dussmann – das Kulturkaufhaus**, Friedrichstr. 90 (Mitte), Tel. 030/20 25 11 11.

*Immer noch königlich: Porzellan von KPM*

Bücher, CDs und DVDs auf 4 Etagen. Ebenfalls im Programm sind Lesungen, Theateraufführungen und Konzerte.

**Galerie Lafayette**, Französische Str. 23/ Friedrichstraße (Mitte), Tel. 030/ 20 94 80. Gruß aus Frankreich: Gehobenes Kaufvergnügen in der Dependance des berühmten Pariser Kaufhauses.

### Märkte

Kein Berliner Stadtteil ist ohne Wochenmarkt. Die bekanntesten sind der so genannte **Türkenmarkt** am Maybachufer (s. S. 110, Kreuzberg, Di, Fr 12–18.30 Uhr) sowie der **Winterfeldtmarkt**, Winterfeldtplatz (Schöneberg, Mi 8–14, Sa 8–16 Uhr).

Unter den Flohmärkten lohnen besonders zwei den Besuch: der **Trödel- und Kunstmarkt an der Straße des 17. Juni** (Tiergarten, Sa/So 10–17 Uhr) und der **Berliner Kunst & Nostalgiemarkt** (Mitte, Sa/So 10–16 Uhr) Am Zeughaus und Am Kupfergraben an der Museumsinsel. Zeiten und Orte weiterer Märkte veröffentlichen Tagespresse und Stadtmagazine.

### Mode

Nach wie vor sind **Kurfürstendamm** und **Tauentzienstraße** wichtige Shopping-Zentren Berlins. Hier finden sich neben bekannten Modedesignern auch internationale Modeketten und zahlreiche Boutiquen. Auch in den Seitenstraßen des Ku'damms und um den Savignyplatz sind Modegeschäfte angesiedelt. Als Shoppingmeile hat sich ferner die **Friedrichstraße** in Mitte etabliert. Besonders im südlichen Teil zwischen Unter den Linden und Leipziger Staße gibt es interessante Passagen und Kaufhäuser. Die Arkaden am **Potsdamer Platz** bieten Dependancen vieler großer Modemarken. In den **Hackeschen Höfen** (Rosenthaler Straße) und ringsum findet man Szeneboutiquen und Designerläden.

**Extraweit**, Augsburger Str. 35 (Charlottenburg), Tel. 030/21 96 69 00. Modisches für die Dame ab Größe 44.

**Jordan**, Hackesche Höfe IV, Rosenthalerstr. 40 (Mitte), Tel. 030/281 50 43. Tragbare Mode, sportiv und klassisch.

**Mientus**, Wilmersdorfer Str. 73 (Wilmersdorf), Tel. 030/323 90 77. Auf drei Etagen alles für den Mann.

**Molotow**, Gneisenaustr. 112 (Kreuzberg), Tel. 030/693 08 18. Damen- und Herrenmode von Berliner Designern, nach Maß gearbeitet.

**Paltó**, Kurfürstendamm 184 (Charlottenburg), Tel. 030/885 40 23. Exklusive, qualitätvolle Damenbekleidung.

**Patrick Hellmann**, Bleibtreustr. 36 (Charlottenburg), Tel. 030/882 69 61. Vornehm-klassische Herrenmode.

**Rodan Lederdesign**, Kurfürstendamm 29, Tel. 030/885 15 09. Spezialist für Ledermode, u. a. Abendgarderobe und Show-Outfits.

**Versace**, Kurfürstendamm 185 (Charlottenburg). Bunt-schrille Mode aus dem Hause Donatella Versace.

## ■ Essen und Trinken

### Gourmet-Restaurants

**Alt Luxemburg**, Windscheidstr. 31 (Charlottenburg), Tel. 030/323 87 30. Die Kreationen von Küchenchef Karl Wannemacher beglücken die Geschmacksnerven.

**Altes Zollhaus**, Carl-Herz-Ufer 30 (Kreuzberg), Tel. 030/692 33 00. Sehr gute deutsche und internationale Küche, mit Sommergarten am Landwehrkanal.

**Borchardt**, Französische Str. 47 (Mitte), Tel. 030/81 88 62 62. Traditionsreiches Feinschmeckerrestaurant am Gendarmenmarkt mit französischen Speisen und prominenten Gästen.

**Facil**, im Hotel Madison, Potsdamer Str. 3 (Tiergarten), Tel. 030/590 05 12 34. Hochgelobte moderne Küche, mediterran inspiriert, in bambusgrünem Ambiente am Potsdamer Platz.

*Tolle Treffer möglich: Trödelladen*

## Essen und Trinken

**Kaisersaal**, Bellevuestr. 1, Sony-Center (Tiergarten), Tel. 030/25 75 14 54. Der einstige kaiserliche Herrensalon des Hotels Esplanade bietet gehobene deutsche und französische Küche sowie eine große Auswahl an Weinen.

**TOP TIPP** **REmake**, Große Hamburger Str. 32 (Mitte), Tel. 030/20 05 41 02. Experimentelle Küche vom Enfant Terrible der Berliner Kochszene. Der Venezianer Cristiano Rienzner kredenzt in gestyltem Rahmen z. B. Lakritz-parfümierte Jakobsmuscheln mit Guinness und Kirschsorbet oder Dessert von weißer Schokolade mit schwarzen Oliven.

**Restaurant Schloss Glienicke**, Königinstr. 36 (Wannsee), Tel. 030/805 40 00, www.schlossglienicke.de. Frische regionale Küche in historischem Ambiente mit Blick auf den schönen Schlosspark.

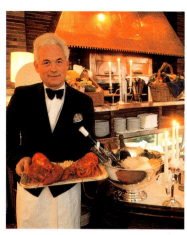

*Bye, bye Broiler: Wer behauptet, in Berlin könne man nicht gut essen, irrt sich gewaltig – Hummerbar im Hotel Kempinski*

### Neue Küche

**TOP TIPP** **Abendmahl**, Muskauer Str. 9 (Kreuzberg), Tel. 030/612 51 70. Zwischen religiösem Kitsch und Reliquien gibt es Fisch und Vegetarisches.

**Austeria Brasserie**, Kurfürstendamm 184 (Charlottenburg), Tel. 030/881 84 61. Austern, Hummer, Fisch – französische Küche (So geschl.).

**Café Orange**, Oranienburger Str. 32 (Mitte), Tel. 030/28 38 52 42. Preiswerte Speisen in kosmopolitischem Ambiente.

**TOP TIPP** **Dachgartenrestaurant im Deutschen Bundestag**, Platz der Republik (Tiergarten), Tel. 030/262 99 33. Gehobene Küche; vormittags gutes Frühstück und die neuesten Tageszeitungen. Mit Reservierung separater Eingang West C, sonst im Rahmen des Kuppelbesuchs (9–24 Uhr).

**TOP TIPP** **Maxwell**, Bergstr. 22 (Mitte), Tel. 030/280 71 21. Eines der besten Restaurants der Stadt. Geboten werden moderne, leichte Küche und exzellente Weine. Stilvolles Ambiente in einem Gebäude des 19. Jh. mit schönem verglasten Innenhof.

**Offenbach-Stuben**, Stubbenkammerstr. 8 (Prenzlauer Berg), Tel. 030/445 85 02. Fünf stimmungsvolle Räume, dekoriert aus dem Fundus der Komischen Oper und des Metropol-Theaters.

**Paris–Moskau**, Alt-Moabit 141 (Tiergarten), Tel. 030/394 20 81. In einem ehem. Bahnhofshäuschen wird regionale und internationale Küche geboten.

### Berliner Küche

**Brauhaus Georgbraeu**, Spreeufer 4 (Mitte), Tel. 030/242 42 44. Eisbein mit Sauerkraut, dazu ein hausgebrautes Bier.

**Großbeerenkeller**, Großbeerenstr. 90 (Kreuzberg), Tel. 030/722 49 84. Bratkartoffeln und schlesische Gerichte. Schon Hans Albers trank hier sein Bier.

**TOP TIPP** **Henne**, Leuschnerdamm 25 (Kreuzberg), Tel. 030/614 77 30. Das Alt-Berliner Wirtshaus mit Biergarten bietet u. a. knusprige Brathähnchen (tgl. ab 19 Uhr).

**Klipper**, Bulgarische Straße (Treptow), Tel. 030/53 21 64 90. Trendiges Restaurant auf einem alten Segelschiff am Plänterwald (nahe Insel der Jugend). Spezialität: Regenbogenforelle aus dem schiffseigenen Räucherofen. Reservierung empfohlen.

**Kolk**, Hoher Steinweg 7 (Spandau), Tel. 030/333 88 79. Neben deutscher Küche auch schlesische und ostpreußische Spezialitäten, hervorragender Service und schöner Sommergarten.

**Schrörs am Müggelsee**, Josef-Nawrocki-Str. 16 (Köpenick), Tel. 030/64 09 58 80. Der großzügig angelegte Biergarten ist für deftige Grillspezialitäten bekannt. Gleich nebenan wartet das Bräustübl (Tel. 0 30/6455716) mit einem altem Ballsaal im Stil der 1920er-Jahre auf.

**Zur letzten Instanz**, Waisenstr. 14 (Mitte), Tel. 030/242 55 28. Die älteste erhaltene Gaststätte bietet gute regionale Küche.

Essen und Trinken

## Nationalitäten-Restaurants

*Amerikanisch*

**Catherine's**, Friedrichstr. 90 (Mitte), Tel. 030/20 25 15 55. Kultiviertes Fast Food und exzellente Bar.

**City Diner**, Bergstr. 7 (Mitte), Tel. 030/797 39 38. Saftige Burger, Wraps und umfangreiches Cocktailangebot (tgl. ab 16 Uhr).

*Asiatisch*

**Daitokai**, Europa-Center (Charlottenburg), Tel. 030/261 80 99. Feine japanische Küche, die Gerichte werden vor den Augen der Gäste zubereitet.

**Mao Thai**, Wörther Str. 30 (Prenzlauer Berg), Tel. 030/441 92 61. Reichhaltiges Angebot an thailändischen und südchinesischen Gerichten.

**Tuk Tuk**, Großgörschenstr. 2 (Schöneberg), Tel. 030/781 15 88. Leckere indonesische Gerichte unter Bambusdächern und in balinesischem Ambiente.

*Italienisch*

**Ana e Bruno**, Sophie-Charlotten-Str. 101 (Charlottenburg), Tel. 030/325 71 10. Feiner Italiener mit hellem Interieur und leichter Küche, teuer (So/Mo geschl.).

**Aroma**, Hochkirchstr. 8 (Schöneberg), Tel. 030/782 58 21. Moderne regionale Köstlichkeiten (Mo–Fr ab 18, Sa ab 14, So ab 11 Uhr)

**Candela**, Grunewaldstr. 81 (Schöneberg), Tel. 030/782 14 09. Junge schicke Menschen essen klassisch italienisch und französisch.

**Enoiteca Il Calice**, Walter-Benjamin-Platz 4 (Charlottenburg), Tel. 030/324 23 08. Eine große Auswahl an Weinen und dazu gute italienische Küche.

**Luigi**, Körnerstr. 12 (Tiergarten), Tel. 030/26 55 47 96. Ausgezeichnete Pasta und Pizza in unprätentiöser Umgebung.

**Osteria No. 1**, Kreuzbergstr. 71 (Kreuzberg), Tel. 030/786 91 62. Beliebt, gemütlich bei Kerzenschein.

*Portugiesisch, Lateinamerikanisch*

**Lafil**, Gormannstr. 22 (Mitte), Tel. 030/28 59 90 26. Spanisch-baskische Küche und Weine in edlem mediterranem Ambiente mit Sommergarten.

**Casa Portuguêsa**, Helmholtzstr. 15 (Charlottenburg), Tel. 030/393 55 06. Portugiesische Küche in freundlicher Atmosphäre.

**Locus**, Marheinekeplatz 4 (Kreuzberg), Tel. 030/691 56 37. Abends mexikanische Gerichte, So großes Frühstück. Besonders schön sitzt man bei Sonnenschein im Vorgarten. After-Work-Specials.

*Russisch, Osteuropäisch*

**Marjellchen**, Mommsenstr. 9 (Charlottenburg), Tel. 030/883 26 76. Gemütliches kleines Lokal mit ostpreußisch-schlesischer Küche (tgl. ab 17 Uhr).

**Pasternak**, Knaackstr. 22–24 (Prenzlauer Berg), Tel. 030/441 33 99. Traditionelle russische Gerichte im Szene-Treiben.

**Tadshikische Teestube**, Palais Am Festungsgraben, Am Festungsgraben 1 (Mitte), Tel. 030/204 11 12. Russische Küche und Teespezialitäten in Diwan-Ambiente (s. S. 31, tgl. ab 15 Uhr).

*Süddeutsch, Österreichisch*

**Austria**, Bergmannstr. 30 (Kreuzberg), Tel. 030/694 44 40. Österreichische Küche und Wiener Kaffee.

**Kellerrestaurant im Brecht-Haus**, Chausseestr. 125 (Mitte), Tel. 030/282 38 43, www.brechtkeller.de. Wiener Küche nach Rezepten von Helene Weigel.

**Ottenthal**, Kantstr. 153 (Charlottenburg), Tel. 030/313 31 62. Österreichisches Flair, biologische Küche, darunter auch hausgemachte Kuchen, Mehlspeisen.

**Rosalinde**, Knesebeckstr. 16 (Charlottenburg), Tel. 030/313 59 96. Leckeres aus dem Schwabenländle.

*Türkisch*

**Bagdad**, Schlesische Str. 2 (Kreuzberg), Tel. 030/612 69 62. Gute türkische Küche und Bauchtanz-Vorführungen.

## Vegetarisch

**Hakuin**, Martin-Luther-Str. 1a (Schöneberg), Tel. 030/218 20 27. Nicht nur Naturreis und frisches Gemüse, sondern auch originelle Zusammenstellungen.

**Natural'Mente**, Schustehrusstr. 26 (Charlottenburg), Tel. 030/341 41 66. Makrobiotische Küche mit Zutaten aus kontrolliert biologischem Anbau.

## Dunkelrestaurant

**unsicht-Bar Berlin**, Gormannstr. 14 (Mitte), Tel. 030/24 34 25 00, www.unsicht-bar-berlin.de. Das ganz besondere Dinnererlebnis: Speisen in Dunkelheit ermöglicht unvergessliche kulinarische Erfahrungen.

## Fast Food

Berlin ist bekannt für seine **Imbisskultur**. Ob früh morgens schnell 'ne Rostbratwurst am U-Bahn-Imbiss oder mitten in der Nacht [s. a. S. 177] 'ne Minipizza oder 'n Döner. An allen Ecken und Enden, zu jeder Tages- und Nachtzeit – der kleine Hunger will befriedigt sein. Dabei wurde der legendären **Currywurst** mittlerweile längst von internationalen Kleingerichten der Platz streitig gemacht.

**Brooklyn-Sandwiches**, Oranienstr. 176/ Adalbertstraße (Kreuzberg), Tel. 030/ 615 20 14. Originelle Sandwiches, frische Aufläufe von Oma zubereitet und leckere Brownies.

**Curry Imbiss Ku'damm 195**, Kurfürstendamm 195 (Charlottenburg), Tel. 030/ 881 89 42. Auch Prominente treffen sich hier regelmäßig auf eine Currywurst.

**Curry & Kunst**, Rosenthalerstr. 50 (Mitte), Tel. 030/28 87 38 80. Unweit der Hackeschen Höfe verbinden sich Wurstklassiker und Galeriekultur zu seltenem Genuss (Mo–Sa 11–4, So 15–24 Uhr).

**Habibi**, Goltzstr. 24 (Schöneberg), Tel. 030/215 33 32. Leckere Falafeln, frittierte gewürzte Gemüsebällchen, sind eine exotische Variante der orientalischen Fast-Food-Küche.

## Cafés

**Anita Wronski**, Knaackstr. 26 (Prenzlauer Berg), Tel. 030/442 84 83. Buntes Treiben an der Café- und Kneipen-Meile.

**Café Adler**, Friedrichstr. 206 (Kreuzberg), Tel. 030/251 89 65. Café mit Atmosphäre am einstigen Checkpoint Charlie. Mit Nichtraucher-Raum.

**Café am Steinplatz**, Hardenbergstr. 12 (Charlottenburg), Tel. 030/312 65 89. Viele Intellektuelle und Kinofans tummeln sich hier, besonders voll ist es vor und nach Kinovorstellungen.

**Café Einstein**, Kurfürstenstr. 58 (Schöneberg), Tel. 030/263 91 90. Cafè im Stil eines Wiener Kaffeehauses mit schönem Sommergarten in der früheren Villa von Stummfilmstar Henny Porten.

**Café Hardenberg**, Hardenbergstr. 10 (Charlottenburg), Tel. 030/312 26 44. Großraum-Café, Studententreff.

**Café im Literaturhaus-Wintergarten**, Fasanenstr. 23 (Charlottenburg), Tel. 030/882 54 14. Kaffee, Leckereien und Literaturlesungen.

## Dem Zufall sei Dank!

Aus der Not wurde eine schmackhafte Tugend: Die Imbissbudenbesitzerin Herta Heuwer erfand die **Currywurst** – ganz zufällig – am 4. September 1948 in ihrem Stand am Stuttgarter Platz. Ihr aus der amerikanischen Kriegsgefangenschaft zurückgekehrter Mann verlangte an jenem Tag nach einer für Berlin untypischen Köstlichkeit, nämlich Spare-Ribs. Herta dachte nach, improvisierte – und kredenzte ihrem Gatten zerkleinerte Bockwurst mit Ketchup und viel Curry. Mittlerweile hat die Currywurst den **Status eines Klassikers** erreicht. Umso erstaunlicher: Wer heute eine

gute Currywurst essen will, muss lange suchen. Denn das beliebte Gewürzhäppchen hat durch den türkischen Döner Kebab ernsthafte Konkurrenz bekommen. Aber es gibt sie noch – und in köstlicher Ausführung. Unser Tipp: Eine der besten Currywürste bekommt man am **Ku'damm 195** (s.links).

**Café Kranzler**, Kurfürstendamm 18 (Charlottenburg), Tel. 030/88 71 83 90. ›Neuauflage‹ des weltberühmten Cafés in der Rotunde im 2. Stock des Neuen Kranzler Ecks, mit Ausblick auf das Ku'damm-Treiben. Viele Touristen.

**Monte Video**, Viktoria-Luise-Platz 6 (Schöneberg), Tel. 030/213 10 20. Großes Frühstücksangebot.

**Morena**, Wiener Str. 60 (Kreuzberg), Tel. 030/618 80 13. Junge Szene trifft sich hier zum späten Frühstück.

**Operncafé**, Opernpalais (Prinzessinenpalais), Unter den Linden 5 (Mitte),

Essen und Trinken – Feste und Feiern

*Det is jut! Das hübsche Operncafé am Boulevard Unter den Linden*

Tel. 030/20 26 83. Hervorragendes Frühstücksbuffet und besonders feine Torten.

**Schlosscafé Köpenick**, Schlossinsel, Tel. 030/65 01 85 85. Deutsche und mediterrane Küche im noblen Rahmen des Barockschlosses direkt am Wasser. So 10–14 Uhr Brunch bei klassischer Musik.

*Cafés mit Aussicht*

**Aedes**, Savignyplatz 599 (Charlottenburg), Tel. 030/31 50 95 35. Italienische Spezialitäten und schickes Ambiente mit Galerie nebenan.

**Blockhaus Nikolskoe**, Nikolskoer Weg 15 (Wannsee), Tel. 030/805 29 14. Geschenk von Friedrich Wilhelm III. an Zar Nikolaus und dessen Gattin, heute Ausflugslokal mit deutscher Küche. Wunderschöner Ausblick auf die Havel, große Terrasse.

**Fährhaus Caputh**, Straße der Einheit 88, Caputh/Potsdam, Tel. 03 32 09/702 03. Von der verglasten Veranda des historischen Fährhauses Blick auf die unermüdlich tuckernde Seilfähre.

**Telecafé im Fernsehturm**, Panoramastr. 1a (Mitte), Tel. 030/242 33 33. Eine der besten Aussichten Berlins.

### Strandbars

**Bundespressestrand**, Kapelufer 1 (Mitte). Liegestühle und Musik gegenüber dem Reichstag (Sommer, tgl. ab 10 Uhr)

**Strandbar Mitte**, Monbijoustr. 3 (Mitte), Tel. 030/28 38 55 88, www.strandbar-mitte.de. Sandstrandvergnügen im Monbijou-Park mit Blick auf die Museumsinsel (ca. Mai–Sept. tgl. ab 10 Uhr)

## ■ Feste und Feiern

### Feiertage

Gesetzliche Feiertage sind: Neujahr, Karfreitag, Ostermontag, 1. Mai Tag der Arbeit, Christi Himmelfahrt, Pfingstmontag, 3. Oktober Tag der Deutschen Einheit, 1. und 2. Weihnachtsfeiertag

### Feste

Da in Berlin fast ununterbrochen gefeiert wird, kann hier nur eine Auswahl der wichtigsten Volksfeste geboten werden. Veranstaltungskalender: www.berlin.de.

*April/Mai*

**Frühlingsfest**, Kurt-Schumacher-Damm (Reinickendorf). Berlins größtes und vergnüglichstes Rummelplatz-Erlebnis.

## Aufgeblüht

Die deutsche Wiedervereinigung hat es möglich gemacht. Stehen im Frühjahr die Obstbäume im **Havelland** in voller Blüte, fährt ganz Berlin in die kleine Stadt **Werder** (ab Berlin mit der Eisenbahn oder – besonders empfehlenswert – mit dem Dampfer ab Potsdam). Hauptattraktion ist dabei nicht nur die Farbenpracht der Natur, sondern auch ein besonders süffiges Gebräu: der **Werderaner Obstwein**. Eine gute Gelegenheit, diesen Wein zu probieren, ist das **Baumblütenfest**, das um den 1. Mai in Werder gefeiert wird. Im Jahr 1879 eröffnete ein geschäftstüchtiger Obstbauer inmitten seiner Plantage einen Ausschank, um seinen Obstwein unter die Leute zu bringen. Jahr für Jahr kamen mehr Besucher, sodass aus dem kleinen Ausschank ein Volksfest unter blühenden Bäumen wurde. Heute verwandelt das Baumblütenfest die kleine Inselstadt, das alte Zentrum Werders, in einen einzigen Rummel, auf dem vielerlei handwerkliche und kulinarische **Spezialitäten** aus der Region angeboten werden.

Feste und Feiern – Klima und Reisezeit – Kultur live

**Britzer Baumblütenfest**, Parchimer Allee (Neukölln), Anfang bis Mitte April, tgl. 14–22, So ab 12 Uhr

**Neuköllner Maientage**, Volkspark Hasenheide (Neukölln), Ende April–Mitte Mai

*Mai/Juni*

**Köpeniker Sommer**, Köpenicker Altstadt, Tel. 030/655 75 50. Traditionelles Volksfest. Mitte Juni

**Karneval der Kulturen**, Tel. 030/ 60 97 70 22, www.karneval-berlin.de. Straßenfest, Parade und Parties mit Akteueren aus aller Welt. Pfingsten

*Juni/Juli*

**Deutsch-Französisches Volksfest**, Kurt-Schumacher-Damm (Reinickendorf), Tel. 030/213 32 90, www.schaustellerverband-berlin.de. Eines der größten Volksfeste Berlins. Mitte Juni–Mitte Juli

**CSD – Christopher Street Day**, Tel. 030/ 32 62 86 32, www.csd-berlin.de. Schwulen- und Lesben-Parade durch die Berliner Innenstadt. Ende Juni

*Juli/August*

**Loveparade**, Tel. 030/30 88 12 20, www. loveparade.net. Die berühmte Technoparade soll 2006 wieder stattfinden. Mitte Juli

**Deutsch-Amerikanisches Volksfest**, Clayallee (Zehlendorf), Tel. 030/ 43 40 79 05. Ende Juli–Mitte August

**Internationales Berliner Bierfestival**, Karl-Marx-Allee (Friedrichshain), Tel. 030/508 68 22. Anfang August

**Berliner Gauklerfestival**, Unter den Linden (Mitte), Tel. 030/247 86 11, www.gauklerfest.de. Anfang August

*August/September*

**Kreuzberger Festliche Tage**, Tel. 030/ 43 40 79 05. Volksfest im Viktoria-Park um den Kreuzberg. Ende Aug.–Anfang Sept.

*Oktober*

**Tag der Deutschen Einheit**, Tel. 030/ 25 00 25. Party zwischen Brandenburger Tor und Rotem Rathaus. 3. Oktober

*November/Dezember*

**Weihnachtsmärkte**, die populärsten befinden sich am Breitscheidplatz und hinter dem Alexanderplatz sowie in der Spandauer Altstadt am Rathaus.

**Silvesterparty am Brandenburger Tor**, Tel. 030/24 60 32 52. Das größte Jahreswende-Event des Landes.

## ■ Klima und Reisezeit

Im Sommer zeigt das Thermometer in Berlin durchschnittlich 22–23 °C, im Winter 2–3 °C. Niederschläge fallen gleichmäßig, doch mit 580 mm im Jahresdurchschnitt nicht übermäßig häufig.

In Berlin ist das ganze Jahr über der Bär los, es gibt keine bevorzugte Reisezeit.

### Klimadaten Berlin

| Monat | Luft (°C) min./max. | Wasser (°C) | Sonnenstd./Tag | Regentage |
|---|---|---|---|---|
| Januar | -3/ 2 | 2 | 2 | 10 |
| Februar | -2/ 4 | 3 | 3 | 9 |
| März | 0/ 8 | 5 | 4 | 8 |
| April | 4/13 | 10 | 5 | 9 |
| Mai | 8/19 | 16 | 7 | 10 |
| Juni | 11/22 | 20 | 7 | 10 |
| Juli | 13/23 | 22 | 7 | 9 |
| August | 12/23 | 22 | 7 | 9 |
| September | 9/19 | 18 | 5 | 9 |
| Oktober | 6/13 | 13 | 4 | 8 |
| November | 2/ 7 | 8 | 2 | 10 |
| Dezember | 1/ 3 | 4 | 1 | 11 |

## ■ Kultur live

Aktuelle Informationen zu den Events bieten u. a. Tourismusbüros und Presse.

### Vorverkaufsstellen

**Berlin Tourismus Marketing**, Hotline und Buchung, Tel. 030/25 00 25

**Showtime**, bei Karstadt, Wertheim, KaDeWe, Tel. 030/80 60 29 29, www.showtimetickets.de

**Theaterkasse Centrum**, Meinekestr. 25 (Charlottenburg), Tel. 030/882 76 11

**Hekticket**, Hardenbergstr. 29 d/am Zoo (Charlottenburg), Tel. 030/230 99 30, Karl-Liebknecht-Str. 12/Alexanderplatz (Mitte), Tel. 030/24 31 24 31, www.heckticket.de. Karten für denselben Tag gibt es ab 15 Uhr mit bis zu 50% Ermäßigung.

### Veranstaltungskalender

*Februar*

**Berlinale–Internationale Filmfestspiele Berlin**, Potsdamer Str. 5 (Mitte), Tel. 030/25 92 00, www. berlinale.de. Filmwettbewerb um Goldene Bären.

*März*

**maerzmusik**, Tel. 030/25 48 90, www.maerzmusik.de. Internationales Festival für Neue Musik.

## Film ab!

Jedes Jahr im Februar bekommt Berlin ein wenig **Hollywood-Atmosphäre** zu spüren. Vor den Luxushotels warten Autogrammjäger, der Berlinale Palast, das Stella Musical Haus, am Marlene-Dietrich-Platz wird vor Premierenlichtern angestrahlt, in den Cafés und Restaurants sieht man allerlei Künstler und Presseleute. Seit 1951 ziehen die **Internationalen Filmfestspiele Berlin** jedes Jahr Schauspieler, Filmemacher und Journalisten aus aller Welt an. Begehrte Trophäe ist der **Goldene Bär**.

Die Berlinale ist jedoch nicht nur etwas für die Profis. In vielen Kinos der Stadt laufen die **Wettbewerbsfilme** auch für das ›normale‹ Publikum, darüber hinaus gibt es andere Filmreihen sowie Retrospektiven und Sonderaufführungen zu sehen.

An den **Zentralen Vorverkaufsstellen** in den Arkaden am Potsdamer Platz, im Haus der Berliner Festspiele (Schaperstr. 24) und im Kino International (Karl-Marx-Allee 33) sind Dauerkarten erhältlich. Karten für die einzelnen Filme gibt es im Vorverkauf drei Tage vor der jeweiligen Vorführung oder aber am selben Tag an der jeweiligen Kinokasse. Das endgültige Programm der Berlinale steht meistens erst kurz vor Beginn fest. Informationen: Tel. 030/25 92 00 oder www.berlinale.de

*Mai*

**Theatertreffen Berlin**, Tel. 030/25 48 91 00, www.berlinerfestspiele.de. Leistungsschau des deutschsprachigen Theaters mit Foren für Nachwuchsakteure und Innovationen.

*Mai–September*

**MuseumsInselFestival**, Tel. 030/20 62 87 78, www.museumsinselfestival.info. Kulturmarathon auf der Museumsinsel, am Kulturforum und im Museumskomplex Dahlem mit Konzerten, Musicals, Theater, Kino und Tanz.

*Juni*

**Fête de la Musique**, www.fetedelamusique.de. Ein weltweites Projekt: 500 Bands aus 100 Ländern spielen im Juni über die ganze Stadt verteilt.

*August*

**Internationales Tanzfest Berlin**, Tel. 030/25 90 04 27, www.tanzimaugust.de. Tanzstars der Gegenwart und Avantgarde beim größten Festival des Landes.

*September*

**Berliner Festwochen**, Tel. 030/25 48 91 00, www.berlinerfestspiele.de. Konzerte und Theatergastspiele an zahlreichen Spielstätten in der Stadt. Sept.–Mitte Nov.

**Internationales Literaturfestival**, Tel. 030/278 78 60, www.literaturfestival.com. Literarisches Großereignis.

*September/Oktober*

**Art Forum Berlin**, Messegelände, Tel. 030/30 38 18 33, www.art-forum-berlin.de. Internationale Kunstmesse der Gegenwart. Ende Sept./Anfang Okt.

*November*

**JazzFest Berlin**, Tel. 030/25 48 91 00, www.berlinerfestspiele.de. Jazz als Weltmusik. Anfang Nov.

## Musik

*Konzertsäle*

**Berliner Dom**, Am Lustgarten (Mitte), Tel. 030/20 26 91 36

**Konzerthaus Berlin – Schauspielhaus am Gendarmenmarkt**, Gendarmenmarkt 2 (Mitte), Tel. 030/203 09 21 01, www.konzerthaus.de.

**Philharmonie und Kammermusiksaal**, Herbert-von-Karajan-Str. 1 (Tiergarten), Tel. 030/25 48 89 99, www.berlin-philharmonic.com.

**Sendesaal des SFB**, Masurenallee 8–14 (Charlottenburg), Tel. 030/30 31 12 00

*Oper und Ballett*

**Deutsche Oper Berlin**, Bismarckstr. 35 (Charlottenburg), Tel. 07 00/67 37 23 75 46, www.deutscheoperberlin.de

**Staatsoper Unter den Linden**, Unter den Linden 7 (Mitte), Tel. 030/20 35 45 55, www.staatsoper-berlin.de

**Komische Oper**, Behrenstr. 55–57 (Mitte), Tel. 030/20 26 00, www.komische-oper-berlin.de

**Neuköllner Oper**, Karl-Marx-Straße 131–133 (Neukölln), Tel. 030/68 89 07 77, www.neukoellneroper.de

**Tanzfabrik Berlin**, Möckernstr. 68 (Kreuzberg), Tel. 030/786 58 61, www.tanzfabrik-berlin.de

*Musicals und Operetten*

**Theater des Westens**, Kantstr. 12 (nähe Ku'damm), Tel. 018 05/44 44, www.stage-entertainment.de

**Wintergarten**, Potsdamer Str. 96 (Schöneberg), Tel. 030/25 00 88 88, www.wintergarten-variete.de

*Jazz-, Rock- und Popkonzerte*

**Arena**, Eichenstr. 4 (Treptow), Tel. 030/533 20 30, www.arena-berlin.de. Ehem. Bushalle, 8000 m² für große und kleine Konzerte, Theater und andere Events.

**Knaack Klub**, Greifswalder Str. 224 (Prenzlauer Berg), Tel. 030/442 70 60, www.knaack-berlin.de

**KulturBrauerei**, Knaackstr. 97 (Prenzlauer Berg), Tel. 030/44 31 51 52, www.kulturbrauerei.de

**Kulturzentrum Tacheles**, Oranienburger Str. 54–56 a (Mitte), Tel. 030/282 61 85, www.tacheles.de

**Quasimodo**, Kantstr. 12 a (Charlottenburg), Tel. 030/312 80 86, www.quasimodo.de

**Tempodrom**, Am Anhalter Bahnhof, Möckernstraße 10 (Kreuzberg), Tel. 030/263 99 80, www.tempodrom.de

**Tränenpalast**, Reichstagufer 17 (Mitte), Tel. 030/20 61 00 11, www.traenenpalast.de

*Open Air*

**Freilichtbühne an der Zitadelle Spandau**, Zitadelle Spandau, Spandau, Tel. 030/333 40 22, www.freilichtbuehne-spandau.de

**Freilichtbühne Weißensee**, Große Seestr. 9, Weißensee, Tel. 030/24 72 78 03

**Freiluftkino Friedrichshain**, Volkspark (Friedrichshain), Tel. 030/29 36 16 29, www.freiluftkino-berlin.de

**Freiluftkino Hasenheide**, Volkspark Hasenheide (Neukölln), Tel. 030/283 46 03

**Freiluftkino Kreuzberg**, Mariannenplatz 2 (Kreuzberg), Tel. 030/24 31 30 34

**Freinachtkino Podewil**, Klosterstr. 68–70, Tel. 030/24 74 97 77

**Waldbühne**, Am Glockenturm (Charlottenburg), Tel 030/305 81 23

### Theater

**Berliner Ensemble**, Theater am Schiffbauerdamm, Bertolt-Brecht-Platz 1 (Mitte), Tel. 030/28 40 81 55, www.berliner-ensemble.de

**Deutsches Theater, Kammerspiele und Baracke**, Schumannstr. 13 a (Mitte), Tel. 030/28 44 12 25, www.deutsches-theater.berlin.net

**Hebbel am Ufer**, Tel. 030/25 90 04 27, www.hebbel-am-ufer.de. Drei Spielstätten in Kreuzberg: *Hebbel-Theater*, Stresemannstr. 29; *Theater am Halleschen Ufer*, Hallesches Ufer; *Theater am Ufer*, Tempelhofer Ufer 10

**Komödie & Theater am Kurfürstendamm**, Kurfürstendamm 206 (Charlottenburg), Tel. 030/88 59 11 88, www.theater-am-kurfuerstendamm.de

**Maxim Gorki Theater**, Am Festungsgraben 2 (Mitte), Tel. 030/20 22 11 15, www.gorki.de

*Heilige Unterhalter: Aufführung in der Komischen Oper*

Kultur live

**Renaissance Theater**, Knesebeckstr. 100 (Charlottenburg), Tel. 030/312 42 02, www.renaissance-theater.de

**Schaubühne am Lehniner Platz**, Kurfürstendamm 153 (Wilmersdorf), Tel. 030/89 00 23, www.schaubuehne.de

**Schlosspark Theater**, Schlossstr. 48 (Steglitz), Tel. 030/70 09 69 15, www.schlossparktheater.de

**Tribüne**, Otto-Suhr-Allee 18 (Charlottenburg), Tel. 030/341 26 00, www.tribuene-berlin.de

**Vagantenbühne**, Kantstr. 12a (Charlottenburg), Tel. 030/312 45 29, www.vaganten.de

**Volksbühne**, Rosa-Luxemburg-Platz 2 (Mitte), Tel. 030/247 67 72, www.volksbuehne-berlin.de

*Kinder- und Jugendtheater*

**Theater an der Parkaue**, Parkaue 29 (Lichtenberg), Tel 030/55 77 52 52, www.parkaue.de

**Zaubertheater Igor Jedlin**, Roscher Str. 7 (Charlottenburg), Tel. 030/323 37 77, www.zaubertheater.de

*Puppentheater*

**Die Schaubude – Puppentheater Berlin**, Greifswalder Str. 81–84 (Prenzlauer Berg), Tel. 030/423 43 14, www.schaubude-berlin.de

**Figuren Theater Grashüpfer**, Puschkinallee 16 a (Treptow), Tel. 030/53 69 51 50, www.theater-grashuepfer.de

**Hans Wurst Nachfahren**, Gleditschstr. 5 (Schöneberg), Tel. 030/216 79 25, www.hans-wurst-nachfahren.de

**Kindertheater dell'arte**, Drakestr. 49 (Steglitz), Tel. 030/84 31 46 46, www.dellarte.bitcreation.com

*Theater in der Schaubühne am Lehniner Platz*

**Narrenspiegel**, Erich-Weinert-Str. 27 (Prenzlauer Berg), Tel. 030/81 29 83 65, www.narrenspiegel.de

**Puppentheater Firlefanz**, Sophienstr. 10 (Mitte), Tel. 030/283 35 60, www.puppentheater-firlefanz.de

*Varieté und Kabarett*

**Bar jeder Vernunft**, Schaperstr. 24 (Wilmersdorf), Tel. 030/883 15 82, www.bar-jeder-vernunft.de

**BKA, Berliner Kabarett Anstalt**, Mehringdamm 34 (Kreuzberg), Tel. 030/20 22 00 44, www.bka-theater.de

**Chamäleon Varité**, Hackesche Höfe, Rosenthaler Str. 40–41 (Mitte), Tel. 030/282 71 18, www.chamaeleonberlin.com

**Die Distel**, Friedrichstr. 101 (Mitte), Tel 030/204 47 04, www.distel-berlin.de

**Friedrichstadtpalast**, Friedrichstr. 107 (Mitte), Tel. 030/23 26 23 26, www.friedrichstadtpalast.de

**Kabarett ›Die Stachelschweine‹**, Europa-Center (Charlottenburg), Tel. 030/261 47 95, www.die-stachelschweine.de

**Kabarett Kartoon**, Kochstr. 50, Axel-Springer-Passage (Kreuzberg), Tel. 030/72 61 68 80, www.kabarettkartoon.de

**Kabarett-Theater ›Die Wühlmäuse‹**, Pommernallee 2–4 (Charlottenburg), Tel. 030/30 67 30 11, www.wuehlmaeuse.de

**UFA Fabrik**, Viktoriastr. 10–18 (Tempelhof), Tel. 030/75 50 30, www.ufafabrik.de

**Wintergarten Varieté**, Potsdamer Str. 96 (Tiergarten), Tel. 030/25 00 88 88, www.wintergarten-variete.de

## Kinos

**CinemaxX**, Potsdamer Str. 5 (Tiergarten), Tel. 018 05/24 63 62 99, 030/25 92 21 11. 19 Kinosäle.

**CineStar**, Sony-Center, Potsdamer Str. 4 (Tiergarten), Tel. 030/26 06 64 00. Modernes Multiplexkino.

**Colosseum**, Schönhauser Allee 123 (Prenzlauer Berg), Tel. 030/44 01 81 80. 10 Kinosäle.

**Cubix-UFA-Palast**, Rathausstr. 1, Alexanderplatz (Mitte), Tel. 030/257 61 10. Hochmodern und bequem.

**Delphi-Filmpalast**, Kantstr. 12 a, (Charlottenburg), Tel. 030/312 10 26,

## Kultur live – Museen, Gedenkstätten, Schlösser – Nachtleben

www.delphi-filmpalast.de. Filmkunst im traditionsreichen Premierenkino.

**Odeon**, Hauptstr. 116 (Schöneberg), Tel. 030/78 70 40 19. Filme in englischer Originalfassung.

**UCI Kinowelt Zoo Palast**, Hardenbergstr. 29 a (Charlottenburg), Tel. 030/25 41 47 77. Großkino mit 9 Sälen.

**UFA Kino in der KulturBrauerei**, Schönhauser Allee 36 (Prenzlauer Berg), Tel. 030/44 35 40. Moderne Technik.

### ■ Museen, Gedenkstätten, Schlösser

*Verwandlung inbegriffen: Varieté Chamäleon*

**SchauLUST Museen Berlin**. Mit diesem 3-Tage-Museumspass für 15 € kann man über 70 Berliner Sammlungen besuchen. Infos: www.berlin-tourist-information.de.

Der **Museumspädagogische Dienst Berlin**, Tel. 030/902 69 94 44, www.md berlin.de bietet ausführliche Informationen über 200 Berliner Museen und Gedenkstätten, zu Ausstellungen, Stadtführungen und Veranstaltungen, wie die **Lange Nacht der Museen**, www.langenacht-der-museen.de. Je eine Nacht im Jan./Febr. und Aug. (letzter Sa des Monats) bieten rund 120 Berliner Sammlungen ein interessantes Kulturprogramm.

#### Gedenkstätten

Neben den im Haupttext genannten:

**Erinnerungsstätte Notaufnahmelager Marienfelde**, Marienfelder Allee 66–80, (Marienfelde), Tel. 030/75 00 84 00, www.enm-berlin.de, Di–So 10–18 Uhr, Führungen Mi/So 15 Uhr. Ausstellung zur deutsch-deutschen Fluchtbewegung in dem 1953 eingerichteten Lager, das 1,35 Mio. Flüchtlinge durchliefen.

**Gedenkstätte Normannenstraße**, Ruschestr. 103, Haus 1 (Lichtenberg), Tel. 030/553 68 54, Mo–Fr 11–18, Sa/So/Fei 14–18 Uhr. Ausstellung zur Geschichte der DDR u. a. mit dem ehem. Büro von Stasi-Chef Erich Mielke.

**Gedenkstätte Hohenschönhausen**, Genslerstr. 66, (Hohenschönhausen), Tel. 030/98 60 82 30, www.stiftunghsh.de, anschauliche Führungen durch ehem. Häftlinge Mo–Fr 11, 13, Sa/So 10–16 Uhr (stdl.) oder nach Vereinbarung; Wechselausstellungen tgl. 9–18 Uhr. Das ehem. sowjetisches Speziallager und Untersuchungsgefängnis des Ministeriums für Staatssicherheit (DDR).

#### Museum

Neben den im Haupttext genannten:

**Labyrinth Kindermuseum Berlin**, Fabrik Osloer Straße, Osloer Str. 12 (Wedding), Tel. 030/49 30 89 01, www.labyrinthkindermuseum.de, Di–Sa 13–18, So 11–18, Ferien Mo–Fr 10–18, Sa 13-18, So 11–18 Uhr. Interaktive Ausstellungen undEvents rund um Spielen, Lesen und Lernen.

#### Schlösser

Neben den im Haupttext genannten:

**Schloss und Park Biesdorf**, Alt-Biesdorf 55 (Marzahn), Tel. 030/514 37 36, Mo–Do 9.30–19, Fr 9–14 Uhr, Sonntagsöffnungszeiten für Gruppen nach vorheriger telefonischer Anfrage möglich

**Schloss und Park Britz**, Alt-Britz 73 (Neukölln), Tel. 030/60 97 92 30, www.schlossbritz.de, Schloss: Führungen Mi 14–17.30 Uhr, Wechselausstellungen Di–Do 14–18, Fr 14–20, Sa/So/Fei 11–18 Uhr, Park: tgl. 9 Uhr bis Sonnenuntergang

### ■ Nachtleben

Berlin bietet eine vielseitig schillernde Bar- und Clubszene. Tummelplätze sind Mitte, Prenzlauer Berg, Friedrichshain und Kreuzberg. Bei der Suche nach den besten Nightspots helfen *Stadtmagazine* [s. S. 163] sowie www.berlinatnight.de.

#### Bars

**TOP TIPP** **Bar am Lützowplatz**, Lützowpl. 7 (Tiergarten), Tel. 030/262 68 07. Am 17-m-Tresen stand schon Kevin Costner. Klassische Cocktailkarte, exzellente Auswahl an Malt-Whiskys und Champagner.

# Nachtleben

**Dante beim Hackeschen Markt**, Am Zwirngraben 8–10 (Mitte), Tel. 030/24 72 74 01. Umfangreiche Cocktailkarte, 500 m² große Tanzfläche.

**Würgeengel**, Dresdner Str. 122 (Kreuzberg), Tel. 030/615 55 60. Cocktails an der Bar des ›Angel exterminador‹, an den Tischen auch Vorspeisen und Tapas.

**Zoulou Bar**, Hauptstr. 4 (Schöneberg), Tel. 030/70 09 47 37. American-Bar, zu später Stunde viel besucht.

## Diskotheken und Clubs

 **Adagio**, Marlene-Dietrich-Platz 1 (Mitte), Tel. 030/312 94 93. Soul, Funk, R'n'B und jede Menge schöne Leute in barockem Ambiente mit Putten und bemalten Decken.

**Far Out**, Kurfürstedamm 156 (Charlottenburg), Tel. 030/32 00 07 24, www.farout-berlin.de. Etablierte Disco mit bunt gemixter Musik.

**Golgatha**, Dudenstr. 48–64, im Viktoriapark (Kreuzberg), Tel. 030/785 24 53, www.golgatha-berlin.de. Disco mit Allstyle, Dancefloor, Rock und Pop. Im Biergarten Leinwand zur Übertragung von Fußballspielen.

**h2o-Club**, Dircksenstr./Karl-Liebknechtstr. (Mitte), Tel. 0163/315 05 80, www.h2o-club.com. Black Music von HipHop und Rap bis zu Reggae und Dancehall in originell gestyltem Interieur.

**Icon**, Cantianstr. 15 (Prenzlauer Berg), Tel. 030/48 49 28 78, www.iconberlin.de. Der Szeneclub im Kellergewölbe bietet angesagte Töne von Drum'n'Bass bis HipHop.

*Meet Mao in der Bar am Lützowplatz*

## Kneipen und Szenetreffs

**Aedes**, Hackesche Höfe, Rosenthaler Str. 40–41, Tel. 030/285 82 75. Abendtreff von Architekten, Galeristen und Touristen.

**Atlantic**, Bergmannstr. 100 (Kreuzberg), Tel. 030/691 92 92. Viel Glas, Chrom und Licht, cool mit modischem Chic.

**Badeschiff Spreebrücke**, Eichenstr. 4, an der Arena (Treptow), Tel. 030/53 32 03 40, www.arenaberlin.de. Ausgedienter Schubkahn auf der Spree mit großem beheizbarem Pool, Stege mit Hängematten, am Ufer aufgeschütteter Sandstrand mit Bar und Sauna. (Mai–Okt.).

**Dicke Wirtin**, Carmerstr. 9 (Charlottenburg), Tel. 030/312 49 52. Berlin-typisches Bierlokal, führt hausgemachte Eintöpfe.

**Diener**, Grolmannstr. 47 (Charlottenburg), Tel. 030/881 53 29. Rustikales Lokal und Künstlertreff, begründet vom legendären Boxer Franz Diener.

**Kumpelnest 3000**, Lützowstr. 23 (Tiergarten), Tel. 030/261 69 18. Schräge Plüscheinrichtung im Ex-Bordell, bunt gemixte Musik und Leute von Drag Queens bis Lagerfeld. Immer voll.

**Madonna**, Wiener Str. 22 (Kreuzberg), Tel. 030/611 69 43. Kreuzberger Institution, laut, rauchig und eng. Sakrale Raumgestaltung mit hunderten von Marienbildern und -statuen.

**Roter Salon und Grüner Salon in der Volksbühne**, Rosa-Luxemburg-Platz (Mitte), Rot: Tel. 030/24 06 58 06, Grün: Tel. 030/925 25 76. Der Rote Salon bietet gemütlich plüschiges Ambiente und (avantgardistische) Livemusik. Im Grünen Salon finden Tanz- und Chansonabende statt. Nachts ist oft Partytime.

**Tanzwirtschaft Kaffee Burger**, Torstr. 60 (Mitte), Tel. 030/28 04 64 95, www.kaffeeburger.de. Ostalgisches Lokal, Literatentreff und Partylocation, Schauplatz der Russendisko etc. (Mo–Do ab 21, Fr/Sa ab 23, So ab 19 Uhr).

**Zillemarkt**, Bleibtreustr. 48a (Charlottenburg), Tel. 030/881 70 40. Einst Großgarage, heute Restaurant-Kneipe-Hofgarten.

## Essen für Nachtschwärmer

Fast alle Berliner Imbisse haben bis mindestens 24 Uhr geöffnet. Außerdem versorgen **ambulante Verkäufer** Nachtschwärmer in den einschlägigen Läden mit Baguettes, Frühlingsrollen, Fischbällchen und anderen Snacks.

**Fressco**, Zossener Str. 24 (Kreuzberg), Tel. 030/69 40 16 13. Italienische Köstlichkeiten und rauchfreie Zone.

**Konnopke's**, Schönhauser Allee 44a (Prenzlauer Berg), unter der Hochbahn, Mo–Fr 6–24 Uhr. Leckere Currywurst!

**Schwarzes Café**, Kantstr. 148 (Charlottenburg), Tel. 030/313 80 38. Szene-Treff, etwas in die Jahre gekommen, bietet warme Küche bis lange nach 1 Uhr.

**Witty's**, Wittenbergplatz (direkt gegenüber vom KaDeWe), tgl. 11–24 Uhr.

# ■ Sport

Berlin zahlreiche und vielseitige Betätigungsmöglichkeiten für sportlich aktive Menschen. Außerdem finden hier viele nationale und internationale sportliche **Großereignisse** statt, so der *Berlin-Marathon* (mit 40 000 Teilnehmern der größte Deutschlands), die *ISTAF* für Leichtathleten oder das *DFB-Pokal-Endspiel*. Das Olympia Stadion ist nach dem Umbau seit 2004 auf den neuesten Stand der Technik. Und mit der Max-Schmeling-Halle in Prenzlauer Berg sowie der Rad- und der Schwimmhalle an der Landsberger Allee hat Berlin drei neue multifunktionale Sportstätten dazugewonnen.

**Sportservice Berlin**, Tel. 030/90 26 50 50. Informationen zu sportlichen Aktivitäten und Vereinen.

## Bäder, Fitness und Wellness

Fast in jedem Stadtteil gibt es Fitness Center, ein Hallenbad und meist auch ein Freibad, dazu kommen noch die Strandbäder an den Seen in und um Berlin.

**Berliner Bäderbetriebe**, Tel. 018 03/10 20 20, www.berlinerbaederbetriebe.de

*Hallenbäder*

**blub Badeparadies**, Buschkrugallee 64 (Neukölln), Tel. 030/606 60 60. Whirlpools, Solarien, Sauna, Fitnesscenter.

**Solf-Sauna**, Bundesallee 187 (Wilmersdorf), Tel. 030/854 50 14. Schwimmbad, Whirlpool, Sauna, Solarium.

**Stadtbad Charlottenburg**, Krumme Str. 10 (Charlottenburg). Ältestes Hallenbad Berlins, 1898 eröffnet. Sehenswerter Kachelschmuck.

**Stadtbad Neukölln**, Ganghoferstr. 3–5 (Neukölln). Bei der Eröffnung 1914 als schönstes Hallenbad Europas gepriesen.

## Berlin ist Spitze

Berlin ist die größte deutsche Stadt, hat das längste U-Bahnnetz, den artenreichsten Zoo, die meisten Sportboote und Bewohner mit dem größten Hundetick. In Berlin erhob sich der erste Mensch in die Lüfte, lernten die Bilder das Laufen, meldete sich der erste Rundfunkreporter und verpackte Christo mit dem Reichstag das erste Mal ein deutsches Gebäude.

In keiner anderen Stadt Europas gibt es so viele Bäume wie in Berlin – rund 400 000 sind es. Und mit 1662 Brücken besitzt die Stadt mehr Brücken als Venedig. Kneipen gibt es allerdings noch mehr – ungefähr 7000 sollen es sein.

**Thermen am Europa-Center**, Nürnberger Str. 7 (Charlottenburg), Tel. 030/257 57 60. Thermal-, Dampfbad und Sauna, ferner Fitness, Massage und Solarium. Restaurant.

*Freibäder*

**Freibad Wendenschloss**, Möllhausenufer 30 (Köpenick), Tel. 030/651 71 71

**Kombibad Gropiusstad – Sommerbad**, Lipschitzallee 27–33 (Buckow), Tel. 030/60 97 19 22

**Prinzenbad**, U-Bahnhof Prinzenstraße (Kreuzberg), Tel. 030/616 10 80

**Sommerbad Wilmersdorf**, Forckenbeckstr. 14 (Wilmersdorf), Tel. 030/897 74 10

**Sommerbad am Insulaner Munsterdamm**, Munsterdamm 80 (Steglitz), Tel. 030/79 41 04 13

**Strandbad Müggelsee**, Fürstenwalder Damm 838 (Rahnsdorf), Tel. 030/648 77 77

**Strandbad Wannsee**, Wannseebadweg 25 (Wannsee), Tel. 030/70 71 38 30

## Eislaufen

**Sportpark Neukölln**, Oderstraße 182 (Tempelhof), Tel. 030/62 84 40 07

**Eisstadion Wilmersdorf** (Horst-Dohm-Eisstadion), Fritz-Wildung-Str. 9 (Wilmersdorf), Tel. 030/824 10 12 oder 030/823 40 60 (Bandansage)

## Golf

Rund um Berlin gibt es ca. 16 Golfplätze, die meist schön gelegen sind. Infos:

Sport – Stadtbesichtigung

**Golfverband Berlin-Brandenburg**, Forststr. 34 (Steglitz), Tel. 030/823 66 09, www.gvbb.de

### Pferdesport

*Für Pferde- und Wettfreunde*

**Galopprennbahn Hoppegarten**, Goetheallee 1 (Dahlwitz-Hoppegarten), Tel. 033 42/38 93 13. 1868 eröffnete Bahn mit denkmalgeschützter Haupttribüne.

**Trabrennbahn Karlshorst**, Treskowallee 129 (Lichtenberg), Tel. 030/50 01 71 21

*Für Reiter*

**Preußenhof**, Staakener Str. 64 (Spandau), Tel. 030/33 19 45

**Reiterverein Onkel Toms Hütte**, Onkel-Tom-Str. 172 (Zehlendorf), Tel. 030/813 20 81. Dressur, Springen.

**Reit- und Springschule am Poloplatz**, (Frohnau), Tel. 030/401 58 35

### Tennis

**Freizeitpark Tegel**, Campestr. 11 (Tegel), Tel. 030/434 66 66, www.tennistegel.de. Plätze und Hallen.

**TSB City Sports**, Brandenburgische Str. 53 (Charlottenburg), Tel. 030/873 90 97. Squash, Tennis, Badminton, Sauna.

**TSF Tennis, Squash und Fitness**, Richard-Tauber-Damm 36 (Tempelhof), Tel. 030/743 60 01, und Galenstr. 33–35 (Spandau), Tel. 030/333 40 83

### Wassersport und Bootsverleih

**Boots-Charter Lüders**, Strandbad Wannsee, (Zehlendorf) eigener Eingang,

*Segelspaß im Strandbad am Wannsee*

Tel. 030/803 45 90. Paddel-, Ruder-, Segel- und Tretboote.

**Deutscher Unterwasser Club Berlin**, Scabellstr. 7 (Zehlendorf), Tel. 030/805 32 42. Tauchkurse.

**Marina Lanke Berlin**, Scharfe Lanke 109–131 (Spandau), Tel. 030/362 00 90. Vermietung von Jachten und Motorbooten, Segel- und Motorbootschule, Kinderspielplatz, Bistro, Grillplatz sowie Wohnmobilstellplatz.

**M. Mühl**, An der Sechserbrücke (Tegel), Tel. 030/433 76 90. Ruder- und Tretbootverleih, Minigolfplatz.

**Richtershorner Ruderverein**, Karolinenhof, Sportpromenade 17 (Köpenick), Tel. 030/675 85 50

**Segel-Schule Berlin**, Friederikestr. 24 (Tegelort), Tel. 030/431 11 71. Ruder-, Tret-, Paddel- und Segelbootverleih.

### Fußball

**Olympiastadion**, Olympischer Platz (Charlottenburg). Karten an den üblichen Vorverkaufsstellen oder direkt bei:

**Hertha BSC**, Hanns-Braun-Straße, Friesenhaus 2 (Charlottenburg), Tel. 018 05/18 92 00 (gebührenpflichtig)

## Stadtbesichtigung

### Rundflüge

Um Berlin einmal aus der Vogelperspektive zu sehen, kann man z. B. mit dem Helicopter (Flughafen Schönefeld) oder mit dem Heißluftballon (Wilhelmstraße/Ecke Zimmerstraße, nahe Checkpoint Charlie), in die Luft gehen. Informationen bei:

**Air Service Berlin CFH GmbH**, Flughafen Tempelhof bzw. Schönefeld, Tel. 030/53 21 53 21, www.air-service-berlin.de

### Stadttouren

Wer an einer individuellen Stadtführung teilnehmen möchte, wende sich an *Berlin Tourismus Marketing* [s. S. 163] oder den *Museumpädagogischen Dienst* [s. S. 174]. Es werden allerlei Fahrten und Rundgänge zu speziellen Themen angeboten:

**art:berlin**, Oranienburger Str. 32 (Mitte), Tel. 030/28 09 63 90, www.artberlin-online.de. Berlin von A–Z und ausgefallen.

**Berliner Geschichtswerkstatt**, Goltzstr. 49 (Schöneberg), Tel. 030/215 44 50. Kunsthistorische, architektonische, literarische Führungen und Schiffsrundfahrten. Ende April–Sept., So 14-tägig.

**Berliner Unterwelten**,Tel. 030/49 91 05 17, www.berliner-unterwelten.de. Touren 1–3, Tickets U-Bhf. Gesundbrunnen, südliche Vorhalle, Ausgang Humboldthain, Brunnenstr. 108 a. Tour 1: U-Bahn, Bunker und Kalter Krieg, Sa, Mo 11, 13 Uhr. Tour 2: Vom Flakturm zum Trümmerberg. Tour 3: Dunkle Welten, Sa/So 12, 14, 16 Uhr. Tour 4: Technikdenkmal Rohrpost, Oranienburger Str. 72 (Tickets), gegenüber Neue Synagoge, Sa/So 11, 13 Uhr

**KulturBüro Berlin**, Malmöer Str. 60 (Prenzlauer Berg), Tel. 030/444 09 36, www.stadtverfuehrung.de. Museumsführungen, Stadt- und Parkspaziergänge mit Kunst-Schwerpunkt.

**Hear We Go**, Tel. 030/50 56 37 84, www.hearwego.de. Ausleihstellen für Audiotouren: Büro des BTM im Südflügel des Brandenburger Tors, Mauermuseum – Haus am Checkpoint Charlie, Berlin Story, Unter den Linden 10. Touren auch als Download für MP3 oder als CD im Handel erhältlich.

**StaTours**, Neue Kantstr. 25, Tel. 030/30 10 51 51, www.sta-tours.de. In Kleingruppen zu den Wohnungen und Palästen der Stars von gestern und heute.

**Stattreisen Berlin**, Malplaquetstr. 5 (Wedding), Tel. 030/455 30 28, www.stattreisenberlin.de. Rundgänge mit Schwerpunkt auf Geschichte, jüdische Kultur, Alltag und Literatur.

**Trabi-Safari**, Tel. 030/27 59 22 73, www.trabi-safari.de. Startpunkt: Gendarmenmarkt. Konvoi-Erkundungsfahrt für Selbstfahrer im Trabi, mit Funkverbindung zum Reiseleiter: durch den ›Wilden Osten‹ oder als Tour ›Berlin Classic‹.

## Stadtrundfahrten

Die zentralen Abfahrtsstellen der mindestens stündlich stattfindenden **Bus-Sightseeing-Touren** sind Kurfürstendamm/ Meinekestraße und Tauentzien-/Marburger Straße, weitere Hop-on-Hop-off-Stellen entlang der Routen.

**Berlin City Tour**, Tel. 030/68 30 26 41, www.berlin-city-tour.de

**Berliner Bären Stadtrundfahrt**, Seeburger Str. 19 b, Tel. 030/35 19 52 70, www.bbsberlin.de

**Berolina Stadtrundfahrten**, Tel. 030/88 56 8030, www.berolina-berlin.com

*Berliner Stadtrundfahrt per Bus*

**BVG Tour Nostalgie**, Tel. 030/25 62 55 69. Karfreitag–Ende Okt.

**Severin und Kühn**, Kurfürstendamm 216, Tel. 030/880 41 90, www.severin-kuehn-berlin.de

Besonders günstig kann man die Stadt mit dem **Bus 100** besichtigen. Er fährt vom Busbahnhof vor dem Bahnhof Zoo am Schloss Bellevue, Reichstag, Brandenburger Tor und Unter den Linden vorbei bis zum Alexanderplatz.

## Schiffsrundfahrten

Berlin kann man dank seiner zahlreichen Wasserstraßen auch per Schiff besichtigen. Die **Anlegestellen** im Zentrum sind Janowitz-, Schloss-, Hansa- und Kottbusser Brücke sowie Pergamonmuseum. Für **Ausflüge** in die Umgebung sind es die Anleger beim Bahnhof Wannsee (Richtung Pfaueninsel, Potsdam oder Werder), Treptower Park (Richtung Südosten auf Dahme und Spree zum Müggelsee und in die Teuplitzer Gewässer) und an der Greenwich-Promenade in Tegel (Tegeler See und Oberhavel). Infos z. B. bei:

**Reederei Riedel**, Planufer 78 (Kreuzberg), Tel. 030/693 46 46, www.reederei-riedel.de. Die Fahrten starten von Hansabrücke, Märkisches Ufer, Kottbusser Brücke, Corneliusbrücke.

**Stern- und Kreisschifffahrt**, Puschkinallee 15 (Treptow), Tel. 030/536 36 00, www.sternundkreis.de. Größtes Berliner Fahrgastschiffunternehmen mit 31 Ausflugsdampfern, 5 Fähren und 80 Anlegestellen in Berlin und Brandenburg.

*Neptun geleitet Sie! Besichtigung mit einem Spree-Boot*

## ■ Statistik

**Bedeutung:** Hauptstadt der Bundesrepublik Deutschland.

**Lage:** 52°31'12" nördl. Breite und 13°24'36" östl. Länge. Durchschnittliche Höhe 34 m über N.N., höchste Punkte: Teufelsberg 115 m, Müggelberg 115 m.

**Fläche:** 89 182 ha, davon Wasserfläche: 6,7%; Waldfläche: 18%; Erholungsfläche (Parks, Kleingärten, Sportanlagen): 11,5%.

**Länge der Stadtgrenzen:** 234 km.

**Einwohner** (2004): 3,38 Mio.

**Verkehrsnetz:** 5334 km Straßen, davon 66,1 km Autobahn, 473 km U- und S-Bahnen, 1626 km Buslinien, 187,7 Straßenbahn. Vom öffentlichen Nahverkehr beförderte Personen pro Jahr: U-Bahn 457 Mio., Bus 407 Mio., Straßenbahn 171 Mio., S-Bahn 318 Mio.

**Schienenverkehr:** Zentralbahnhof: Berlin Hauptbahnhof mit 1108 Zügen täglich; vier Fernbahnhöfe: Ost, Lichtenberg, Gesundbrunnen, Südkreuz.

**Flughafen:** Berlin hat drei Internationale Flughäfen: *Tegel* ist hinsichtlich der Anzahl der Starts und Landungen pro Tag (430) sowie der Zahl der Fluggäste (11,3 Mio. im Jahr) der größte. *Schönefeld* nutzen ca. 2,7 Mio. Fluggäste im Jahr, bei etwa 96 Starts und Landungen pro Tag. Er soll in den nächsten Jahren zum Flughafen *Berlin Brandenburg International* (BBI) ausgebaut werden. *Tempelhof* zählte bislang täglich ca. 52 Starts und Landungen sowie etwa 280 000 Passagiere im Jahr. Allerdings beschloss der Senat Aufgabe und Abriss des Flughafens Tempelhof, wogegen ein potenzielles Betreiberkonsortium Klage einreichte. Das Verfahren ist weiterhin im Gange.

**Gastgewerbe:** Beschäftigte: ca. 56 000, Bettenkapazität: 75 000, Gäste pro Jahr: 6 Mio., Übernachtungen: ca. 13 Mio.

**Wirtschaft:** BIP 77,3 Milliarden, 1,53 Mio. Beschäftigte, davon knapp 1 Mio. in Dienstleistungsunternehmen. Berlin entwickelt sich auch zur Film- und Fernsehstadt, ob als Drehort oder als Sitz von Produktionsfirmen und TV-Sendern.

**Stadtverwaltung:** 141 Volksvertreter und -vertreterinnen im Abgeordnetenhaus. Regierender Bürgermeister ist Klaus Wowereit, der einer Koalition aus SPD und PDS vorsteht. Das Berliner Rathaus befindet sich im Bezirk Mitte.

**Bezirke:** Berlin ist in zwölf Bezirke eingeteilt: Charlottenburg-Wilmersdorf, Friedrichshain-Kreuzberg, Lichtenberg, Marzahn-Hellersdorf, Mitte, Neukölln, Pankow, Reinickendorf, Spandau, Steglitz-Zehlendorf, Tempelhof-Schöneberg und Treptow-Köpenick.

**Schulen:** Berlin hat 21 Hochschulen, darunter die drei großen Universitäten (Freie Universität, Humboldt-Universität, Technische Universität) mit insgesamt 141 000 Studenten. Damit ist Berlin die größte Universitätsstadt Deutschlands. Darüber hinaus gibt es 122 Gymnasien, 71 Gesamt-, 83 Real-, 60 Haupt- und 447 Grundschulen,

**Stadtwappen:** Schreitender schwarzer Bär nach links auf silbernem Grund; über dem Schild fünfzackige goldene Krone.

**Partnerstädte:** Brüssel, Budapest, Buenos Aires, Istanbul, Jakarta, London, Los Angeles, Madrid, Mexiko-Stadt, Moskau, Paris, Peking, Prag, Taschkent, Tokio, Warschau, Windhuk.

## ■ Unterkunft

### Camping

Eine Auswahl geprüfter Campingplätze bietet der jährlich erscheinende *ADAC Camping Caravaning Führer* mit CD-Rom (Band Deutschland Nordeuropa), der im Buchhandel und bei ADAC-Geschäftsstellen erhältlich ist. Der ebenfalls jährlich erscheinende *ADAC Stellplatz Führer* informiert über Übernachtungsmöglichkeiten für Wohnmobile und Caravangespanne (www.adac.de/camping).

## Unterkunft

**Citycamping Hettler und Lange**, Gartenfelder Str. 1 (Spandau), Tel. 030/33 50 36 33. www.hettler-lange.de, ganzjährig geöffnet.

**DCC-Campingplatz Kladow**, Krampnitzer Weg 111–117 (Spandau), Tel. 030/365 27 97, ganzjährig geöffnet.

**DCC-Camping am Krossinsee**, Wernsdorfer Str. 38 (Schmöckwitz), Tel. 030/675 86 87, www.dccberlin.de, ganzjährig geöffnet.

### Hostels und Pensionen

**A & O Hostel**, drei Häuser: Boxhagener Str. 73 (Friedrichshain), Joachimstaler Str. 1–3 (am Zoologischen Garten), Köpenicker Str. 127–129 (Mitte), Tel. 030/297 77 10, www.aohostels.com. Ordentliches Low-Budget-Angebot mit Einzel-, Doppel- und Mehrbettzimmern.

**Bogota**, Schlüterstr. 45 (Charlottenburg), Tel. 030/881 50 01, Fax 030/883 58 87, www.hotelbogota.com. Große, luftige Zimmer, zentral gelegen.

**EastSeven Berlin Hostel**, Schwedter Str. 7 (Prenzlauer Berg), Tel. 030/93 62 22 40, Fax 030/93 62 22 39, www.eastseven.de. Backpacker Hotel mit 17 Zimmern, meist mit Gemeinschaftsbad. Mit Garten, Gemeinschaftsküche etc.

**Hotel-Pension Funk**, Fasanenstr. 69 (Charlottenburg), Tel. 030/882 71 93, Fax 030/883 33 29, www.hotel-pension funk.de. Seit den 1930-ern beliebte Pension in einem schönen Gründerzeitbau mit herrlich altmodischer Einrichtung.

**Korfu II**, Rankestr. 35 (Charlottenburg), Tel. 030/212 47 90, Fax 030/211 84 32, www.hp-korfu.de. Freundliches Haus an der Gedächtniskirche.

**Merkur**, Torstr. 156 (Mitte), Tel. 030/282 82 97, Fax 030/282 77 65, www.hotel-merkur-berlin.de. Saubere traditionelle Pension.

**Kreuzberg**, Großbeerenstr. 64 (Kreuzberg), Tel. 030/251 13 62, Fax 030/251 06 38, www.pension-kreuzberg.de. Adrettes einfaches Haus.

### Hotels

*****Brandenburger Hof**, Eislebener Str. 14 (Wilmersdorf), Tel. 030/21 40 50, Fax 030/21 40 51 00, www.brandenburger-hof.com. Das Haus in bester Lage präsentiert in historischem Rahmen gediegene Salons, Zimmer in Bauhausdesign und das Gourmet-Restaurant *Die Quadriga* (1 Michelin Stern). Ruhiger Innenhof mit herrlichem Japan-Garten.

*****Grandhotel Esplanade**, Lützowufer 15 (Tiergarten), Tel. 030/25 47 80, Fax 030/25478 82 22, www.esplanade.de. Dieses Haus hat jeden seiner fünf Sterne verdient! Allein schon die hauseigene **Harry's New York Bar** ist einen Besuch wert. [TOP TIPP]

*****Hotel Adlon**, Unter den Linden 77 (Mitte), Tel. 030/226 10, Fax 030/22 61 22 22, www.hotel-adlon.de. Traditionsreiches und berühmtes Hotel, im Krieg zerstört, mittlerweile in alter Pracht rekonstruiert – ein ›Megastern‹.

*****Hotel Palace**, Europa-Center, Budapester Str. 45 (Charlottenburg), Tel. 030/250 20, Fax 030/25 02 11 09, www.palace.de. Das modernisierte Hotel bietet elegant eingerichtete Suiten und Zimmer.

*****Hotel Steigenberger**, Los-Angeles-Platz 1 (Charlottenburg), Tel. 030/ 212 70, Fax 030/212 71 17, www.berlin.steigenberger. de. Großes Haus mit 397 Zimmern, nah beim Kurfürstenplatz, doch ruhig gelegen, mit allem Komfort.

*****Intercontinental**, Budapester Str. 2 (Tiergarten), Tel. 030/2 60 20, Fax 030/26 02 26 00, www.berlin.intercontinental.com. Im Herzen der Stadt gelegen.

*****Kempinski Hotel Bristol**, Kurfürstendamm 27 (Charlottenburg), Tel. 030/88 43 40, Fax 030/883 60 75, www.kempinski-bristol.de. Das zu den Leading Hotels of the World gehörende Haus zählt Startenor Placido Domingo und anderen Prominente zu seinen Gästen. 301 nobelste Zimmer, drei Restaurants und die berühmte *Bristol-Bar*.

[TOP TIPP] *****Schlosshotel im Grunewald**, Brahmsstr. 10 (Grunewald), Tel. 030/89 58 40, Fax 030/89 58 48 00, www.schlosshotelberlin.com. Er kleidete nicht nur Frauen ein – Modezar Karl Lagerfeld stattete auch dieses traditionsreiche Luxushotel aus.

*****The Regent Berlin**, Charlottenstr. 49 (Mitte), Tel. 030/203 38, Fax 030/20 33 61 19, www.regenthotels.com. Elegantes und stilvolles Luxushotel direkt am Gendarmenmarkt.

*****Westin Grand Hotel Berlin**, Friedrichstr. 158–164 (Mitte), Tel. 030/202 70, Fax 030/20 27 33 62, www.westin.com/berlin. Die berühmte Freitreppe der Lobby ist Laufsteg für Models, Hochzeitspaare und Akrobaten.

# Unterkunft

****ackselhaus & bluehome**, Belforter Str. 21 (Prenzlauer Berg), Tel. 030/44 33 76 33, Fax 030/441 61 16, www.ackselhaus.de. Das Apartmenthotel, Mitglied der Charming Hotels of the World, besteht aus zwei Häusern mit insgesamt 25 thematisch gestalteten Zimmern (Venedig, Rom, Afrika). Schöner Garten und Restaurant Club del Mar.

****Bleibtreu**, Bleibtreustr. 31 (Charlottenburg), Tel. 030/88 47 40, Fax 030/88 47 44 44, www.bleibtreu.com. Originell, modern gestyltes Hotel.

****Dolce Berlin Müggelsee**, Müggelheimer Damm 145 (Köpenick), Tel. 030/65 88 22 00, Fax 030/65 88 22 67, www.berlin.dolce.com. Solides modernes Hotel in herrlicher Alleinlage direkt am Großen Müggelsee.

****Estrel Residence Hotel**, Sonnenallee 225 (Neukölln), Tel. 030/683 10, Fax 030/68 31 23 45. Hotel mit 1125 Zimmern.

*Genau so ist es, lieber Bär: Berlin tut gut!*

**TOP TIPP** ****Golden Tulip Hotel Residenz**, Meinekestr. 9 (Charlottenburg), Tel. 030/88 44 30, Fax 030/882 47 26, www.hotel-residenz.com. Vor allem bei Fernsehstars beliebtes Jugendstilhaus mit Flair und gutem Restaurant.

****Hotel Seehof am Lietzensee**, Lietzensee Ufer 11 (Charlottenburg), Tel. 030/32 00 20, Fax 030/32 00 22 51, www.hotel-seehof-berlin.de. Oase in der Großstadt, Schwimmbad mit Seeblick.

****Hecker's Hotel**, Grolmanstr. 35 (Charlottenburg), Tel. 030/8 89 00, Fax 030/889 02 60, www.heckers-hotel.com. Freundliches Privathotel.

****Luisenhof**, Köpenicker Str. 92 (Mitte), Tel. 030/241 59 06, Fax 030/279 29 83, www.luisenhof.de. 27 Zimmer in schlichter gründerzeitlicher Eleganz.

**TOP TIPP** ***/*Sorat Art'otel**, Joachimstaler Str. 28–29 (Charlottenburg), Tel. 030/88 44 70, Fax 030/88 44 77 00, www.sorat-hotels.com/artotel-berlin. Aufregend-avangardistisches Designerhotel nahe Ku'damm, geschmückt mit Kunstwerken von Wolf Vostell.

***Art Nouveau**, Leibnizstr. 59 (Charlottenburg), Tel. 030/327 74 40, Fax 030/32 77 44 40, www.hotelartnouveau.de. Schön gestylte Themenzimmer und Suiten in einem modernisierten Jugendstilbau nahe dem Ku'damm.

**TOP TIPP** ***Riehmers Hofgarten**, Yorckstr. 83 (Kreuzberg), Tel. 030/78 09 88 00, Fax 030/78 09 88 08, www.hotel-riehmers-hofgarten.de. Das freundliche, geschmackvoll gestylte Hotel residiert in einem hübschen Bau der Gründerzeit. Das Restaurant *e.t.a. hoffmann* bietet klassisch-moderne Küche.

***Askanischer Hof**, Kurfürstendamm 53 (Charlottenburg), Tel. 030/881 80 33, Fax 030/881 72 06, www.askanischerhof.de. Großzügige Zimmer und Jugendstilinterieurs.

***Frauenhotel Artemisia**, Brandenburgische Str. 18 (Charlottenburg-Wilmersdorf), Tel. 030/873 89 05, Fax 030/861 86 53, www.frauenhotel-berlin.de. Männerfreie Zone, hübsch eingerichtete Zimmer.

***Kastanienhof**, Kastanienallee 65 (Mitte), Tel. 030/44 30 50, Fax 030/44 30 51 11, www.kastanienhof.biz. Hotel-Pension am Prenzlauer Berg mit familiärer Atmosphäre.

****Hotel Am Anhalter Bahnhof**, Stresemannstr. 36 (Kreuzberg), Tel. 030/251 03 42, Fax 030/251 48 97, www.hotel-anhalter-bahnhof.de. Freundliches, angenehmes Haus.

**Dittberner**, Wielandstr. 26 (Charlottenburg), Tel. 030/881 64 85, Fax 030/885 40 46, www.hotel-dittberner.de. Behagliche Hotel-Pension mit Stil.

**Hotel am Scheunenviertel**, Oranienburger Str. 38 (Mitte), Tel. 030/282 21 25, Fax 030/282 11 15, www.hotelas.com. Nett eingerichtetes

Haus in der Nähe der Hackeschen Höfen und Friedrichstraße.

**Hotel Charlot**, Giesebrechtstr. 17 (Charlottenburg), Tel. 030/327 96 60, Fax 030/32 79 66 66, www.hotel-charlot.de. Hier stimmen Atmosphäre und Service gleichermaßen.

### Jugendherbergen

**Zentralreservierung:** Tel. 030/262 30 24, www.djh-berlin-brandenburg.de

**Jugendgästehaus am Wannsee**, Badweg 1 (Nikolassee), Tel. 030/803 20 34

**Jugendherberge Berlin International**, Kluckstr. 3 (Schöneberg), Tel. 030/261 10 97

**Jugendherberge Ernst Reuter**, Hermsdorfer Damm 48–50 (Hermsdorf), Tel. 030/404 16 10

**Jugendherberge Potsdam**, Schulstr. 9, Potsdam, Tel. 03 31/581 31 00, www.jh-potsdam.de

### Mitwohnzentralen

**Agentur Wohnwitz**, Holsteinische Str. 55 (Wilmersdorf), Tel. 030/861 82 22, Fax 030/861 82 72, www.wohnwitz.com

**Euroflat Berlin Apartments**, Stresemannstr. 72 (Mitte), Tel. 030/786 20 03, Fax 030/785 06 14, www.wohnung-berlin.de

**Mitwohnagentur Home Company**, Joachimstaler Str. 17 (Charlottenburg), Tel. 030/194 45, Fax 030/882 66 94, www.berlin.homecompany.de

**Zeitraum Wohnkonzepte**, Immanuelkirchstraße 8 (Prenzlauer Berg), Tel. 030/441 66 22, Fax 030/441 66 23, www.zeit-raum.de

## ■ Verkehrsmittel

### Öffentliche Verkehrsmittel

**Die Berliner Verkehrsbetriebe (BVG)** mit U-Bahn, Bus und Tram sowie die S-Bahn bilden ein umfassendes Verkehrsnetz [Plan s. S. 184/185]. Da das Verkehrssystem aber häufigen Veränderungen unterworfen ist, sollte man sich zusätzlich einen aktuellen Faltplan besorgen oder die Internetseiten nutzen.

**BVG Call Center**, Tel. 030/194 49, www.bvg.de

**S-Bahn Berlin**, Tel. 030/29 74 33 33, www.s-bahn-berlin.de

Neben Einzelfahrscheinen gibt es Tageskarten (mit oder ohne Umland), die 7-Tage-Karte oder die Kleingruppenkarte (bis zu 5 Pers.).

Die bei BVG und S-Bahn erhältliche **City TourCard** (www.citytourcard.com) für 1 Person gibt es für 48 bzw. 72 Std. für den Tarifbereich AB (Innenstadt). Auch Ermäßigungen bei touristischen Einrichtungen winken hier. Mit der **Berlin WelcomeCard** der BTM können ein Erwachsener und bis zu drei Kinder (bis 14 Jahre) 48 oder 72 Stunden alle öffentlichen Verkehrsmittel in Berlin und Potsdam benutzen. Zusätzlich gewährt die Karte *Ermäßigungen* bei 105 touristischen Einrichtungen. Erhältlich ist sie bei BTM [s. S. 163], in Hotels, an den Flughäfen, Verkaufsstellen der DB, BVG und S-Bahn.

### Fahrradverleih

**Icken's Fahrradshop**, Pichelsdorfer Str. 96 (Spandau), Tel. 030/331 32 96

**Fahrradstation**, Rosenthaler Str. 40–41 (Mitte), Tel. 018 05/10 80 00, www.fahrradstation.de, Leipzigerstr. 56, Auguststr. 29 a (Mitte), Bergmannstr. 9 (Kreuzberg), Goethestr. 46 (Charlottenburg)

**potsdam per pedales e. V.**, Bahnhof Griebnitzsee (Potsdam), Tel. 03 31/748 00 57, www.potsdam-per-pedales.de

### Mietwagen

Die **ADAC Autovermietung** bietet Mitgliedern Mietwagen zu günstigen Konditionen. Buchungen (mind. drei Tage vor Abreise) in jeder *ADAC-Geschäftsstelle* oder Tel. 018 05/31 81 81 (0,12 €/Anruf).

Büros der großen Autovermieter gibt es an den Flughäfen. Stadtbüros:

**AVIS**, Budapester Str. 43 (Charlottenburg), Tel. 030/230 93 70, www.avis.de

**Europcar**, Kurfürstenstr. 101–104, am Europacenter (Wilmersdorf), Tel. 030/235 06 40

**Sixt Budget**, Nürnbergerstr. 65 (Charlottenburg), Tel. 018 05/25 25 25

### Taxi

**Taxi**, Tel. 030/21 02 02, 030/21 01 01, 030/26 10 26 etc.

**Mobilcab**, Tel. 030/21 02 02 für Rollstuhlfahrer.

**Velotaxi**, Tel. 01 51/12 28 00 00). Mit Muskelkraft durch Berlin kutschiert, für zwei Passagiere mit nur mit leichtem Gepäck.

Verkehrsmittel

# Register

## A

Adlershof 72, **77–78**
Admiralspalast 25
Ägyptisches Museum 39, 40
Akademie der Künste **20**, 96
Akademie der Wissenschaften 12, 26, 84, 121
Albrecht der Bär 12, 72, 151
Alexanderplatz 9, 53–54
Alte Bibliothek 26–27
Alte Nationalgalerie 37, **39–40**
Alter Jüdischer Friedhof **44–45**
Alter Marstall 36
Altes Museum 34, 37, **38–39**
Altes Palais (Kaiserpalais) 22, 23, 25
Altes Rathaus 155
Altes Stadthaus 61
Amerikanische Botschaft 20
Amtsgericht Mitte 63
Anderson'sches Palais 74
Anhalter Bahnhof, ehem. 89
Anna-Seghers-Gedenkstätte 78
AquaDom 56
Archenhold-Sternwarte 80
Arnim, Ferdinand von 141
August Ferdinand von Preußen 95
Augusta, dt. Kaiserin 126, 161
Avus 148

## B

Babelsberg 160–161
Bahnhof Friedrichstraße 25
Bahnhof Zoo 118
Bar am Lützowplatz 175
Baracke 49
Barenboim, Daniel 28
Bauhaus 97, 98, 102
Bauhaus-Archiv 98
Bebelplatz 9, 22, 26, 27
Becher, Johannes Robert 52
Begas, Reinhold 54
Beisheim, Otto 83
Beisheim-Center 82
Belvedere (Potsdam) 159
Bergmannstraße 104
Berlinale (Internationale Filmfestspiele Berlin) 14, 171, **172**
Berliner Abgeordnetenhaus 85
Berliner Dom 8, **34–35**
Berliner Ensemble 49–50
Berliner Gruselkabinett 89
Berliner Mauer 14, 19, 85
Berliner Rathaus (Rotes Rathaus) 9, 54–55
Berliner Stadtbibliothek 36
Berliner Stadtschloss 8, 18, 21, 29, 35, 36, 90, 94, 122, 142
Berlinische Galerie – Landesmuseum für moderne Kunst, Fotografie und Architektur 89, **108**
Bernhard-Heiliger-Stiftung 147
Biosphäre Potsdam 159
Bismarck, Otto von 13, 25, 63, 84, 111, 151, 161
Blockhaus Nikolskoe 140
Bode, Wilhelm von 37, 143
Bodemuseum 38, **40**, 143
Botanischer Garten 142
Botanisches Museum 143
Botschaft der Nordischen Staaten 98
Botschaftsviertel 10, 97–98
Boumann, Johann 155
Brandenburger Tor 9, 10, **18–19**, 20, 22, 95
Brandenburger Tor (Potsdam) 156
Brandt, Willy 14, 87
Brecht, Bertolt 6, 50, 52
Brecht-Haus 52
Breite Straße 36
Breitscheid, Rudolf 115
Breitscheidplatz 112, 115
Bristol-Bar 111
Britische Botschaft 19, 20
Bröhan-Museum 127
Brücke-Museum 146
Brüderstraße 36
Bundesfinanzministerium 85
Bundeskanzleramt 10, 92
Bundespräsidialamt 95

## C

Café Einstein 169
Café Kranzler 23, 111
Calixtusbrunnen 152
Carillon 93
Centrum Judaicum 47
Chamäleon Varieté 43
Chamisso, Adalbert von 105
Chamissoplatz 104
Charité, Universitätsklinikum 50
Checkpoint Charlie 109
Christo 15, 90
CityQuartier DomAquaree 56
Corinth, Lovis 148

## D

Dahlem 142, 146
DaimlerChrysler-City 82
Denkmal des Kurfürsten Joachim II. 150
Denkmal Friedrichs des Großen 24–26
Denkmal für die ermordeten Juden Europas 20–21
Denkmal für die Gefallenen der Freiheitskriege 150
Denkmal ›Aufbauhelfer‹ 55
Denkmal ›Trümmerfrau‹ 55
Detlev-Rohwedder-Haus 85
Deutsche Bundestag 91
Deutscher Bundestag 22
Deutscher Dom 33
Deutsches Guggenheim Berlin 23
Deutsches Historisches Museum 30–31
Deutsches Rundfunkmuseum 130
Deutsches Technikmuseum Berlin 105–107
Deutsches Theater 48–50
Diterichs, Friedrich Wilhelm 59
Döblin, Alfred 20, 42, 53, 115, 131
Domäne Dahlem 146
Dorotheenstädtischer Friedhof 52
Druckhaus Berlin-Mitte 109
Düttmann, Werner 93, 96, 115

## E

East Side Gallery 85
Ebert, Friedrich 14, 84
Ehrenfriedhof der Märzgefallenen 70
Ehrenfriedhof für die Gefallenen der Novemberrevolution 1918 70
Eiermann, Egon 114, 115
Eisenmann, Peter 15, 21
Eisler, Hanns 52
Encke, Erdmann 126, 150
Ephraim, Veitel Heine 45, 59
Erinnerungsstätte Notaufnahmelager Marienfelde 175
Ermeler Haus 63–64
Ermisch, Richard 129, 136
Ethnologisches Museum 144–145
Europa-Center 114–115

## F

Fasanenstraße 115–116
Fernsehmuseum Berlin 82, 84
Fernsehturm (Alexanderplatz) 9, **54**
Filmmuseum Berlin 82, 84
Filmmuseum Potsdam 155
Filmpark Babelsberg 161
Flughafen Tegel 149, 153
Fontane, Theodor 83, 110
Fontane-Apotheke 110
Forum Fridericianum (Bebelplatz) 9, 22, 26, 29
Foster, Sir Norman 91, 147
Franziskanerklosterkirche (Ehem.) 62
Französische Botschaft 19, 20
Französischer Dom 32
Freie Universität Berlin 147
Freizeitpark Tegel 152
Friedenskirche 159
Friedenstempel/Synagoge 67
Friedhof Heerstraße 131
Friedhof II der Sophiengemeinde 52
Friedhöfe Hallesches Tor 105
Friedrich I., Kurfürst 12, 114
Friedrich II. (der Große) 8, 12, 33, 45, 55, 59, 77, 94, 95, 100, 122, 123, 140, 154, 156, 157
Friedrich II., Kurfürst 12, 35
Friedrich III., dt. Kaiser 13, 35
Friedrich III., Kurfürst, König in Preußen 12, 15, 35, 44, 50, 94, 96, 121, 122, 124
Friedrich Wilhelm I., der Große Kurfürst 12, 21, 35, 75, 77, 100, 155
Friedrich Wilhelm I., König 12, 34, 105, 150, 154
Friedrich Wilhelm II., König 12, 18, 23, 122, 139, 160
Friedrich Wilhelm III., König 12, 37, 103, 126, 139, 140, 141, 159
Friedrich Wilhelm IV., König 13, 37, 54, 110, 119, 126, 157, 158
Friedrichshagen 79
Friedrichshain 11, 65, 69, 70
Friedrichsstadt 19
Friedrichstadtpalast 25, **48**

Friedrichstraße 7, 9, 22
Friedrichswerdersche Kirche 8, 31
Fruchtbarkeitsbrunnen 69
Funkturm 129, **130**

## G

Galerie Lafayette 25
Galgenhaus 36
Gedächtnistempel für Königin Luise 140
Gedenkhalle für Frieden und Versöhnung 114
Gedenkstätte Deutscher Widerstand 98
Gedenkstätte Haus der Wannseekonferenz 137
Gedenkstätte Hohenschönhausen 175
Gedenkstätte Normannenstraße 175
Gemäldegalerie 11, 99, **100–101**
Gemäldesammlung Jagdschloss Grunewald 135
Gendarmenmarkt 9, **32–33**
Georg-Kolbe-Hain 132
Georg-Kolbe-Museum 132
Gerichtslaube 58, 161
Gerlach, Philipp 61
Gertraudenbrücke 37
Gethsemanekirche 68–69
Glienicker Brücke 140
Glockenturm (Olympiastadion) 133
Golden Tulip Hotel Residenz 182
Gontard, Karl von 156, 157
Göthe, Johann Friedrich Eosander von 36, 122
Gouverneurshaus 23
Grips-Theater 96
Gropius, Martin 88
Gropius, Walter 88, 93, 96, 98
Großer Stern 96–97
Großer Wannsee **136**, 150, 152
Grosz, George 132
Grünberg, Martin 61
Gründgens, Gustaf 115
Grunewald 6, 111, 134, 135, 140, 147, 148

## H

Habibi (Rest.) 169
Hackesche Höfe 9, **42–43**
Hain der Astronauten 80
Hamburger Bahnhof – Museum für Gegenwart Berlin 51–52
Hansa-Viertel 95–96
Harry's New York Bar 181
Hasenheide 104
Haus am Checkpoint Charlie 109
Haus der Elektroindustrie 53
Haus der Kulturen der Welt 93
Haus der Schweiz 22
Haus der Wannseekonferenz 137
Haus des Lehrers 53
Haus des Reisens 53
Haus des Rundfunks 131
Haus Vaterland 83
Haus Wagon-Lits 22
Heartfield, John 52
Heiliggeistkapelle 56
Heimatmuseum Köpenick 75
Henne (Rest.) 167
Hoffmann, E.T.A. 105

Hoffmann, Ludwig 40, 61, 64, 70
Holländisches Viertel (Potsdam) 156
Holocaust-Mahnmal 10, 15, **20–21**
Honecker, Erich 36
Hotel Adlon 9, 19, 20, 181
Hotel de Rome 23
Hotel Esplanade 83
Hotel Karlton 23
Hotel Park Inn 54
Hugenottenmuseum 32–33
Humboldt, Alexander von 119, 151
Humboldt, Wilhelm von 29, 60, 151
Humboldt-Universität 8, 9, 25, **29–30**, 56

## I

Indische Botschaft 97
Insel der Jugend 80
Internationales Congress Centrum (ICC) 129
Internationales Handelszentrum 25
Italienische Botschaft 98

## J

Jaczo de Copanic 72
Jagdschloss Grunewald 135
Jägerhof 141
Jahn, Friedrich Ludwig (Turnvater) 63, 104
Jähn, Sigmund 80
Jakob-Kaiser-Haus 91
Japanische Botschaft 97
Jerusalemskirchhof 105
Joachim II., Kurfürst von Brandenburg 150, 151
Joachim I., Kurfürst von Brandenburg 75
Jüdische Gedenkstätte Fasanenstraße 117
Jüdischer Friedhof 66
Jüdisches Gemeindehaus 116–117
Jüdisches Museum Berlin 107–108
Jungfernbrücke 37

## K

Kabarett ›Die Distel‹ 25
Kabarett ›Die Stachelschweine‹ 115
KaDeWe (Kaufhaus des Westens) 120
Kaiser-Wilhelm-Gedächtniskirche 10, 111, **113–114**
Kaiserpassage 22, 23
Kaisersaal 84
Kammerspiele 48
Kantdreieck 117
Karajan, Herbert von 28, 101
Karl, Prinz von Preußen 141
Karl-Liebknecht-Haus 42
Karl-Marx-Allee 65
Käthe-Kollwitz-Museum 115–116
Kempinski Hotel Bristol 111, 181
Kietz 72, 75
Kirche des hl. Alexander Newski (Potsdam) 159
Kisch, Egon Erwin 115
Kleihues, Josef Paul 20, 117
Kleist-Park 142

Knobelsdorff, Georg Wenzeslaus von 26, 27, 28, 29, 95, 105, 122, 155, 157
Knobelsdorff-Haus (Potsdam) 155
Knoblauchhaus 60
Koellnischer Park 64
Kolbe, Georg 132
Kollegienhaus 107
Kollwitz, Dr. Karl 66
Kollwitz, Käthe 20, 30, 66, 115
Kollwitzplatz 66–67
Kolonie Alexandrowka (Potsdam) 159
Komödie 111
Königliche Porzellan Manufaktur (KPM) 84, 124, 165
Konzerthaus Berlin 33
Köpenick, Altstadt 72–75
Köpenick, Hauptmann von 73
Köpenicker Blutwoche 75
Köpenicker Rathaus 73
Köpenickiade 73
Koppenplatz 45
Kreiskulturhaus Prenzlauer Berg 68
Krenz, Egon 15
Kreuzberg 11, 65, 103
Kronprinzenpalais 22, 28, **29**
Ku'damm Eck 112
Kultur- und Freizeitforum (Tegel) 152
KulturBrauerei 68
Kulturforum 11, 40, 90, 99, 100
Kulturzentrum Tacheles 47–48
Kunstbibliothek 100, 101
Kunstfabrik am Flutgraben 81
Kunstgewerbemuseum 76, **101**
Künstlerhaus Bethanien 109–110
Kupferstichkabinett 101
Kurfürstendamm 10, 111–113

## L

Labyrinth Kindermuseum Berlin 175
Landesvertretung von Nordrhein-Westfalen 98
Langhans, Carl Ferdinand 28, 105
Langhans, Carl Gotthard 18, 50, 55, 95, 124
Le-Corbusier-Haus 132
Leipziger Platz 84
Leipziger Straße 84
Lenné, Peter Joseph 12, 34, 70, 94, 110, 119, 124, 137, 139, 140, 141, 158, 160, 161
Lessing, Gotthold Ephraim 58, 60
Libeskind, Daniel 107
Liebermann, Max 20, 66, 96, 137
Liebknecht, Karl 13, 14, 36, 89
Lübars 151
Ludwig-Erhard-Haus 117
Luise, Königin von Preußen 126, 139, 140
Luisenkirche 128
Lustgarten 8, 34
Lustschloss Monbijou 45

## M

Mahnmal Versunkene Bibliothek 27
Mann, Heinrich 52
Märchenbrunnen 70
Marheinekeplatz 104

187

Marie-Elisabeth-Lüders-Haus 91–92
Marienkirche (Mitte) 55–56
Marienkirche (Spandau) 150
Maritim pro Arte (Hotel) 25
Märkisches Museum 58, 60, 61, **64**
Märkisches Viertel 6, 149
Marktplatz (Spandau) 149
Marmorpalais (Potsdam) 160
Marstall 26
Martin-Gropius-Bau 85, 88–89
Marx-Engels-Forum, ehem. 56
Mauermuseum Haus am Checkpoint Charlie 109
Max-Liebermann-Haus 20
Max-Liebermann-Villa 137
Maxwell (Rest.) 167
Maybachufer 110
Mendelssohn, Moses 44, 45, 60–61
Messegelände **129–130**, 148
Messel, Alfred 40, 47, 84
Mexikanische Botschaft 98
Meyer, Gustav 70, 79, 137
Michaelkirche 64
Mies van der Rohe, Ludwig 98, 102
Molecule Men 81
Molkenmarkt 61
Monbijoupark 45
Moore, Charles 152
Moore, Henry 93, 96
Müggelberge 72, 79
Müggelpark 79
Müggelsee, Großer und Kleiner 72, **78–79**
Müggelturm 79
Müller, Heiner 52
Museum Berggruen 10, 126–127
Museum Europäischer Kulturen 145–146
Museum für Byzantinische Kunst 143
Museum für Fotografie – Helmut Newton Stiftung 118–119
Museum für Indische Kunst 145
Museum für Islamische Kunst 41, 143
Museum für Kommunikation 84–85
Museum für Naturkunde 52
Museum für Ostasiatische Kunst 145
Museum für Vor- und Frühgeschichte 123
Museum im Wasserwerk 79
Museumsdorf Düppel 147–148
Museumsinsel 8, **37–41**, 100, 143
Museumskomplex Dahlem 143–146
Musikinstrumenten-Museum 101

### N

Nationaldenkmal 103
Neptunbrunnen 54
Nering, Johann Arnold 30, 121
Neue Nationalgalerie 102
Neue Synagoge 9, 42, 45, **46–47**
Neue Wache 8, 30
Neuer Garten (Potsdam) 160
Neuer Marstall 36
Neues Kranzler Eck 111
Neues Museum 37, **39**
Neues Palais (Potsdam) 157
Neues Stadthaus 61

Newton, Helmut 118
Nicolai, Friedrich 36
Nicolaihaus 36
Nikolaikirche 57–59
Nikolaiviertel 57–59
Nikolassee 148
Nikolskoe 139, 140
Nollendorfplatz 120

### O

Olympiagelände 129
Olympiastadion 132–133
Oranienburger Straße 45
Oranienburgerstraße 9
Österreichische Botschaft 97

### P

Palais Blücher 20
Palais Ephraim 59–61
Palais Podewils 62
Palais Redern 29
Palais Schwerin 61
Palast der Republik 8, 34, **35–36**
Pariser Platz 7, 9, 18, **19–20**
Parochialkirche 61–62
Paul-Lincke-Ufer 110
Paul-Löbe-Haus 10, 91
Pergamonmuseum 8, 37, **40–41**
Persius, Ludwig 141, 158, 159
Pfaueninsel 11, **139–140**
Pfingstberg (Potsdam) 159, 160
Philharmonie 10, 100, 101
Poelzig, Hans 130, 131
Potsdam 11, 13, 150, **154–160**
Potsdamer Altstadt 154–156
Potsdamer Edikt 12
Potsdamer Platz 7, 10, **82–84**
Prater-Garten 67–68
Prenzlauer Berg 6, 11, 65, **66–69**
Preußischer Landtag 13
Preußischer Landtag, ehem. 84, 85
Preußisches Herrenhaus, ehem. 84
Prinzessinnenpalais 22, **28–29**

### Q

Quadriga 18

### R

Rahnsdorf 79
Rasisson SAS Hotel 56
Rathaus Charlottenburg 128
Rathaus Schöneberg 14, 87
Rauch, Christian Daniel 12, 24, 35, 103, 126, 151
Reformationsplatz (Spandau) 149
Regierungsviertel 90, 91
Reichsluftfahrtministerium, ehem. 85
Reichstag 10, **90**
Reiherwerder, Halbinsel 152
Reinhardt, Max 13, 42, 48, 49, 115
Reinickendorf 149, 151
Reiterdenkmal des Großen Kurfürsten 122
Reiterstatue des Hl. Georg 58
REmake (Rest.) 167
Ribbeck-Haus 36
Riehmers Hofgarten 104
Rosa-Luxemburg-Platz 42
Russische Botschaft 22

### S

Sausuhlensee 131
Savignyplatz 113
Schadow, Albert Dietrich 126, 139
Schadow, Johann Gottfried 18, 61, 63
Scharoun, Hans 99, 101, 102
Scheidemann, Philipp 13, 90
Scheunenviertel 9, 42
Schinkel, Karl Friedrich 8, 9, 12, 19, 30, 31, 32, 33, 36, 37, 63, 88, 110, 126, 128, 139, 141, 150, 151, 152, 155, 158, 159, 161
Schinkelmuseum 31
Schlachtensee 134
Schlemmer, Oskar 98
Schlesischer Busch 81
Schloss Babelsberg (Potsdam) 11, 161
Schloss Bellevue 90, 95
Schloss Cecilienhof (Potsdam) 160
Schloss Charlottenburg 10, 94, **121**
Schloss Charlottenhof (Potsdam) 158
Schloss Friedrichsfelde 71
Schloss Köpenick 72, **75–77**
Schloss Sanssouci 11, 154, 156–159
Schloss Tegel 151–152
Schloss und Park Biesdorf 175
Schloss und Park Britz 175
Schloss und Park Kleinglienicke 140–141
Schlossbrücke 8, 9, 18, 22, 30, 31, 34
Schlossgarten Köpenick 77
Schlosshotel im Grunewald 181
Schlosskapelle Köpenick 77
Schlosspark Babelsberg 161
Schlosspark Charlottenburg 124–126
Schlossplatz 36
Schlüter, Andreas 30, 31, 58, 60, 122, 124
Schwanenwerder Halbinsel 136
Schwechten, Franz 68, 89, 113
Schwules Museum 103
Sea Life Berlin 57
Seghers, Anna 52, **78**
Siegessäule 90, **96–97**
Skulptur ›Kentaurengruppe‹ 143
Skulptur ›Die Liegende‹ 96
Skulptur ›Ein Mensch baut seine Stadt‹ 129
Skulptur ›Herkules mit dem Nemeischen Löwen‹ 143
Skulptur ›Hl. Gertraud‹ 37
Sommergarten (Messegelände) 130
Sony-Center 82, 84
Sophienkirche 44, 61
Sophienstraße 9, 44
Sorat Art'otel 182
Sowjetisches Ehrenmal (Tiergarten) 95
Sowjetisches Ehrenmal (Treptower Park) 79
Spandau 149
Spandauer Altstadt 149–150
Sport- und Erholungszentrum (Friedrichshain) 70
Spreebogen 7, 91, 92
Spreehafen Treptow 81
Springer, Axel 108

St. Peter und Paul 140
St.-Hedwigs-Kathedrale 9, 27
St.-Matthäus-Kirche 99–100
St.-Nikolai-Kirche (Spandau) 149
St.-Thomas-Kirche (Kreuzberg) 110
Staatsbibliothek zu Berlin – Preußischer Kulturbesitz I 25–26
Staatsbibliothek zu Berlin – Preußischer Kulturbesitz II 102
Staatsoper Unter den Linden 9, 28
Staatsratsgebäude, ehem. 34, **36**
Stadtforst 72
Stadtgeschichtliches Museum Spandau 151
Stadtschloss (Potsdam) 155
Strack, Johann Heinrich 39, 97, 161
Straße des 17. Juni 94–95
Stüler, Friedrich August 37, 39, 45, 46, 55, 99, 140, 159
Stülerbau 127
Südwestfriedhof, Stahnsdorf 148

##

Tacheles 47–48
Tauber, Richard 115
Tauentzienstraße 120
Taut, Bruno 96
Tegeler Fließ 151
Tegeler Hafen 152
Tegeler See 151–152
Tempodrom 89
Teufelsberg 79, 134
Teufelssee 134
Theater am Kurfürstendamm 111

Theater des Westens 117
Tierarzneischule, ehem. 50
Tiergarten 10, 70, 93, 97, 100
Tierpark Friedrichsfelde 71
Tivoli-Brauerei 103
Topographie des Terrors 85–86
Tränenpalast 25
Treptow-Köpenick 72–81
Treptower Park 79–81
Treptowers 81
Türkenmarkt 110

##

U-Bahnhof Klosterstraße 61
Unter den Linden 8, 9, 12, 13, 18, **21–23**, 29, 31, 36, 102, 111

## V

Viktoria-Park 103
Viktoria-Quartier 103
Villa Borsig 152
Villa Grisebach 115
Villa Parey 99
Villenkolonie Grunewald **134**
Villenkolonie Schwanenwerder 136
Villenviertel Alsen 137
Virchow, Rudolf 79
Voigt, Wilhelm (Hauptmann von Köpenick) 73, 74
Volksbühne 42
Volkspark (Potsdam) 159
Volkspark Friedrichshain 59, 69–70
Vorderasiatisches Museum 41
Vox-Haus 83

##

Waldbühne 133
Wannsee 136
Weigel, Helene 52
Weinhaus Huth 83
Weltkugelbrunnen 115
Werder (Havelland) 170, 179
Werkbundarchiv – Museum der Dinge 88–89
Westin Grand Hotel 22, 25
Wilhelm I., König von Preußen, dt. Kaiser 13, 22, 23, 25, 59, 97, 113, 126, 161
Wilhelm II., dt. Kaiser 13, 18, 20, 23, 34, 89, 90, 113
Wilhelmstraße 85
Wusterhauser Bär 64

##

Zehlendorf 146, 148
Zeiss-Großplanetarium 69
Zeitungsviertel 108–109
Zentrale Gedenkstätte der Bundesrepublik Deutschland 30
Zeughaus, ehem. 30, 31
Zille, Heinrich 58, 64, **126**, 148
Zitadelle Spandau 150–151
Zollernhof 22
Zoo Aquarium 119–120
Zoofenster Berlin 111
Zoologischer Garten 119–120
Zweig, Arnold 52

# Bildnachweis

**Umschlag-Vorderseite:** Mit vier Pferdestärken voraus – die Quadriga auf dem Brandenburger Tor. *Foto: Mauritius, Mittenwald (Günter Rossenbach)*
**Umschlag-Vorderseite Reiseführer Plus:** Blick von der neuen Akademie der Künste auf das altehrwürdige Brandenburger Tor. *Foto: laif, Köln (Galli)*

### Titelseite
**Oben:** In der Reichstagskuppel. *Foto: Ralf Freyer, Freiburg*
**Mitte:** Insel der Jugend im Treptower Park (von S. 81 unten)
**Unten:** Bar am Lützowplatz (von S. 176)

*AKG, Berlin*: 118, 128, 139 oben, 145, 146 oben – *Constantin Beyer, Weimar*: 31, 85 – *ddp, Berlin*: 147 (Johannes Eisele) – *Fotostudio Ulf Böttcher, Potsdam*: 157, 161 – *Ralf Freyer, Freiburg*: 4 (3. v. oben), 6 links, 30, 38, 41 oben, 72, 74, 76 oben, 78, 79, 80, 81 oben, 92, 106 unten, 139, 144 (2), 162 (5), 176, 180 – *Hans Christian Glave, Berlin*: 2 (2. v. oben), 25, 26, 45 (2), 49 unten, 52, 58/59, 60, 62 oben, 98, 99 unten, 108, 109, 116 (2), 126, 131 unten, 134, 149, 165, 166, 174 – *Rolf Goetz, Stuttgart*: 73, 76 unten, 81 unten – *Hausarchiv*: 13 oben, 13 Mitte, 14, 15 oben, 148, 155 – *Bildagentur Huber, Garmisch-Partenkirchen*: 9 unten, 15 unten (Wh. von 133), 22/23 (Gräfenhain), 27, 64 (F. Damm), 104/105 (Mader), 106/107 (Bleyl), 140 unten, 133 (Gräfenhain), 152 (F. Damm) – *laif, Köln*: 7 oben (Kirchner), 7 unten (Zielske), 8 Mitte (Wh. von 155) (Galli), 8 unten (Wh. von 188), 9 oben (Galli), 10/11 (Langrock/Zenit), 11 unten (Neumann), 16/17 (Zielske), 19 (Galli), 21 (Adenis/Gaff), 28 (Galli), 32/33, 35 (Kirchner), 37, 40 (Galli), 43 oben (Paul Hahn), 43 unten, 46, 47 (Nascimento/Rea), 48 (Maecke/Gaff), 50 (Baltzer/Zenit), 51 (Boening/Zenit), 53 (Kirchner), 56 oben (Adenis/Gaff), 56 unten (Galli), 62 unten (Biskup), 65, 66 (Maecke/Gaff), 68 (Hoefe), 70/71, 82/83, 88 (Neumann), 94/95 (Kirchner), 94 (Frei), 96, 100, (Kirchner), 102 oben (Craig/Rea), 108 (Galli), 110 (Babovic), 112 unten (Galli), 112/113 (Kirchner), 114 unten (Neumann), 115 (Galli), 120 (Geilert/Gaff), 121 (Kirchner), 122/123 (Riehle), 127 (2) (Gerhard Westrich), 130/131 (Kirchner), 136, 137, 142/143, 156 unten, 158 oben (Neumann), 160 (Jungeblodt), 169 (Neumann), 170 (Decoux/Rea), 175 (N.N.) – *LOOK, München*: 20 (Rainer Martini), 24, 92 oben, 97 (Max Galli) – *Mauritius, Mittenwald*: 59 unten (Latza), 29, 153 (Elsen), 57, 69, 119 (Schnürer), 150 (Hackenberg) – *Neumeister Photographie, München*: 55, 132, 158 unten, 159 – *Erhard Pansegrau, Berlin*: 110 oben, 148, 182 – *Günter Schneider, Berlin*: 86 oben (2), 87, 89, 99 oben, 110 unten, 117, 123 unten, 135 oben, 140 oben, 141, 156 oben, 167, 173, 175 oben – *Claudia Schwaighofer, München*: 91 – *Staatliche Museen zu Berlin – Preußischer Kulturbesitz, Berlin*: 13 unten (Kunstbibliothek), 39 links (Ägyptisches Museum), 39 rechts, 41 unten (Antikensammlung), 124 (2) (Museum für Vor- und Frühgeschichte/Verlag Postel, Berlin/Strüben) – *Süddeutscher Verlag/Bilderdienst (DIZ), München*: 12, 13 oben links – *Tierpark Friedrichsfelde, Berlin (Klaus Rudloff)*: 70 unten – *Ullstein Bild, Berlin*: 125 – *Verwaltung der Staatlichen Schlösser und Gärten, Berlin*: 135 unten – *Ernst Wrba, Wiesbaden*: 63, 93, 114 oben

189

Ägypten
Algarve
Allgäu*
Amsterdam
Andalusien*
Australien
Bali und Lombok
Barcelona*
Berlin*
Bodensee*
Brandenburg
Brasilien
Bretagne
Budapest
Bulgarische
  Schwarzmeerküste
Burgund
Costa Brava und
  Costa Daurada
Côte d'Azur
Dalmatien
Dänemark*
Deutschland, City Guide
Dominikanische
  Republik
Dresden*
Dubai, Vereinigte Arabische Emirate, Oman
Elsass
Emilia Romagna
Florenz
Florida
Französische Atlantikküste
Fuerteventura
Gardasee*
Germany, City Guide (engl.)
Golf von Neapel
Gran Canaria
Hamburg*
Hongkong und Macau
Ibiza und Formentera
Irland
Israel
Istrien und Kvarner Golf*
Italienische Adria
Italienische Riviera
Jamaika
Kalifornien
Kanada – Der Osten
Kanada – Der Westen
Karibik
Kenia
Korfu und Ionische Inseln
Kreta*
Kuba
Kykladen
Lanzarote
Leipzig*
London*

Madeira
Mallorca*
Malta
Marokko
Mauritius
  und Rodrigues
Mecklenburg-
  Vorpommern*
Mexiko
München*
Neuengland
Neuseeland
New York*
Niederlande
Norwegen
Oberbayern*
Österreich*
Paris*
Peloponnes
Piemont, Lombardei,
  Valle d'Aosta
Polen*
Portugal
Prag*
Provence
Rhodos
Rom*
Rügen, Hiddensee,
  Stralsund
Salzburg*
Sardinien
Schleswig-Holstein*
Schottland
Schwarzwald*
Schweden*
Schweiz*
Sizilien
Spanien
St. Petersburg
Südafrika
Südengland
Südtirol*
Sylt
Teneriffa*
Tessin
Thailand
Toskana
Tunesien
Türkei-Südküste
Türkei-Westküste
Umbrien
Ungarn
USA-Südstaaten
USA-Südwest
Usedom*
Venedig*
Venetien und Friaul
Wien*
Zypern

\* auch als ADAC Reiseführer Plus mit CityPlan
  bzw. UrlaubsKarte

## Leserforum

Die Meinung unserer Leserinnen und Leser ist wichtig, daher freuen wir uns von Ihnen zu hören. Wenn Ihnen dieser Reiseführer gefallen hat, wenn Sie wichtige Hinweise zu den Inhalten haben – Ergänzungs- und Verbesserungsvorschläge, Tipps und Korrekturen – dann schreiben Sie uns:

**Redaktion ADAC Reiseführer**
**ADAC Verlag GmbH**
**81365 München**
**verlag@adac.de**

### Impressum

Lektorat und Bildredaktion: Carin Pawlak
Aktualisierung: Renate Nöldeke, München
Karten: Huber Kartographie, München
Herstellung: Martina Baur
Printed in Germany

Autor Treptow-Köpenick: Rolf Goetz, Stuttgart

Ansprechpartner für den Anzeigenverkauf:
Kommunalverlag GmbH & Co KG,
MediaCenterMünchen, Tel. 089/92 80 96-44

ISBN 10: 3-87003-726-1
ISBN 13: 978-3-87003-726-0
*ISBN 10: 3-89905-242-0 Reiseführer Plus*
*ISBN 13: 3-978-3-89905-242-8 Reiseführer Plus*

Gedruckt auf chlorfrei gebleichtem Papier

Neu bearbeitete Auflage 2006
© ADAC Verlag GmbH, München
© der abgebildeten Werke von Alexander Calder, Le Corbusier, Rainer Fetting, Georg Kolbe, Ludwig Mies van der Rohe, Dimitrij Vrubel bei VG Bild-Kunst, Bonn 2006

Das Werk einschließlich aller seiner Teile ist urheberrechtlich geschützt. Jede Verwendung ohne Zustimmung des Verlags ist unzulässig und strafbar. Das gilt insbesondere für Vervielfältigungen, Übersetzungen, Mikroverfilmungen und die Verarbeitung in elektronischen Systemen. Die Daten und Fakten für dieses Werk wurden mit äußerster Sorgfalt recherchiert und geprüft. Wir weisen jedoch darauf hin, dass diese Angaben häufig Veränderungen unterworfen sind und inhaltliche Fehler oder Auslassungen nicht völlig auszuschließen sind. Für eventuelle Fehler können die Autoren, der Verlag und seine Mitarbeiter keinerlei Verpflichtung und Haftung übernehmen.

# 1 Tag in Berlin

Den Vormittag sollte man für einen Bummel auf dem **Kurfürstendamm** oder für eine Shopping-Tour durch die Einkaufstempel der **Friedrichstraße** oder des **Potsdamer Platzes** nutzen. Auch fürs Auge bietet sich überall

eine Menge. Nachmittags kann man sich dann in die Touristenschlangen einreihen, die an einer offiziellen **Stadtrundfahrt** teilnehmen wollen. Ebenso interessant und – je nach Busfahrer genauso informativ – ist aber auch eine Fahrt mit Bus Nr. 100. Er fährt am **Bahnhof Zoo** ab und kommt an der **Siegessäule**, am **Schloss B gibt** es im **Operncafé des ehem. Prinzess**innen**palais, Unter d**en Linden. Orientalisches Flair bietet die **Tadschikische** Tee**stube im nahen** Palais am Festungsgraben.se durch die Geschichte Berlins. Ein süßer Abschluss des Berlin-Erlebnisses: Ke, am Schloss B gibt es im **Operncafé** des ehem. Prinzessinnenpalais, Unter den Linden. Orientalisches Flair bietet die **Tadschikische Teestube** im nahen Palais am Festungsgraben.

# 1 Wochenende in Berlin

**Freitag:** Nach der Ankunft über den **Ku'damm** schlendern, Schaufenstergucken und Shoppen in den zahlreichen Boutiquen und Kaufhäusern des Viertels rund um den Boulevard. Im Anschluss sollte man im **Café Einstein** oder **Café Kranzler** ein Tässchen Kaffee nehmen bzw. das **KaDeWe**, seine verführerische Feinschmecker-Etage und sein Restaurant mit Aussicht erkunden.

Am Nachmittag geht es nach der obligatorischen **Stadtrundfahrt** dann auf Stadtteil-Erkundung. Berlintypische Atmosphäre findet sich vor allem am **Prenzlauer Berg**, in Kreuzberg und in **Friedrichshain**. Wer eher das gepflegte historische Flair sucht, sollte das **Niko-**

**laiviertel** in Berlin-Mitte besuchen. Am Abend stehen dann zahlreiche **Unterhaltungsmöglichkeiten** zur Auswahl: Boulevardkomödien, Theater, Kinos oder Kabaretts und Musicals.

**Samstag:** Widmen Sie diesen Tag den schönen Dingen – zum Beispiel lohnt ein Bummel über den **Flohmarkt an der Straße des 17. Juni**. Ob Leinenbettwäsche, alte Lampen oder kostbares Geschirr: Mit dem nötigen Kleingeld werden Sie sicher etwas finden. Ein weiteres Muss ist ein Besuch in mindestens einem der zahlreichen Berliner **Museen**. Mehrere berühmte Sammlungen befinden sich auf der **Museumsinsel** in Berlin-Mitte, darunter das Pergammonmuseum, die Alte Na-

tionalgalerie und das Alte Museum mit der Nofretete. Auf dem **Kulturforum** beim Potsdamer Platz lockt z. B. die Gemäldegalerie. Für welches Museum Sie sich auch entscheiden, Sie werden genügend Sehenswertes finden. Nach so viel Kulturgenuss bietet sich abends eine lukullische Stärkung an. Vielleicht im Feinschmeckerlokal **REmake** in Berlin-Mitte?

**Sonntag:** Bei schönem Wetter ist ein Ausflug an den **Wannsee** zu empfehlen, von dort kann man eine Schifffahrt nach Potsdam oder zur **Pfaueninsel** unternehmen. Ein hübscher Spazierweg führt von der Pfau-

eninsel am Havelufer entlang zum **Schloss Kleinglienicke**. Im **Blockhaus Nikolskoe** sollte man zu Pause einkehren. Spielt das Wetter nicht mit, ist ein Besuch des Berliner **Schlosses Charlottenburg** mit seinen prächtigen Gemächern eine gute Alternative.

## Tipps für Individualisten unter www.mowitania.de

Berlin ist eine Stadt mit vielen Gesichtern. Wenn Sie einmal die private und gemütliche Seite von Berlin kennenlernen möchten, sollten Sie die Perspektive der Bewohner einnehmen.

Mit einer **Ferienwohnung** wohnen Sie in Berlin mitten im Kiez. Sie werden ein nettes Café um die Ecke finden und das wunderbare Gefühl haben in einem anderen Leben zu Hause zu sein.
*www.ferienwohnung-zimmer-berlin.de*

Bei einem **Stadtrundgang** können viele erstaunliche Geschichten entdeckt und lustige Anekdoten gehört werden. Eine **Bustour** bietet sich dagegen an, um erst einmal die Dimensionen der Stadt zu er...fahren.

Bei einer **Gruppenreise** sollte alles gut vorbereitet sein, damit alle glücklich sind. Schön ist es, sich ein Programm gemeinsam auszudenken und von MOWITANIA zusammenstellen zu lassen.
*www.mowitania.de*

Bei Berlin fällt Ihnen nicht **Wellness und Romantik** ein ? Mitten in der Stadt mit Blick auf die Spree können Sie sich mit aryuvedischen Massagen und Bädern verwöhnen lassen.
*www.romantiker-hotel.de*

## Berlin mit MOWITANIA

### leicht, schnell und freundlich ...

- 850 Ferienwohnungen
- Stadtführungen / Rundfahrten
- Gruppen- und Vereinsreisen
- Schul- und Klassenfahrten
- über 300 Hotels uvm.

### können Sie buchen unter www.mowitania.de

MOWITANIA Kulturplanung,
Mühsamstrasse 64, 10249 Berlin
Tel. 030 275 745 61 / Fax. 030 275 745 62
www.mowitania.de